あやつられた龍馬

加治将一

The Someone Behind Ryoma

明治維新と英国諜報部、
そしてフリーメーソン

祥伝社

あやつられた龍馬

装幀　中原達治
表紙カバー　写真／高知県立歴史民俗資料館
図版／中央部分の円型図はアメリカ合衆国の国璽《こくじ》（国家の印章）。
フリーメーソンの象徴的なマーク「全能の目」がピラミッドに収まっている

あやつられた龍馬——目次

第5章　薩英戦争の真相　159

第6章　密航者たち　195

第7章 革命前夜《グラバー・スキーム》

龍馬をめぐる主要人物

土佐藩

中岡慎太郎 陸援隊を結成。龍馬と共に殺害される

武市瑞山（半平太） 土佐勤王党を結成。佐幕派暗殺を謀る

吉田東洋 公武合体派。土佐勤王党に暗殺される

白峰駿馬 海援隊。龍馬暗殺現場に駆けつける

田中光顕 陸援隊。龍馬暗殺現場に駆けつける

後藤象二郎 土佐藩参政。大政奉還を山内容堂に建言

山内容堂 第十五代藩主

薩摩藩

五代友厚 慶応元年、英国留学。維新後は大坂で活躍

寺島宗則 五代と共に薩英戦争で捕虜に

西郷隆盛 龍馬の仲介で薩長同盟を結ぶ。武力討幕派

小松帯刀 島津久光の側近。西郷らを藩政に登用

吉井幸輔 西郷らと討幕運動を推進。維新後、要職を歴任

島津久光 島津斉彬の弟。「国父」として実権を握る

長州藩

高杉晋作 騎兵隊を率いて討幕派政府を樹立

久坂玄瑞 松下村塾に学び、藩論を尊王攘夷に導く

吉田松陰 思想家。安政の大獄で刑死

伊藤博文（俊輔） 藩命で英国留学。維新後、初代総理に

井上馨（聞多） 伊藤、山尾庸三、井上勝、遠藤謹助と英国留学

桂小五郎（木戸孝允） 京都での藩政の中心人物

毛利敬親 第十四代藩主

幕府

井伊直弼 大老。日米通商条約を仮締結

徳川家茂 第十四代将軍

徳川慶喜 第十五代将軍

板倉勝静 老中。一時、罷免されるが、長州征討で復職

勝海舟 軍艦奉行。江戸無血開城を西郷と会談

西周 蕃書調所教授。日本人初のフリーメーソン

他

佐久間象山 思想家。江戸で開塾し、多くの門下生を輩出

岩倉具視 公卿。慶応三年の討幕密勅などで暗躍

三条実美 尊王攘夷派公卿の中心

孝明天皇 第百二十一代天皇

松平春嶽 第十六代越前藩主

陸奥宗光 海援隊。龍馬が最後の手紙を出す

英国

トーマス・グラバー 商人。雄藩を相手に武器を売却

ラザフォード・オールコック 初代駐日領事。後に公使

ジョン・ニール オールコック帰国中の代理公使

ハリー・パークス 第二代駐日公使

アーネスト・サトウ パークスの下で通訳官、書記官。後に公使

序章

全能の目

革命のシンボルマークとフリーメーソン

歴史には軸がある。

一七七三年、その歴史の軸にひとつのシグナルが上がった。

場所はアメリカ。英国の植民地政策に反発し、市民がイギリスからの輸入紅茶をボストン港に投げ捨てたのである。いわゆる「ボストン茶会事件」だ。この謀《はかりごと》が、アメリカの未来を握る独立戦争のきっかけになる。

一七七五年、とうとうアメリカ独立戦争が勃発《ぼっぱつ》、一年にして輝ける独立宣言を勝ち取る。一〇年近い紆余曲折《うよきょくせつ》をへて一七八八年、アメリカ合衆国は憲法を制定。

翌年、ジョージ・ワシントンが大統領に就任、また大西洋を挟んだ向こうの大陸では血生臭《ちなまぐさ》いフランス革命が口火を切る。

ボストン茶会事件からフランス革命までの間に、ゲーテが『若きヴェルテルの悩み』でドイツ人のハートをつかみ、ハイドンが「交響曲ハ長調」を発表。イギリスの歴史家ギボンが、かの有名な『ローマ帝国衰亡史』を著《あらわ》し、モーツァルトが「交響曲39、40、41番」で、ヨーロッパの貴族たちを酔わせている。

一見、なんの関連性もない歴史的事実の羅列のようだが、そこにはある共通した結社が一直線に駆け抜けている。

フリーメーソンである。

ボストン茶会事件は、大勢のフリーメーソンが「ロッジ」と呼ばれる彼らの集会場から飛び出して引き起こしたものだし、意外かもしれないが、ゲーテ、ハイドン、ギボン、モーツァルト、彼らはみなまぎれもない、フリーメーソンである。

アメリカの独立戦争、フランス革命。

世界の二大革命の指導者層には、圧倒的多数のメンバーが座っており、ジョージ・ワシントンはフリーメーソン・メンバーの栄《は》えあるアメリカ初代大統領である。

日本でも有名なベンジャミン・フランクリンはアメリカだけではなく、フランスでもフリーメーソン・ロッジに籍を置いており、米仏両革命で重要な任務を務めあげた英雄として名を残している。

新生アメリカ合衆国の象徴とフランス革命のシンボルは、共にピラミッドに収まった万物を見通す「全能の目」だ。その「全能の目」は一ドル札の裏面にくっきりと描かれているが、それはまた、押しも押されもしないフリーメーソンのマークである。

なにゆえ、多くのフリーメーソンが革命の旗を掲げたのか？

彼らの基本理念「自由」「平等」「博愛」をもってすれば、説明には及ぶまい。

そう、この思想こそがフリーメーソン思想の中核をなし、革命を欲する自然要因なのである。

幕末の日本に舞い降りた「全能の目」

革命は、哲学と経済、そして軍事的な裏付けがあってはじめて成就する。この三つはフリーメーソンの得意分野だ。科学と自由な思考を許し、世界の王室が承認し、豪華なスポンサーとメンバーを抱える反面、秘密を守る厳しい誓いがある。

では、フリーメーソンとはなにか？

と問われれば、一転して頭痛がするくらい難しい。

ざっくり言えば、今現在、世界に約四〇〇万人のメンバーを誇る秘密結社である。これが一般的な認識だが、最近になって「我々は『秘密結社』ではない」と主張するメンバーが出はじめている。強《し》いて言うならば「秘密を持った友愛団体」だというのだが、前者と後者のどこがどう違うのかさっぱり分からない。

広辞苑によれば「秘密結社」とは、「入社式を秘儀として行い、共通の目的を遂行《すいこう》するため加入者に一定の守秘義務を課す団体」とある。

とするならば、フリーメーソンは、まさにこの二点の要因を完璧に満たしており、そういう意味では誰が強弁しようとも立派な「秘密結社」になる。

米・仏革命の象徴となった「全能の目」

フランス人権宣言の扉絵（上）と合衆国１ドル札（左）には、ピラミッドに収まった「全能の目」が描かれている。これはフリーメーソンのシンボルでもある。

しかし明確さは、そこまでである。

フリーメーソンの源流そのものを問えば、これまた目眩《めまい》がするほど複雑だ。エジプトの古代宗教、キリスト教、ユダヤ教とユダヤ神秘主義のカバラ、さらには自然科学、錬金術、テンプル騎士団の儀式……。フリーメーソンには、それらのエッセンスがごっそりと含まれている。


米仏の革命から約七〇年という時がたった。その歴史はひたひたと軸を伸ばし、ようやく東洋のちっぽけな島国まで接近する。

幕末。

巨大なエネルギーを秘めたマグマが、今まさに盛り上がろうとしていた。陰謀、殺戮《さつりく》、駆け引き。目に見えない地下では雪崩《なだれ》をうって、なにかが起こりはじめている。

その時、天から静かに見下ろす巨大な目があった。

瞬《まばた》きはない。その目はフランスを呑《の》み込み、アメリカを呑み込み、そして今、動乱の日本をじっと見据《みす》えている。

『全能の目』――『至高の存在』。その目はいくつもの目を生み増《ま》しながら、次々と、音もなく闇の京都に舞い降りた。

第1章

暗殺現場の謎

「実行犯」の証言――その不自然さ

事件は京都で起こった。

一八六七年（慶応三年）、十二月十日（旧暦十一月十五日）、天候は雨、寒い夜の九時すぎのことである。

「松代《まつしろ》藩のものだが」

現われた武士は、そう名乗った。

土佐《とさ》藩御用達《ごようたし》の醤油《しょうゆ》商、近江《おうみ》屋の玄関口である。

「へい」

大柄な藤吉《とうきち》が、軽く頭を下げる。藤吉というのは、龍馬のボディガード兼下僕で元相撲取りだ。

藤吉が身体を返し、二階にいる龍馬に取りつぐために階段を上る。武士四人がその後に続く。

二階には、三人の龍馬の書生がいた。手前の六畳間である。

次の間に足を踏み入れる。

そこには龍馬ともう一人の人物、陸援隊隊長、中岡慎太郎《なかおかしんたろう》が机を挟んで座っていた。行灯《あんどん》が一つ、ぼうっと室内を照らし、寒々とした壁に龍馬と中岡の大きな影を作っている。

「坂本さん、しばらく」

武士の一人が声をかけた。

「どなたでしたかねえ」

怪しんだようすもなく、龍馬が答える。

と、その時、一呼吸遅れてなにか不審を感じたのだろう、武士の背後で書生たちがざわつきだした。と同時に、先頭の武士が、ためらいもなく抜刀し、龍馬の左の胴を斬りつけた。刺客に変わった瞬間だった。

鮮血が吹き飛ぶ。刺客は間髪《かんはつ》いれず踏み込んで、右から腹を払う。

龍馬がウンと唸《うな》って倒れる。

続いて身体を反転させた刺客は、横にいた中岡の頭に刀を三度振り下ろす。中岡も、その場に昏倒《こんとう》する。

他の二人が剣を振り回して、書生たちを追い立てる。慌《あわ》てふためいた書生は、窓から外に飛び出し、瓦《かわら》屋根を伝って夜の京都に逃げ去った。

これは、明治三十三年の「近畿評論」で取り上げられた記事から「龍馬暗殺」の場面を再現したものである。発言者は、自分が犯人だと名乗った元京都見廻《みまわり》組、今井《いまい》信郎《のぶお》だ。

つまり下手人《げしゅにん》から直接聞いた話を記事にしたのだが、見出しは「今井信郎氏実歴談」となっている。

読んですぐ感じるのは、不自然さとリアリティのなさである。

今井を含め暗殺隊の四人は、二階に上がってすぐ、六畳間にいた三人の書生と遭遇したという。

その時、入室者の先頭はとうぜん案内役のボディガード、藤吉ということになる。その藤吉と書生が顔を合わせているわけだから「どうした」くらいの声をかけ合うのが普通だろう。

しかし、その形跡がない。ということは不思議なことに無言だったのだ。

いや、無言でなければならなかった。

というのも、龍馬と中岡慎太郎の死に様から、そうでなければ辻褄《つじつま》が合わなくなるからだ。

すなわち二人は、警戒態勢に入っていないのだ。

このことは、事件発生後駆けつけた複数の人たちの証言に共通する見方である。

龍馬は刀も抜かずに絶命しているし、中岡も、太刀でまともに打ち返したという雰囲気はない。北辰《ほくしん》一刀流免許皆伝というふれ込みの龍馬、腕に覚えがある中岡、共に勝負ができずに、無残に斬られていたというのが大筋である。

これはなにを意味しているのか？

剣道を極めた両人が、そろいもそろって出し抜けに斬られているのだから、突然の出来事だったとしか考えられない。

すると、今井の話の筋立てには矛盾が生じることになる。

近江屋というのは、大きな家屋ではない。23ページのイラストのように階段と龍馬の部屋は、直線距離にして三、四メートル。

昔の家屋を考えていただきたい。

仕切りは襖《ふすま》と壁だが、肝心の壁にも断熱材が入っていない構造であるから、造りはぺらぺらで、一階の咳《せき》払いでさえ、二階に筒抜けだ。

上がってきた藤吉が、六畳間にいた書生たちに声をかければ、その声は、はっきりと奥の龍馬と中岡の耳に届く。

いや、百歩譲って、仮に声をかけなくとも元相撲取りを先頭に、二本差しの四人もの無骨な武士が階段を、どしどしと上ってきた時点で、その危険な空気は龍馬たちに寄せるはずである。

時刻は夜の九時過ぎ。

常識的に想像しても、そんな夜更《よふ》けに、ただならぬ訪問者があれば、反射的に身構えるのが武士である。

ところが、刀すら引き寄せた形跡がない。

ということは、どういうことなのか?

まったく油断していたということになる。


刀に手を掛けないほど油断する理由は、二つしかない。

一つは、音もなく現われ、完璧に不意を突かれたときである。再度言うがそれは考えられない。二階で遭遇した三人の書生と、ボディガード藤吉がそろって、無言でいるはずはないからだ。

それでは、油断するもう一つの理由は、なにか?

相手が、ごく親しい間柄であるときだ。

ところが、今井という男は、見廻組で新撰組同様龍馬の敵。ならば、龍馬とその周辺が気を許すことはない。

一説に、龍馬は豪胆な性格だから、どやどやと入室したとしても、おおらかに受け入れ

「龍馬暗殺」の現場・近江屋見取図

【今井信郎の証言では……】

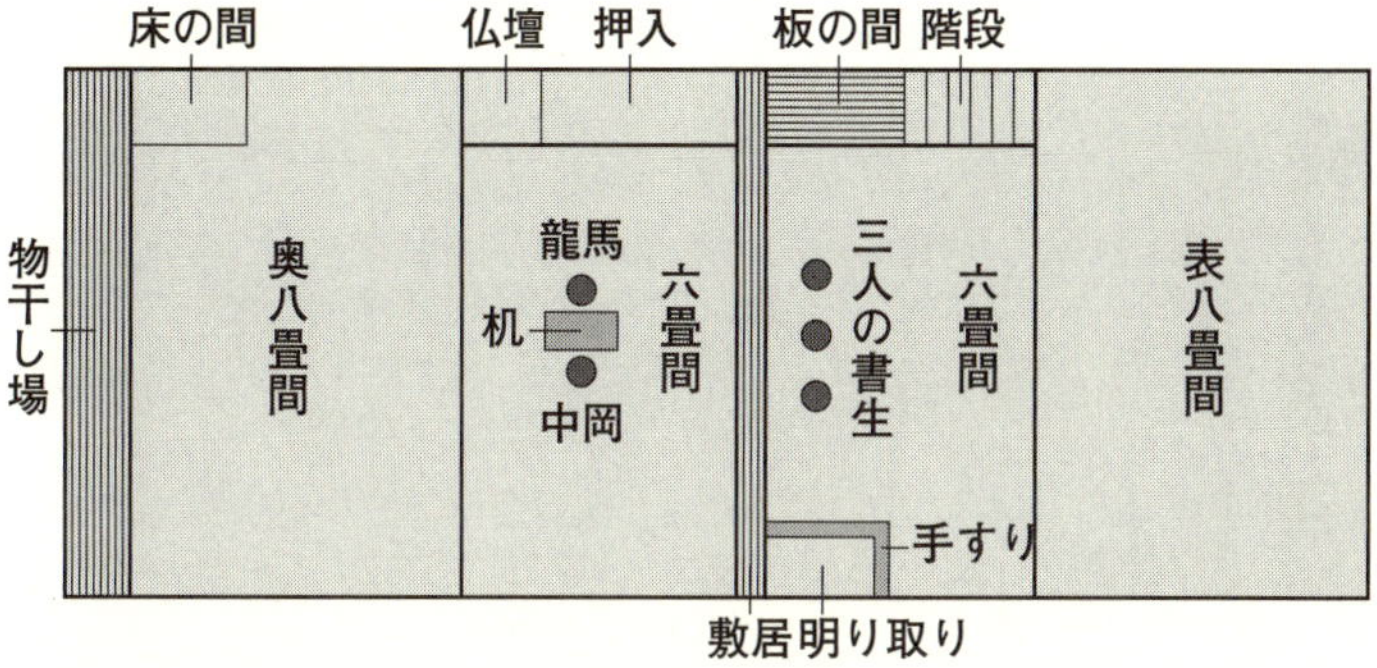

【一般に知られている暗殺現場の様子】

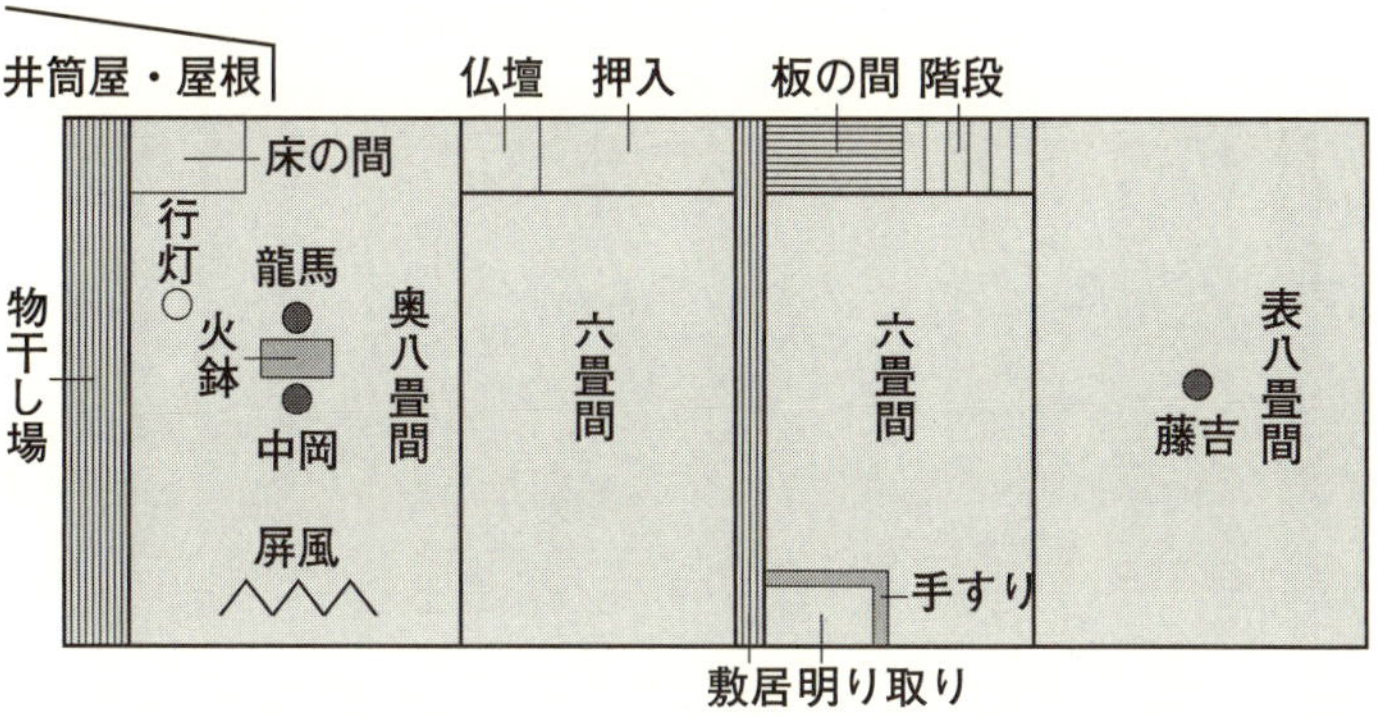

元京都見《み》廻《まわり》組の今井信郎は、自ら龍馬殺害の実行犯として「近畿評論」に証言。しかし六畳間の書生の存在など、あまりに不自然さが目立つ。下図は岩崎鏡川の「坂本龍馬関係文書」などによるが、こちらも事件後60年を経過してからのものという弱点がある。

たのではないか、という理屈を述べる人がいるが、しかし、それはあまりにも想像力の欠如、武士というものを知らない主張だ。

時は幕末。龍馬と中岡は、幕府サイドの立派なおたずね者で、狙われていることは彼ら自身、百も承知。

実際、龍馬は前年に同じ京都で、伏見《ふしみ》奉行の強烈な襲撃に遭っているのだ。

これは「寺田《てらだ》屋事件」として有名だが、一月二十四日の未明の出来事である。

ひと風呂を浴びて、二階で床につこうとしていた龍馬は、妻お龍《りょう》の「敵が来る……」という言葉に、あわてて大小の刀を差し、ピストルを手に持った。袴をつける暇はなかった。進退きわまった龍馬はピストルを撃ちまくり、ようやく逃げおおせたのである。

龍馬と中岡の危機管理意識

龍馬というのは、こういう絶体絶命の危機への対応が、身体に刷り込まれている武士だ。経験があるなしは、防衛に対する認識が根っこから違ってくる。しかも二人は腰抜けではない。喜怒哀楽を抑え、忠義のために命を投げ出す躾《しつけ》を受けている武士なのである。

そんな男たちの警戒心は、現代人の何倍もある。

さらに時は幕末。倒幕派に対する刺客が、そこかしこに放たれている魔都、京都である。

実際、龍馬は用心深く居所を変え、三日前に、ここ近江屋に身を隠したばかりだ。安全なのは一階より二階、それも奥の間。かつて新撰組が襲撃した池田屋《いけだや》でも、倒幕派の浪士約二〇名が集まっていたのは二階であり、龍馬が寺田屋で襲われた時も、二階で難を逃れた。

上階が、より安全である理由はたくさんある。
一、当時の窓にはガラスがないため、一階で話せば、声は通りに筒抜けになり、密偵に聞かれる恐れがある。
一、賊が家に侵入してきても、二階に到達するまでには若干の時差があり、防戦態勢がとりやすい。
一、龍馬が寺田屋で逃げおおせたように、いざという時、窓から外に出て屋根伝いに逃げられる。
テロリストに狙われている龍馬が、刺客対策として二階の奥の間に陣取ったのは、基本中の基本だった。

龍馬は油断なく神経を尖《とが》らせていたのだ。にもかかわらず、階段から寄せてくる殺気に、気づかないというのは合点がいかない。まして、隣の部屋で書生がざわつけば、どういう反応をとるか、というのは想像がつく。

ただ、ぼけーっとしているわけはない。刀を摑《つか》み、臨戦態勢に入るのが武士の本能であろう。

それが、そうなっていないというのは、奇怪な話である。

この「今井信郎氏実歴談」で一番、奇妙なのは六畳間の書生の存在だ。

夜の九時過ぎ、記録によれば雨降りである。照明のない闇の中で三人もの書生たちは、なにをしていたのか？

それに、六畳と言えばたいして大きな部屋ではない。とうぜん三人は、それぞれが間隔を開けて、散らばって胡坐《あぐら》をかいているだろうから、部屋全体を占領する格好になる。

そこに、元相撲取りの藤吉と四人の武士が現われる。となると、誰かが一方に身を寄せなくてはならないだろう。

その際、いくら無口であっても最低、「ごめん」「失礼」くらいのざわつきはあるはずだ。

しかし、なんども言うように、龍馬と中岡の殺害状況が、それを物語っていないのである。

不意を突かれての絶命に近い。

それに事件後の三人の書生の行方だ。奇怪なことに忽然《こつぜん》と三人とも消えており、氏名すら判明しない。

すなわち、この書生は、今井自身が語った「近畿評論」の記事以外、どこにもその存在を知らしめるものがなく、常識的に考えれば、こんな事実は存在しなかったということだ。

単なる「見張り」ではなかったのか

今井談が「近畿評論」に載ったのは明治三十三年のことだが、明治三十九年、その記事を読んだ谷干城《たにたてき》は、京都東山の護国神社で、「龍馬を斬ったなどというのは、今井の売名行為だ」と激しい非難演説を行った。

谷は土佐藩士で、農商務大臣をへて子爵の身分になっている。

非難は、その子爵時代だが、なぜ激怒したかというと、谷はいち早く龍馬殺害現場に駆けつけ、彼なりに状況を把握し、さらにまだ息のあった中岡から、若干であるが襲撃の模様を直接聞いているからである。

谷の、主な反論を要約するとこうなる。
一、今井は自分も含め、襲撃犯は四人だと証言しているが、中岡は二人だと言ってい
た。
一、今井は、松代藩の偽りの名刺を藤吉に見せ、警戒心を解いたと主張しているが、中岡によれば、松代藩ではなく十津川郷士《とつがわごうし》の名刺だった。
一、龍馬と中岡が机を挟んでいたというのも嘘で、現場に机などなかった。
一、龍馬と言葉を交わしてから斬ったというが、そんなことはない。龍馬、中岡が二人で名刺を見ようとしている所へ「コナクソ」と叫んで斬り込み、最初に襲われたのは中岡の方だ。
信憑性《しんぴようせい》という点で、両者の主張を比べると、谷の方に軍配が上がる。

実は、今井は明治三年二月二十二日、龍馬殺害の容疑で、刑部省《ぎようぶ》の裁判にかかっており、その自供書と判決文の一部が残っているのだ。

それによると、自分は実行犯ではなく、一階での見張り役に立ったと自白している。

つまり、今井の話は三〇年の時をへて、下っ端の見張り役から、とつぜん龍馬を斬った主役へ、と変貌をとげたのである。しかも、今井は、中岡までも斬ったというのだから恐れ入る。

捕まった当時は、罪を逃れたい一心で、見張りだと嘘をついたことも考えられなくもないが、そうではなく、谷が激怒したように作り事のホラ話に近い。

その理由はあとに譲るが、それ以前の問題として、書生の件を含め、今井の自供そのものを常識をもって眺めれば、すぐに見破れるほど、おざなりなものだ。

だからと言って、谷の反論を全面的に信用できるかというと、そうでもない。

というより、かなり心もとないのである。

谷の反駁《はんばく》は、事件後四〇年、つまり七〇歳を過ぎた高齢で、記憶違いもあるかもしれないし、長い間に生じる異なる思い込みもあるだろう。肝心の、中岡の証言にしても危ういい。谷は聞いたというが、瀕死の重傷を負っている中岡慎太郎の証言が、はたして本当に正しいものだったかどうか疑問がわく。

いや、中岡はもっとぴんぴんしており、焼き飯を食うまで回復し、死んだのは突然だった、という説もあるが、そんなはずはない。それだけ元気なら、中岡のきちんとした説明が、かなりの部分後世に残っていてもおかしくはないからだ。

中岡の話として伝わってくるのは、龍馬が「ホタエナ」と、土佐の言葉で「騒ぐな」と言ったとか、賊は「コナクソ」と叫んで斬りつけてきたとか、反撃する暇もなく斬られた、くらいなものである。

肝心の「ホタエナ」とか「コナクソ」という言葉にしても、生死の境をさ迷っている中岡自身の妄想かもしれないし、あるいは、死ぬ一歩手前ともなれば、口の中で含むような物言いであろうから、はたして、谷の耳に聞き違いはなかったのか、という疑問もわく。

それにもうひとつ、大きな不可解さを感じるのは、タイミングである。

今井証言の載った「近畿評論」は明治三十三年だ。それを六年後になってから、谷が思い出したように激しく反駁するというのは、どうにもすっきりしない。

谷が田舎に引っ込んでいたというなら、「今井談」が届かなかったということも考えられるが、明治十八年に農商務大臣になっていて、中央に直結していた権力者である。

ならば、今井が犯人とされた、明治三年の龍馬殺人事件裁判結果にしても、即座に耳に入る立場だろう。

どうして、三六年間もの間、沈黙していたのか。そんなことを考えると、谷の言動にも不信感がつきまとう。

「龍馬暗殺」の定説では……

では、今井証言ではなく、世に知られる龍馬殺害の経過はどうだったのか？

事件三日前、龍馬は風邪を引き、身体が楽だというので、近江屋裏手にある土蔵から母屋に移った。

龍馬は母屋の二階奥、八畳間に引っ込む。

翌日、伊東甲子太郎《いとうかしたろう》が訪れる。

伊東はもともと新撰組の幹部隊士だったが、脱退して同士十数名とともに尊王攘夷派に転向。その伊東が、ふらりと立ち寄り、新撰組が龍馬を狙っているから、警戒するように忠告する。

たまたま同席していた中岡は、それを素直に受けたが、龍馬は顔を曇らせたという。新撰組から寝返った伊東という男が信用ならなかったらしく、龍馬は苦々しい顔で聞き流した、というのが定説だが、本当の理由は他にある。その理由は本書の第9章で解き明かすことにする。

日が変わって、事件当日、中岡慎太郎と岡本健三郎《おかもとけんざぶろう》が訪れた。ともに土佐藩士である。

そこに出入りの本屋、菊屋の倅《せがれ》の峯吉《みねきち》が立ち寄る。

夜九時ころ、龍馬がシャモが食いたいと言い出し、峯吉を使いに出す。それを機に、岡本も近江屋を出る。

家には一階の奥に近江屋の家人、二階表の八畳間にボディガードの藤吉、二階奥の八畳間に龍馬、中岡の二名が残った。

まもなく表で声がした。

二階で楊枝《ようじ》を削っていた藤吉が階段を降り、木戸を開ける。

「十津川の者だが、坂本先生にお目にかかりたい」

現われた武士が名刺を渡した。

十津川というのは、土佐藩の領域。十津川出身の郷士は陸援隊にも五十名ほど入隊しており昵懇《じっこん》の者も多く、藤吉は悪事の匂いを感じなかった。

気を許して二階に上がる。

暗い六畳間を通り過ぎて、その奥にいる龍馬に名刺を渡す。

藤吉が踵《きびす》を返して階段まで戻ると、先ほどの武士が、すっくとそこに立ち上がっていた。表情は、暗くてほとんど見えない。異変は感じなかったが、藤吉はせっかちな人たちだと思った。

一瞬だった。いきなり斬りかかった。藤吉は昏倒。その物音に、奥で名刺を眺めていた龍馬が「ホタエナ」と叱り付ける。藤吉が、誰かと悪ふざけでもしていると思ったのだろう、土佐弁で騒ぐな、と怒鳴ったのだ。

と、闇の中から、すべるように刺客が飛び込んできた。

刺客は二人いた。うち一人は「コナクソ」と叫んで、中岡の後頭部へ斬りつけ、もう一人も、座ったままの龍馬の前頭部めがけて、激しく横に払った。冷たい光を放った切っ先は、龍馬の額《ひたい》をざっくりと斬り裂く。薄暗い行灯の光に、男の顔が浮かんだ。無表情だった。

立ち向かう間もない龍馬は、それでも座ったまま身体をよじって床の間の刀に手を伸ばす。

その時、二度目の太刀が振り下ろされる。剣は背後から龍馬の肩に入り、背骨まで袈裟《けさ》に斬り下げられる。

敵の攻撃は止まらない。間髪をいれずに三の太刀が打たれる。空気が不気味に唸った。龍馬はほとんど無意識に、刀でそれを受ける。鞘《さや》のままだ。だが、敵の刀が圧倒し、そのまま冷えきった太刀が龍馬の頭蓋《ずがい》を捕らえた。

脳漿《のうしょう》が飛び出し、途方にくれたようにその場に崩れる。

「石川《いしかわ》、刀はないか、刀……」

と言いながら、龍馬が動かなくなった。

石川は、中岡の偽名である。敵を攪乱《かくらん》する意味でも、偽名を使って身を守るのは常識である。

中岡も、半ば意識をなくしていた。大刀を取る暇なく、とっさに掴んだ小刀で応戦したが、無数に斬り込まれていたのである。

敵は、中岡の臀部《でんぶ》にぶすりと刀を刺した。だがぴくりともしなかった。深手を負い、神経が寸断されている中岡は、それをどこかで感じていた。

「もうよい」と、傍らのもう一人がうながし、薄ら笑いを浮かべて、引き上げにかかった。

静まり返った。

龍馬が急に息を吹き返し、中岡に声をかけた。

「石川、手はきくか……」

「なんとか……」

龍馬は助けを呼ぼうとしたのか、身体を引きずりはじめた。鮮血が畳を濡らしてゆく。

ようやく隣の六畳まで這《は》い辿《たど》った。

「おれは脳をやられた。もう、なにも見えん」

絶命。

中岡は、もうろうとしながらも、なぜか北隣、井筒屋《いづつ》の屋根の上まで辿り着き、そこで気絶。延命は二日だけだった。

新撰組犯人説の根拠と疑問

この再現シーンは、事件後すぐ現場に駆けつけた人間たちの口伝《くでん》と「坂本龍馬関係文書」を寄せ集めて作成したもので、世間一般に知られる龍馬暗殺事件のイメージである。

「坂本龍馬関係文書」というのは、土佐の岩崎鏡川《いわさききようせん》が大正十五年に発表したものだが、ではこれが決定版になるのかというと、これまた怪しい。

この書にしても、やはり口伝やら証言やらを細々とかき集め、なんとかまとめた代物にすぎない。

しかも、岩崎鏡川の編纂《へんさん》は大正十五年というから、事件後、約六〇年が経過しており、すでに生き証人は存在しない時期のものだ。

さらに言えば、編纂者は土佐の出身だ。そうなれば龍馬もしくは土佐藩に、中立というわけにはいかないのが人情である。

アメリカの裁判では、客観性を欠くという理由で、陪審員から地縁者などは外されるが、この岩崎鏡川の場合はどうだろう。龍馬や土佐藩に対する思い入れや偏《かたよ》りがなかったとは、断言できない。

当時の文章で存在するのは、各藩で見聞きしたものが、ほんの少しあるだけだが、それにしても、事実をじっくりと吟味して記録したものではない。

こうしたことを割り引くと、どれもこれも真実からは随分ずれてくるのである。

つまり、龍馬暗殺事件についてのまともな記録は、存在しないのである。


事件当初、嫌疑はまっすぐ新撰組にかかった。

当然だ。新撰組は、京都の治安維持を標榜して、勤王派、倒幕派を攻撃していたから、放っておいても、そういう流れになる。

だが、あからさまに、火を点けたのは土佐藩士、谷干城だ。先ほども出てきた、明治になって「今井信郎実歴談」に嚙み付いたあの偉いさんである。

谷は土佐藩邸から、惨劇現場に真っ先に駆けつけたと言われているが、それによると啞《あ》然《ぜん》として顔を覗《のぞ》く谷に、中岡が息もたえだえにしゃべったという。

「賊は……おそらく新撰組……」

現場には遺留品が落ちていた。犯人のものと思われる、蠟《ろう》色の刀の鞘だ。谷はその鞘を土佐藩邸に持ち帰った。それを目撃した伊東甲子太郎（事件前に近江屋に立ち寄って、龍馬が新撰組に狙われていると忠告した男）が、事件直後、それは新撰組のものだと証言したとも言われている。

しかし、その伊東はすぐ不可解な末路をむかえるから話はややこしくなる。

龍馬事件の三日後、旧暦十一月十八日の夜に、新撰組の手にかかって斬り殺されたのだ。

鞘はほんとうにあったのか？

近江屋に駆けつけた陸援隊の田中光顕《たなかみつあき》（土佐藩士）も、あったと証言しているようだが、ふに落ちない点もある。

刺客たちは、あっという間に龍馬と中岡を叩き斬った手練《てだれ》なのだ。

それほど冷静な殺し屋が、はたして大切な鞘を落としたまま去るだろうかと、首を捻《ひね》るのは私だけではあるまい。

そんなことをすれば、血のついた白刃をさらしたまま、外を歩くことになり、各藩がぴりぴりと神経を尖らせながら巡回している京都を思えば、どうにもピンとこない。

加えて近江屋の出入り口は、河原町《かわらまち》通に面している。通りを挟んだ、ほんの目と鼻の先が土佐藩邸だ。

門には警護の人間が立っていた可能性が高い。また近江屋の周辺一帯は土佐藩の縄張りだから、彼らが見回っていたともいう。ならば、犯行後、新撰組の者が近江屋から抜き身の血刀のまま立ち去る、という心理になれるものかどうか、やはりイメージが湧いてこない。


遺留品のもう一つは、よく耳にする「下駄」である。

この下駄には「瓢亭《ひさごてい》」の焼印がくっきりと押してあった。

だが、この瓢亭の下駄という物証も、大正十五年になって、ひょっこりと登場した新参物なのだ。

出現したのは、例の岩崎鏡川の「龍馬関係文書」の中である。

瓢亭といえば先斗町《ぽんとちょう》だ。近江屋の主人、井口新助《いぐちしんすけ》は事件の翌日、探偵気取りで、不審に思った下駄を持って、瓢亭までわざわざ足を運んだという。

店先で確かめると、たしかに瓢亭、新撰組行きつけの料亭だった。

また新撰組の名前が出てくる。

これは新助の息子、新之助が子供の時分に父から聞いた話を、岩崎が聞き取ったもので、早い話が又聞き、あまり当てにならない。

それを裏付けるように、他藩の調査結果では違う下駄が出現している。

尾張藩と鳥取藩だ。調べはそれぞれ、十一月二十日と同二十三日に行われたが、発見された下駄は二足。

一つは、祇園《ぎおん》の噲々堂《カイカイ》で、もう一足は祇園の中村屋。二店の名前は、両藩の記録で一致している。

記述が一致しているから真実だ、と思い込んでしまう人間がいるが、これまた状況によりけりである。

両藩が訪ねたのは近江屋だから、聞いた相手は、おそらく主人の新助だ。その新助がショックを受けて、冷静さを欠き、幻想を口走ったとすれば、両藩の記録もいい加減なものになる。

本当に下駄があったのか？

いち早く駆けつけた谷にしても田中にしても、下駄については言及していない。新助が、ほんとうに翌日瓢亭に行って確認してたのなら、谷や田中に話すはずだが、その形跡もない。

なぜ話すはずだ、と断言できるかと言えば、近江屋は土佐藩御用達の醤油屋で、そのオーナーが、上得意の土佐藩士に話さないわけはないのである。

新助の行動は、事件後も土佐藩べったりだ。鳥羽伏見《とばふしみ》の戦いでも、藩のために軍資金の援助、傷病兵の看護など八面六臂《はちめんろっぴ》の活躍。そこから見える姿は、醤油屋というより、まるで〝土佐藩の新助〟である。

その新助が、下駄は瓢亭のもので、新撰組犯人説を暗示したというのだが、そもそもこの近江屋主人、井口新助、事件当夜の動きがよく見えてこないのである。

はっきり言って不透明だ。

近江屋新助と菊屋峯吉の不可解部分

岩崎鏡川とは別に、井口新助の弁駁書《べんばくしょ》なるものが存在することはする。

これは本人が口述したものを、息子の新之助が筆記したものなのだが、今井、谷などの証言とまたまた異なる話になっているので、頭が痛くなる。

要約するとこうだ。

刺客が現われた。その時、二階では、藤吉が三人の息子（小僧）と雑談をしていたというのだ。今度は息子という新しいエキストラの登場である。

武士たちは十津川郷士を名乗った。

龍馬は綿入れを着用していたので身体は無事だった。咽喉《のど》の二刺しが致命傷だった。

刺客が立ち去ると、龍馬が自分で階下の新助を呼び、医者だと叫んだが、二階に上がるとすでに事切れていた。

この「弁駁書」にしても、新助が「今井信郎氏実歴談」を読んで、谷同様、憤慨し、ふざけるなとばかりに反撃したものだから、とうぜん明治三十三年以降ということになる。

新助は、それまで埋もれていたのである。そして、三十数年が経過して、突然息を吹き返したという印象だ。

三人もの息子が出現したり、龍馬が咽頭を剣で深く二カ所も刺されているのに大声で階下の新助を呼ぶことができたり、よく分からない告白である。

いったい、一階に妻と一緒にいたというこの醤油屋のオヤジは、事件発生時、なにをしていたのか？

もっとも、白刃を突きつけられ、身動きもとれなかったという話もある。

が、それならそれで、賊の人相だとか、人数だとか、もっと鮮《あざ》やかで具体的な新助の証言があってもおかしくはない。

もう一つの説もある。新助はいち早く近江屋を抜け出て、土佐藩邸に駆け込んだというものだ。

だが、これも変だ。

現場に行けば分かるが、土佐藩邸は通りを挟んで、近江屋のほぼ向かいにある。

「助けてくれー」と、家の中で新助が大声で叫べば、藩邸に詰めているいい武士たちが、ばたばたと殺到するほどの距離である。おそらく、せいぜい一〇秒。

そうなれば、龍馬の傷は三カ所から三四カ所とさまざまで、中岡にしても三カ所から二八カ所とてんでんばらばらだが、とにかく犯人に念入りに斬っている暇はないはずだ。新助のSOSを聞きつけた藩士たちは、あっという間に二階に雪崩《なだ》れ込んでいるだろうし、たとえ二階に駆け上がらなくとも、最低玄関先で、下手人と遭遇するはずである。

ところが、そんな事実もない。

当の新助本人は、事件後三〇年以上の時を超えた後、しかも本人ではなく、息子の書いたもので、辻褄の合わない事件を言葉少なにぽつりと口にしたのみである。

では本屋の倅峯吉の証言は、どうかというと、これも急に無口になっている。

シャモを買って帰ってきた峯吉は、二階の惨事を知り、陸援隊本部に走ったという。

この話も眉に唾をつけたくなる。

陸援隊の本部は白川《しらかわ》、今の京大構内だ。実際に歩いてみた。早足で一時間はたっぷりかかった。

事件当時の京都、その夜は雨が降っていた

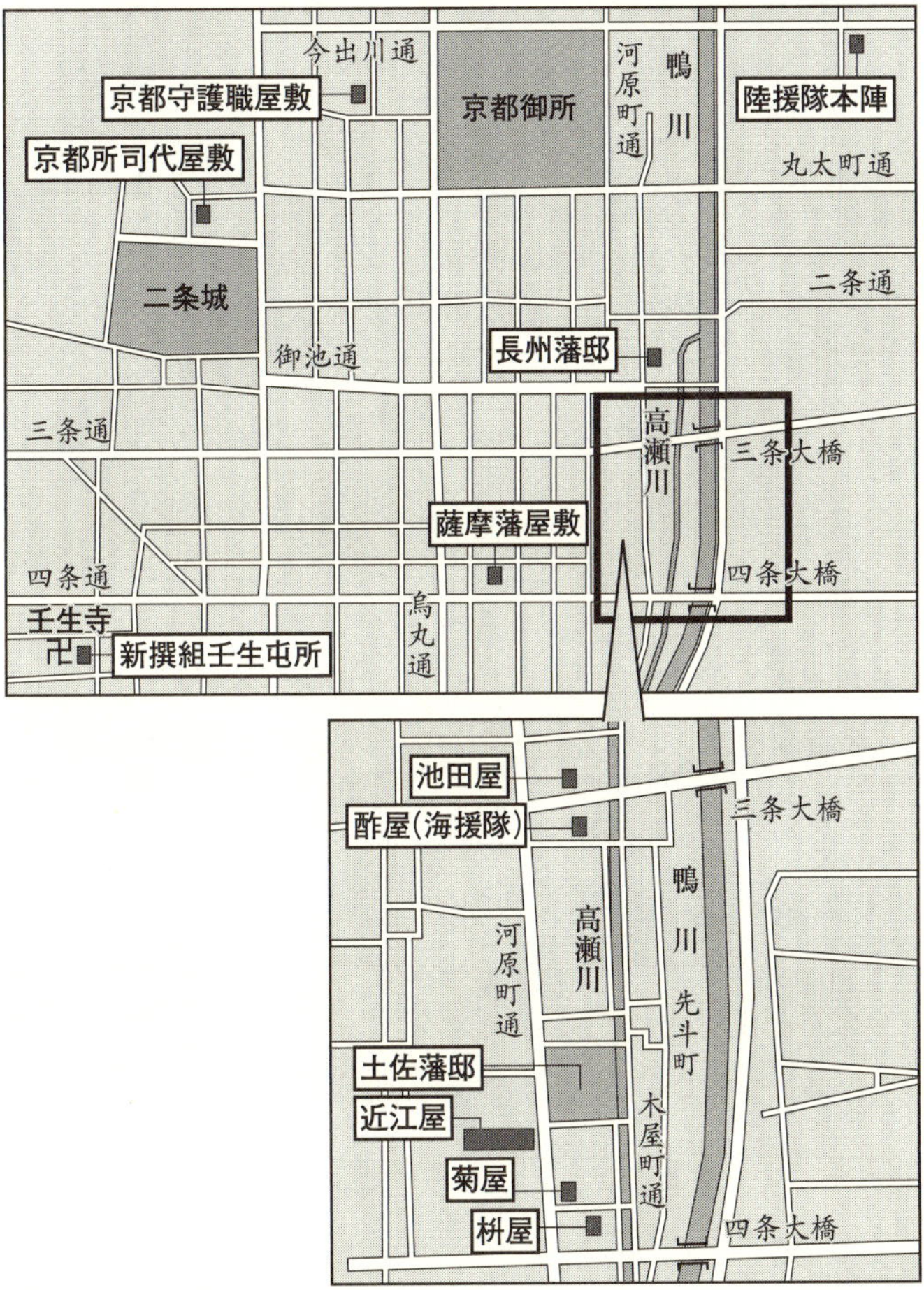

菊屋峯吉は惨劇を知り、白川（現在の京都大学付近）の陸援隊本陣に馬を駆って走ったという説がある。夜10時の闇夜、しかもぬかるみの中で可能だろうか。

事件当日の十一月十五日は、今の暦に直すと十二月十日だ。そして時刻は十時近くの闇。しかも雨が降っていた。

人里離れた田舎にぽつんとある陸援隊本部までの道は、ぬかるんでいる。草鞋《わらじ》を履《は》き、濡れて足にからみつく着物の裾。闇夜、厳冬、雨、峯吉が走るには、最悪の条件である。いや、とても走れるものではない。

どんなに早くても一時間半。往復で三時間。

果たして、こんな緊急時に、峯吉本人が走っていくだろうか？　と思っていたら、峯吉は裸馬を飛ばしたと書いてある文献とぶつかった。

闇夜、雨降り、ぬかるみ、裸馬。馬に乗った経験が少しでもあれば、これがどんなに危険なことか分かるはずだ。

しかも峯吉は武士ではない。本屋の倅であり、仮に馬に乗れたとしても、腕は初心者の域を出ないと推測できる。漆黒《しっこく》の雨の夜では不可能だ。

この峯吉も見えてこない。

もっと調べてみると、犯行時間さえも、不明なのだ。七時半くらいから十一時までと、説には開きがある。時計のない時代だから多少は仕方がないにしても、重大事件にしては、めちゃくちゃである。

だいたい藤吉の死体が、二階にあったのか、一階にあったのかさえ、はっきりしていないのだ。

龍馬が護身用に持っていたというピストルのことは、誰も口にしていない。

ピストルは、前の寺田屋事件の時に使いものにならなくなったので捨てた、という説があるが、その約二カ月後、お龍との新婚旅行で、鹿児島に遊んだ龍馬は、鳥をピストルで撃っているという記録がある。

持っていたはずである。

ならば、そのピストルはどこにいったのか？

追えば追うほど、謎は無数に現われる。

全員が「真相」を語っていない

いち早く駆けつけ、現場を囲んだのは土佐藩士、海援隊、陸援隊など一〇名前後。

しかし、藩医を除いて、名前の挙がった全員が、お題目のように犯人は新撰組だと言っているか、あるいは、言っていなくとも間接的に示唆《しさ》する物証を口に出しているのだ。

しかし、ここが重要なのだが、こまかなこととなるとすべての人間の証言が異なり、つなぎ合わせると、全体像が歪《いびつ》に軋《きし》んでくるのである。

事件は時代の淀《よど》みに深まったまま時が過ぎ、何人かが口にしはじめたのは明治三十三年以降。

いったい、これはどういうことなのか？　偶然の産物ではない。全員が真相を語れない、ということなのだ。

それだけ大きな、力が働いていた。

では十一月十五日の夜、近江屋では、いったいなにが起こったのか？

調べてゆくと、ある奇妙な手紙に突き当たった。天衣無縫、自由気ままな龍馬が出した手紙だ。おそらく暗殺の三日前に、龍馬自身が陸奥宗光《むつむねみつ》に出した手紙である。

一見なんともない手紙に見えるが、なにかがおかしい。

一、さしあげんと申《もうし》た脇ざしハ、
まだ大坂の使がかへり不レ申
故、わかり不レ申。

一、御もたせの短刀は（さしあげんと申た）私のよりは、よ程よろしく候。（但し中心《なかご》の銘及形）。

是ハまさしくたしかなるもの
なり。然るに大坂より
刀とぎかへり候時ハ、見せ
申候。
一、小弟の長脇ざし御らん
被レ成度とのこと、ごらんニ
入レ候
十三日　　謹言。
自然堂《じねんどう》　拝
陸奥老台

なんども読み返した。暗号文を隠し込んだ手紙だということに気づくまではそう長い時間はかからなかった。だが、それからが分からなかった。

歴史書を読み、再び手紙に戻り、目を通す。

考えあぐねて半年がたった時だった。突然閃《ひらめ》いたのだ。

――なんと……。

その瞬間、震えるような衝撃が身体を貫《つらぬ》いた。龍馬は自由気ままに生きていたのではない。天衣無縫でもない。緻密に動いていたのだ。

そう、龍馬暗殺の鍵は、この手紙の中に埋め込まれていたのである。

第2章

日本に上陸した秘密結社《フリーメーソン》

日本に初めて居住したフリーメーソンとは

体制が崩れるきっかけは、おおむね経済の澱《よど》みである。

江戸末期も例外ではない。

飢饉《ききん》が続き、税収が落ち、慢性的な物価のインフレが重なる。腹いっぱい飯《めし》が食いたい。だが、小手先のことではどうにもならない。抜本的で大胆な改革こそ急がれるのだが、封建社会は個人の意志が抑制され、なにからなにまで硬直している。

地方に押し込められていた約三〇〇という諸大名は、与えられる禄高《ろくだか》（予算）だけではどうにもならず、台所事情が極度に逼迫《ひっぱく》、おのずと武士の家計を直撃する。

どうやって食えというのだ！

下部階層の商人が、武士より金回りがいいとは何事か！

これは絶対的な権力を握っている、無能な上級武士の責任だ！

理不尽な裁き。いいがかりに近い切腹など、もはや許せん！

古い時代に身丈《みのたけ》を合わせ、飼い慣らされてきた侍《さむらい》ではあるものの、ぶつぶつと不平を呟《つぶや》いている段階など、とうの昔に過ぎていた。

「現状を変えなくてはどうにもならん」

ナマっていた精神に喝《かつ》が入り、急進派が育ってゆく。しかし、天下国家に口角泡《こうかくあわ》を飛ばすものの、どこをどう変えるかまでは具体的に分からない。

それに外圧が加わった。開国圧力。列強の主たる狙いは、日本市場の開拓と食料、燃料など航路上の補給基地確保である。

ただし、諸外国からすればその外圧は案外、手の抜いたものだった。

アメリカは南北戦争前夜の国内混乱を抱えていて、日本どころではなかったし、イギリスはアヘン戦争に勝った直後で、視線はもっぱら広大な中国に釘付けになっており、遠くちっぽけな日本を市場として評価するまでにいたっていない。

フランスは、東洋の小国であろうとも喧嘩《けんか》を売るほどの国力がなく、ロシアも統一に喘《あえ》いでいて、他国に干渉するなど気力もなければ、経済的余裕もない。

かつては世界を席巻《せっけん》したオランダはどうかというと、これもまためっきりと覇気のない時代なのである。

列強はそれぞれの事情で、力の入れ具合は日本人が思っているほど、強いものではなかったのだ。

しかし、しのびやかに上陸するものがあった。

フリーメーソンである。

時代は一〇〇年ほどさかのぼる。

一七七九（安永八）年。名前をアイザック・ティチングと言った。現在記録に残っている限り、最初に日本に居住したフリーメーソンだ。

彼はアムステルダム生まれのユダヤ系オランダ人で、十七世紀に世界を席巻した、かの有名な東インド会社の社員だ。

すでにヨーロッパ各地に根を張りめぐらせていたフリーメーソン。彼らはヨーロッパ大陸からあふれ出し、アメリカ、アジアなど新興地に進出していた。ティチングがフリーメーソンに加わったのは一七七二年、バタビア（今のジャカルタ）のロッジである。

ロッジというのは集会所のことだが、同時に自分が所属する支部のことをさす。メンバーには自分の所属のロッジが必ずあり、所属ロッジのないメンバーはありえないのだ。

フリーメーソンは宗教ではない。ロータリークラブやライオンズクラブが宗教でないのと同じだが、メーソン（フリーメーソンの略）は、一般とは異なる顔を持っている。

最大の特徴は、秘密の儀式にある。

うかがい知れない閉ざされたロッジで粛々《しゆくしゆく》と行われる儀式。それによって、メンバーはメンバーとしての自覚を保ち、結束を固める。

もう一度繰り返すが宗教ではない。だから、メンバーにはカソリック教徒もいれば、プロテスタントも仏教徒もユダヤ教徒もいる。

ただ無神論者に入会の資格はない。あくまでも神の存在を認めていることが、加入条件だ。とはいえそれは穏《おだ》やかなもので、なんとはなしに漫然とでも幅広い意味での「至高の神」を肯定している人間であればいいのである。

制限は他にもある。入会資格は二一歳以上の成人男子のみであり、女性は入会できない。

序章でも述べたとおり、メーソンの顔ぶれは多士済々《たしせいせい》だ。ジョージ・ワシントンからモーツァルト、ゲーテ、ヒルトン、コナン・ドイル。政治家、財界人、文化人、名前をざっと見ても、息を呑《の》むほどきらびやかだ。

多くのスターを集める実力。フリーメーソンという組織には、彼らを吸い寄せるなにかが備《そな》わっている。

〝秘密結社〟の正体

ではメーソンのなにが人をひきつけるのか？

これがまた一筋縄ではいかない。はっきりしていることは、世界最大の秘密結社であり「至高の存在」を信じ、「自由」「平等」「博愛」という三つを高らかに謳《うた》い上げて、活動しているということだけである。

だが、ただそれだけなら、その辺にごろごろとあるNGOとなんら体裁《ていさい》は変わらない。明らかに隠されている、特殊な部分がある。

さまざまな研究がなされているが、これがまた、国と歴史によってまったく異なっているから困惑の極みである。単なる慈善団体、あるいは神秘主義的側面、そして戦闘的政治団体まで見え隠れし、一口にこれだと、言い切れるものではないのである。

第一、その起源にしても不明なのだ。古代エジプトではないか、と想像する人もいれば、十四世紀の石工《いしく》（メーソン）組合が発生源だという人もいる。

はぐらかしているのではなく、メーソンが人目をはばかる秘密結社だけに、昔の記録はわずかに一三九六年完成のウェストミンスター寺院に「フリーメーソンと呼ばれる石工職人」という言葉が使われているくらいで、ある時期までは、まったくといっていいほどその痕跡《こんせき》がなく、したがって調べようがないのである。

そのある時期というのが、ロッジの統合に動いた一七一七年だ。

それまでのロッジは、欧州全体にバラバラに存在し、共通の「憲章」もなければ、共通の儀式もないという独自性の強いものだった。ただメンバーが他のロッジを訪ねられるようにと、言葉と動作による暗号だけはかろうじて同じものを採用していたくらいで、運営はあくまでもロッジ単位で勝手に行っていたのである。

それをなんとか一つにしたい。ロンドンにある数カ所のロッジが集まって、「グランドロッジ」を名乗ったのが一七一七年というわけだ。

このとき作った「憲章」が現在でも保存されているが、そのほとんどの部分は、フリーメーソンの来歴《らいれき》で占められている。

ノアの箱舟に始まって、モーゼに率《ひき》いられたエジプト脱出の物語。その後のソロモン王の神殿建設やローマ時代以降の石工の活躍だ。

モーゼやソロモン神殿が出てくるので、フリーメーソンはユダヤのものではないかという印象を持つのだが、そんなに濃いものではない。「憲章」は、単に旧約聖書を参考にしたから、そういう色がついたのである。

それにしても、なぜ新約聖書でなく、旧約聖書に固執したかという疑問が残る。実は、ここがフリーメーソンの隠された重要な部分だ。

中世ヨーロッパは、ローマ教皇（カソリック）が君臨し、支配する世界だった。

なぜカソリックが、長い間人々に否定されなかったのかというと「神の書」である聖書を独占したことが大きい。印刷技術のない時代、聖書は手書きによる写本である。その数は少数に限定され、厳重に管理され、人々の目に触れることはない。

民衆は「神の書」を一日、見たかった。だが、接することができるのは神父だけ。神父が聖書を読み、神の声を伝える。だからこそ、神父は神と人間とをつなぐ存在として君臨できたのである。

事実上の一宗教による独裁政治と言っていい。

いつの世も、同じ支配者が長く続くと、そこには腐敗と堕落《だらく》が蔓延《まんえん》する。民衆は絶望し、キリストを絶対化してその威光をカサに暴君のように振舞う教会に疑いの目を向ける。

批判の声は科学者たちの間から上がりはじめた。だが、教会は彼らを異端として認めなかった。人類史上もっとも血塗られた宗教弾圧がはじまる。魔女狩りは代表的なものだが、地動説を唱えたガリレオ、進化論を主張したダーウィンへの歪《いびつ》な裁判。みな同じ流れである。執拗《しつよう》で陰惨《いんさん》な拷問《ごうもん》と処刑。

そこに立ちはだかったのがフリーメーソンである。

ローマ教皇は、科学者を擁護《ようご》するフリーメーソンを敵とみなした。すると科学者はますますロッジを隠《かく》れ蓑《みの》にする。マルチン・ルターを先頭に、宗教改革運動、いわゆるプロテスタンティズム（抗議する者の意味）が巻き起こる。

血で血を洗う陰惨な戦争。ざっくり分けると、カソリック対プロテスタント・フリーメ

儀式は長い年月をかけて練り上げられた

1795年、フランスのロッジにおけるフリーメーソンの儀式の様子。

© Bettmann/CORBIS/Corbis Japan

ーソン・科学者連合である。

起源はともかく、メーソンの母体は石工の組合であることは間違いない。ヨーロッパのゴシック建築を見ても分かるとおり、建造物は数学と科学の産物であって、石工たちは、神と科学の融合を目指していたのである。フリーメーソンのマークで象徴的に使われる「G」は、「God」（神）であると同時に「Geometry」（幾何学）を表わしている。

鬱屈《うっくつ》した科学者たちにとって、メーソンは住み心地のよい団体だった。

そして、一七一七年の統合の動き。そこでメーソンの「憲章」は、魔術的な一派を切り捨て、さらにカソリックの根拠になっている「新約聖書」もますます排して、旧約聖書を取り上げたのである。

メーソンが、ローマ・カソリックと実質的に和解したのは、近年になってからだ。バチカンに入り込んだメーソンは少なくない。彼らは一〇億人の信者から集める莫大な寄付金を巧妙に牛耳ってしまい、これではいかにローマ・カソリックといえども、和解しか選択の道はなかった。


旧約聖書を重視したメーソンの記録が、ぼちぼちと残り始めたのは、一七一七年、ロンドンのグランドロッジが産声《うぶごえ》を上げたあたりからだ。思想の基本を練《ね》り上げ、それに沿《そ》って儀式を完成させてゆく。統一が徐々にヨーロッパ各地に広がるまでには、さらに長い年月を要した。

ティチングが日本にきた時も統一への過渡期だから、まだそれぞれのロッジが独自の儀式と考えを引きずっていた時代である。

商業組合的色合いの濃いロッジ、カルトに身もだえするロッジ、他のロッジでは錬金術にのめり込むといったありさまで、しかも我こそは、正統なフリーメーソンだと名乗り合うロッジであふれていたのである。

ロンドンの街角に、エスペランドという名前のロッジがあった。一七五四年にカール・

フォン・フォントという男爵が設立したのだが、これは芸術性と呪《のろ》わしげな快楽を取り入れた一派だ。儀式は、テンプル騎士団（十字軍時代、エルサレムのソロモン神殿守護を目的に結成した騎士団）の伝説を劇的に組み込んであり、この派閥はドイツ、フランス、オーストリアに勢力を伸ばして、一時は一派などというちっぽけなものではなく、ロンドン・グランドロッジの地位を脅《おびや》かすほどの勢いにまでせり上がったほどである。

これほど成功したのは、根底に流れる三つの要素が、時代に似つかわしいものだったからだと言われている。

より霊的で神秘的な儀式、教会への攻撃的な復讐、テンプル騎士団の復活の確信、である。

なぜ、フリーメーソンはこれほどまでにテンプル騎士団にこだわるのかというと、その類似性にある。ここで詳しくは触れないが、思想、儀式は似通《にかよ》っており、両組織にまたがるメンバーが多数存在したことも大きい。

一三〇七年十月十三日、フランスのフィリップ王の計略によって、テンプル騎士団はいっせいに逮捕されるが、一部スコットランド地方に逃亡。彼らもまた、地元スコットランドのフリーメーソン組織に溶け込んでいった、というゆかりある騎士団なのである。

四〇〇万人のコネクション・ネットワーク

フリーメーソンに期待するものは、やはりすぐに役に立つという即戦力だ。多くのメンバーにとっての関心事は、もっぱら、救済とコネクション作りであり、その点、実につぶしのきく組織だった。

ヨーロッパの都市なら、どこでもロッジがある。ロッジは上流層のサロンと化し、どこの街でも名士はロッジをにぎやかに飾っていた。中には、王やそれに近い位《くらい》の人物もいて、ひとたびロッジに足を向ければ、あっという間に顔が売れたのである。

ハリウッドの諺《ことわざ》に「問題は何を知っているかではなくて、誰を知っているかだ」というのがある。

「仕事はコネだ」という理屈だが、これは欧米人の気質をずばり突いている。すべてはコネクション次第。そのことは、なによりフリーメーソンの発展が、それを証明していると言っても過言ではない。

現在、世界のメンバー数は四〇〇万人。ロンドンだけでも約一六〇〇ものロッジがある。断っておくが、これはイギリス全体の話ではなく、あくまでもロンドンという狭い地区だけの数字だ。一六〇〇あまりのロッジが抱えるメンバーは六万人。この膨大な数に、目を見張るのは私だけであろうか。

ロンドンの人口は約七〇〇万人だ。仮にそのうちの七〇パーセントが女性と未成年だとすると、成人男子は約二〇〇万人になる。そこから導《みちび》かれるものは、なんと成人男子の三〇人に一人がメーソンだという結論だ。これは大変な勢力である。

昔のメーソンは人数こそ少なかったものの、仲間同士の結束は天下一品、自分や家族に重大な損害が出ない限り、メンバーをサポートするのは彼らの掟《おきて》であった。昔は今より仲間の関係は濃密で、メンバーを家に泊める、物資に困っていれば融通し合う、金儲けのネタや人脈を紹介する。国の法律よりメーソンの掟を優先し、仲間を義理立てしてかくまったり、逃走させるという扶助《ふじょ》も、昔は一般的に見られる光景だった。

秘密の組織にもかかわらず、派手な噂が絶えないのは、こうした影を引きずっているからである。

メーソンは、国境を簡単に越えてゆく。

ドイツに発生したロッジが、ロシアに広がって、自国のエカテリーナ女帝よりも、グランド・マスター（各ロッジを束《たば》ねる長）であるブランズウィック公に忠誠を誓い、女帝の統治権に傷がついた事実がある。それに対し、女帝はフリーメーソンに反撃してみせるのだが、文豪トルストイが、そのころの国家とフリーメーソンの渦の中で揺れ動く自分を投影させているのが、『戦争と平和』だと言われている。

ティチングが日本にやってきたのは一七七九年、明治維新の約一〇〇年前だ。肩書きは、長崎出島《ながさきでじま》のオランダ商館長。当時の商館長は、東インド会社の社員とイコールで、商館長というより東インド会社日本支社長と考えたほうがすっきりする。フリーメーソン歴七年の彼が、日本にもメーソン思想を植え込もうと考えるのは当然の理屈だ。

フランスでは、時あたかもフランス革命が成就せんばかりの熱気にうかされていた時期と重なる。

高名なオルレアン公はフランスのフリーメーソン、グラントリアン（大東社）のグランド・マスターである。彼の所有するパレ・ロワイヤルにある巨大な邸宅には、革命的な民衆がいつも集《つど》い、たむろっていた。

一七八九年、七月十四日。ころあいを見た群集がバスチーユ監獄を襲い、囚人を解放。これはフランス革命の進行過程でのひとつの重大事件だが、その陰には多くのフリーメーソンが関与していた、というのはもはや歴史家の常識だ。

ヴォルテールやルソーなど多くの啓蒙思想家、ロベスピエール、ダントンらの政治家、ラファイエット、コンドルセなど貴族もメンバーである。ちなみにギロチンを発明したギ

フリーメーソンのマークは「象徴的暗号」

左２点は「スクエア（定規）＆コンパス」と呼ばれる代表的なマーク。中世の石工が使用した工具がシンボルとなっている。右５点は、後述する日本グランドロッジの玄関ホールに描かれたもの。

ヨタン（ギロチン）もフリーメーソンで、彼らとフランス革命との関連性をいちいちならべれば限りがないほどである。

フリーメーソンは秘密結社であるがゆえに、口数は少ない。そのかわり、マークを多用する。幾種類もの独特なマークだ。

一般人から見ると、複雑怪奇でなかなか理解できないのだが、それは象徴的暗号とか視覚言語とかいわれるもので、タロットカードを想像してもらえば理解は早い。

タロットカードには、エジプトの古代宗教、錬金術、カバラ、女神崇拝、黒マリア、カタリ派、テンプル騎士団などの象徴的暗号が込められているのだが、フランス流タロットカードの発明は、このフランス革命時だ。発明者はフリーメーソンのクール・ド・ジュブランであり、イギリス流タロットカードの絵柄を決めたのも、アーサー・E・ウエイトというフリーメーソンなのである。

象徴的暗号を重視する西欧の心情が分からなければ、フリーメーソンのマーク、「ピラミッドの中の目」(全能の目)もぴんと来ないはずである。

このマークの中には「至高の存在」「エジプト古代宗教」「ピタゴラス的幾何学」などが織り込まれており、その面構《つらがま》えは彼らの力強い主張なのである。

「ピラミッドの目」が、なぜアメリカ合衆国という世界に君臨する国家の正式なマーク、すなわち「国璽《こくじ》」として制定されたのか?

具体的には、初代大統領ジョージ・ワシントンと、独立宣言に署名したベンジャミン・フランクリン、そしてトマス・ジェファーソンのせいだ。彼らはともにフリーメーソンで、国璽デザイン制定委員会のメンバーだったのである。

メーソンの多くが結集して、自らの血を流した戦いは主に四つだ。

カソリックとの戦い、アメリカ独立戦争、フランス革命、そして、第二次世界大戦のヨーロッパレジスタンス運動である。もちろん時の英国首相チャーチルと米国大統領ルーズベルトもメーソンである。そして、メーソンはこれらのすべての戦争に勝利しているのだ。

フリーメーソンの装束に身を包むワシントン

合衆国初代大統領ジョージ・ワシントンは、1752年にフリーメーソンに入会している。1793年の連邦議会議事堂建設の定礎式では、上図のようなタキシードにエプロンという儀式用衣装をまとったワシントンが、自ら礎石を所定の位置に置いた。

はたして、明治維新はどうだったのか？

日本に「革命」の種を蒔《ま》け――

一肌脱げるかもしれない。ティチングは、世界で活躍する仲間たちの噂をたっぷりと耳にし、大いなる高ぶりをもって、ためらいなく日本にやって来た。

当時、出島で居住が確認されているメーソンは三人、未確認のメーソンはさらにいただろうことは容易に推測がつく。彼らと連絡を取り、日本の空気を読む。

すぐに感じたのは、世界でも類を見ない士農工商という厳格な身分制度だった。トップに位置する侍もまた、武士道というものにがんじがらめに括《くく》られている。無表情に睨《にら》みつける武士、萎縮《いしゅく》してこそこそと物陰に姿を隠す下層労働者。彼の目には、いばり散らす帯刀した役人と、途方にくれる名もない下人の姿がやたらと映った。

「この国の人々は、自由の意味も平等の意味も分かっていないのだ」

あたりまえである。当時の日本人にとっては、飢えないことがすべてであり、餓死しないことが暮らしだった。食い物を有難くちょうだいする。腹いっぱい、おまんまが食え、たらふくどぶろくを飲む。それ以上のものに、庶民の考えは及ばない。

ティチングが動き出した。出島に出入りする日本人通訳を通して、長崎の蘭学者《らんがくしゃ》に接触。通訳はもちろん幕府の人間であるから、同時にオランダ人を隙間《すきま》なく見張る監視者でもある。互いの探り合いは日常であって、その環境にはすぐに慣れた。

東インド会社に身を置くティチングは思った。

――ビジネスというのは、民主主義が育って、自由取引の原則が確立されない限り広がらない。いや、ビジネスが民主主義を育てる。それにはフリーメーソンを定着させることだが……――

調べれば調べるほど、にっちもさっちもいかないことが分かってくる。朱子学《しゅしがく》と陽明学《ようめいがく》で封建社会が出来上がっており、民衆は極度に縛られている。士農工商、男尊女卑、人身売買、相互監視体制、連帯責任。正気の沙汰ではない。時期尚早と読んだ。

――仕方がない。ならばせめて、メーソン思想の種を蒔《ま》いておくことだ。いずれそれが芽吹《めぶ》いて、この国にもきっと革命が起きる――

ティチングはじめ出島のメーソンたちは、江戸、大坂に足を伸ばして、蘭学者たちと積極的に交《まじ》わった。

そのころのオランダは、間違いなく世界の先端を歩いている。政治、医学、砲術、法学、どの分野でも仰《あお》ぎ見る大先生である。

なんの前触れもなく出現したオランダ人、目をみはる蘭学者。

「本物の……本場の……」

肉を食す、アジア人とはまったく違った大男。ピンク色の肌、黄金の髪の毛、紺碧《こんぺき》の瞳。着ているものから匂《にお》いまでみな違った。蘭学を志《こころざ》しているにもかかわらず、実物のオランダ人を真近で見るのははじめてだった。まして握手など夢のようで、西欧式の挨拶《あいさつ》に畏敬《いけい》の念を持って恐る恐る応じる。

日本初のオランダ塾「芝蘭堂《しらんどう》」を主宰した蘭学者、大槻玄沢《おおつきげんたく》もティチングと交わった一人だ。

にこやかに接するティチング。だが、その下には無視できないもうひとつの顔を持っていた。

諜報《ちょうほう》活動員としての顔である。諜報というと、日本に不利益をもたらす工作員のような陰湿なイメージを持つかも知れないが、そうではない。マスコミ通信が未発達な時代だ。本国では海外の情報が必要であり、そういう意味の諜報部員である。それは通信員といった色合いが濃いかもしれないが、情報をかき集め、そして本国に送る要員として動き回ったのだ。

そのような外国人は少なくなかった。というより、そうでない外国人の方が珍しい時代だった。

現在、オランダのライデン大学には、世界中から集められた当時の貴重な資料が数多く保管されているが、それらの多くはティチングのような海外駐在者から寄せられたものである。宣教師、ビジネスマン、外交官。全員が、多かれ少なかれ自国に情報を送り、小銭を稼いでいたという点では、みんなが諜報部員と言えなくもない。情報の大安売りだ。

しかし、ティチングの探索は、もっと深いものだった。彼は日本を離れ、パリに居を構えると突然東洋学者を名乗って、日本に関する本を矢継《やつ》ぎ早《ばや》に出す。

中でも有名なのは『日本風俗図誌』で、その出来栄えは、一介のビジネスマンの域をはるかに超え、玄人《くろうと》の冴《さ》えを見せている。日本の風俗や習慣、年中行事、歴代将軍、事件などがイラスト入りで解説がほどこされている。全国大名の懐《ふところ》深く入り込んでは、ことこまかく内部を探る行為もプロなら、イラストの細かい作業も大した腕前だ。

彼の好奇心は旺盛で、交流した大名、蘭学者の数の多さは、当時のアクセスと滞在日数を考えれば、なみなみならぬ数にのぼった。

筋金入りのメーソン、ペリーが日本をこじ開ける

ティチングは日本を去ったが、彼が注ぎ込んだメーソン思想は蘭学者から彼らの弟子に受け継がれて発酵《はっこう》し、やがて開国思想の一つの支流になる。

蘭学者渡辺崋山《わたなべかざん》は『慎機論《しんきろん》』で、鎖国の愚を説いた。また同じく蘭学者の高野長英《たかのちょうえい》は、アメリカのモリソン号が、日本人漂流民を返しにきた時（一八三七年）、民間船なのに砲撃して打ち払うなど、馬鹿なことをすべきではなかった、と嘆いた。それが『戊戌夢物語《ぼじゅつゆめものがたり》』である。

両人は、武家社会の面汚《つらよご》しとして幕府の弾圧によって押しつぶされる。これが「蛮社《ばんしゃ》の獄《ごく》」と呼ばれるものだが、一八四六年、いよいよもって太平の世が揺れはじめ、世間が騒がしくなってくる。

皮切りは、ビッドル提督。黒船《くろふね》で浦賀《うらが》沖に停泊し、アメリカ合衆国の公式な国書を持ってきたのである。

うろたえた幕府は、これも追い返す。

七年後、かのペリー司令長官が登場。彼は押しも押されもしないフリーメーソンである。所属ロッジは、ニューヨークの「ホーランドNo.８」。

一八一九年に入会し、日本に来たのは一八五三年というから、メーソン歴三四年の筋金入りである。

メーソンにとって定期的な儀式は欠かせない。そのため、何カ月もの長い航海を強いられる英米の軍艦には、おのずとロッジが作られている。それほど軍関係者にメーソンが根付いているのだが、当時の黒船にもロッジがあり、その扉を偶然にも開いてしまって、内部を目撃した武士がいた。

奇っ怪な部屋。その武士は、自分が踏み込んではいけない領域に入ったことを本能的に気づいて、色を失う。悪い予感がした。切腹をも覚悟した。しかし海軍士官は、教会だと誤魔化して、この事実を受け流したという口伝が残っている。

ペリーの部屋には、数十年前に書かれたティチングの『日本風俗図誌』が積まれてある。時々ぱらぱらと捲《めく》っては読み返し、日本という閉ざされた国の理解を試み、どう関わるべきか腕を組んだ。

民間船モリソン号やビッドルに対する幕府の強硬な仕打は、決して強さの現われではない。ペリーの方針は決まった。

幕府の拒絶を弱者の動揺と読んだペリーは、いきなり強圧的な態度に出たのである。

九カ月後、このままでは身がもたないと判断した日本はあっさりと開国、日米和親条約を結ぶ。

一点が突破されると、平常心を失った幕府にイギリス、オランダ、フランス、ロシアは次々と通商条約を突き付ける。それらの受諾は一八五八年のことである。あきらかに不平等条約なのだが、恐怖に慄《おのの》いている幕府としてみれば、これが精一杯のところで、他の選択は考えられない。

開国騒動のガタつきで、幕府内の改革派が蠢動《しゅんどう》する。

通称「一橋派《ひとつばしは》」の台頭だ。

改革派は一般に、開国支持というイメージだが、そうならないところが、現代人からすれば奇異な感じだ。がちがちの幕府保守派の方が、かえって開国思考なのである。

保守派は「南紀派《なんきは》」と呼ばれる井伊直弼《いいなおすけ》を代表とする勢力で、開国して外圧を取り除き、同時に貿易で利益を得て、幕藩体制を強化するという考えだ。

では、開国は天下の誤りだと言って反旗を翻《ひるがえ》した「一橋派」の目指す「改革」とはなにかというと、これが生ぬるい。鎖国は続けたまま、全国に人材を求めて、まず強力な中央集権国家を作るというものだ。

あくまでも現在の藩体制を維持したうえでの変革であって、封建社会の打破などという先進的なものではない。今風に書けば、会社（幕府）が苦しいのは、本社の役員たちが無能だからなのであって、ならば、支社（藩）からだって経営に参加させろというだけである。

「一橋派」が呼び水となって、地方の諸藩の方からも変革を求める意見が上がりはじめた。地方に回す予算が増やせないのであれば、独立採算を認め、自由商売を解禁しろという理屈だ。

西南諸藩は、なんといっても旨《うま》みある外国貿易に活路を開きたい。しかし、これもまた幕府が独占していて、まかりならんという。大坂は商売で潤《うるお》っているというのに、藩独自の自由取引は許されず、いちいち本社にお伺《うかが》いを立て、たとえ許可がおりたとしても、わずかばかりの間口の狭い商売に甘んじなければならなかったのである。

「攘夷テロ」の嵐

薩摩藩は、密かに英国にアプローチを試みた。貿易取引を申し入れたが、英国は幕府との条約をたてに、あっさりとこれを撥《は》ね除《の》けたのである。

ここで諸藩内の一部勢力の視線が変わった。幕府と外国が一体に見えたのである。

〝外国も敵だ〟

朱子学がはぐくんできた民族主義的武士道とあっさりと馴染《なじ》んで、「攘夷《じょうい》」の一大勢力が形作られることになる。

幕府と外国を倒さなければならない。

この動きに、これまで冬眠状態だった京都の公家《くげ》勢力が目を覚ました。

孝明《こうめい》天皇などは、もともと大の外国嫌いで、開国などもってのほか、野蛮な外国など打ち払え、という過激な攘夷思想の持ち主であり、全国の攘夷派勢力と接近するのは自然の成り行きである。ここに尊皇攘夷（尊攘）派が誕生する。

外国を打ち払えない幕府の弱腰に、「ソンノージョーイ」は、ますます激しくなってゆく。攘夷テロの嵐である。騒擾《そうじょう》は風に乗り、群れ集い、あちこちで外国人が狙われる。

一八五九年、ロシア海軍の士官と水兵が横浜で殺害され、翌年、同じく横浜で、二人のオランダ人が暴れ込んだ侍《さむらい》に斬り殺される。

無差別テロに怒った外国人たちは、盛大な葬儀を敢行。これは葬式というより示威行為である。彼らは軍服の上にフリーメーソンの正装であるエプロンと白い手袋をつけ、ゆっくりと街中を進む。楽隊がしずしずと奏《かな》でるのは、同じフリーメーソンのモーツァルトが作曲した「フリーメーソンのための葬送曲」だ。

往来の人間は、その異様さに慌《あわ》てて家に引っ込み、雨戸を閉める。

この論文記事は『日本で最初のフリーメーソンの葬儀？』というタイトルで、一八八一年の香港紙、「Chater‐Cosmo Transactions vol．3」に記載されている。現在、横浜外人墓地にデ・フォス、デッケル二人の豪華な墓石を目にすることができるが、そこにフリーメーソンのマークは確認できない。

これをもって、死者はメンバーではなかったのではないか、と推測する人がいるが、そうではない。メンバーであっても、墓石にマークを入れない例は沢山ある。特にヨーロッパにその傾向が強く、スコットランドなどは、ほとんど印を入れない。だからマークがないからと言って、メンバーではないという根拠にはならない。

それどころか、この両名の場合は、あきらかにメーソンだと判断できる。公然と行われた葬式である。非メーソンを、メーソン式葬儀で見送るなどは、儀式を重んじる彼らの規定からいっても、考えられることではないのだ。

攘夷テロが吹きすさぶ中、少しだけ門戸を開いた幕府は、一八五九年から本格的に貿易を模索する。いち早く、対日外交の主導権を握ったのはイギリスだった。

「世界の工場」を自認するイギリスは、自国の商品を売りまくるべく、活発に動き始める。ただし、それには一応前提があった。武力を行使しないというものだ。

商品はあくまでも、法律にのっとって、商品力で売る。植民地化を目指したり、軍事力を盾《たて》にしないというのが基本姿勢で、これが、いわゆる「小英国主義」である。意外かもしれないが、当時のイギリス議会は、そういう雰囲気が支配的だったのだ。

だから、対日政策もおしなべて同じ流れに沿っていた。

しかし日本との貿易を活気あるものにするには、なにより、自由で民主主義的な日本ができないことにはお話にならない。そのためには、なにができるのか？　むろん民主主義は、フリーメーソンの十八番《おはこ》である。

土佐藩密偵としての龍馬

ペリーが浦賀に来た年の三月、龍馬は騒がしい江戸に着いた。一九歳である。顔色はいい。江戸に草鞋《わらじ》を脱ぐと、すぐさま北辰一刀流の千葉《ちば》道場に通いはじめる。

と言っても、剣豪を目指したわけではない。それほど熱心さは見られない。五年間もかかって、もらった免状はようやく初等科の、それも薙刀《なぎなた》だったということからも、剣道に打ち込んでいたという姿はない。

それよりも力点は「砲術」習得に置かれている。いや、それも任務半分である。

龍馬の江戸行きは、藩の家老福岡家の『御用日記』にきちんと載っている。形こそ龍馬から、剣術習得願いが提出されたということになっているが、下級武士の方からそんな大それた願いが出せるわけもなく、また受理されるほど、武家社会は甘くはない。

断固たる藩の方針があったのだ。それは若者に剣術を習わせるというような、コストパフォーマンスの低いことではなく、あくまでも西洋砲術の習得と江戸の情報収集にある。若者が江戸に出る、ということはそういうことなのだ。

大きく変貌をとげようとしている江戸末期、敵は藩の内外にいて、暗闘は激化する一方だ。舵取りを一歩間違えれば、藩は吹っ飛ぶ。そこで、密偵を江戸に放つ。藩は、すでに何人ものスパイを出しているが、龍馬もその一人に過ぎない。

当時の龍馬は、「外国人の首を打つ」と息巻いた手紙を父親に出していることから分かるように、完璧にナショナリストだ。

幕府の動きはどうなのか？　外国はどこまで刺さりこんでいるのか？　他藩は何を考えているのか？　そして、お家騒動につながる不穏な動きはないか？

龍馬は藩命に従って純粋に街を探った。

他藩も考えていることは同じで、競って江戸にスパイを送っている。

龍馬を千葉道場に入れたのは、諜報活動としては正攻法だ。有名道場には全国から同じ任務を負った優秀な人材が集まっており、いわばニュースの宝庫である。

「公武合体」、「平等思想」、「勤皇」、「攘夷」、「ナショナリズム」、「黒船」。

江戸の空気に挑発されながら、龍馬は佐久間象山《さくましょうざん》塾の門を叩《たた》く。

佐久間象山というのは思想家で哲学者であるが、彼自身、蘭学者黒川良安《くろかわまさやす》に師事しており、芯《しん》は開国論者である。

ただ、現状のまま開国しては、列強国に支配されてしまうだろうから、まず国内を固めるのが先決だというのが持論だった。

同じ門下生には、すでに中岡慎太郎はじめ二〇名近い土佐藩士と、他藩の土肥大作《どひだいさく》（丸亀）、高杉晋作《たかすぎしんさく》（長州）、久坂玄瑞《くさかげんずい》（長州）など、選《え》りすぐりの諜報部員、そして吉田松陰《よしだしょういん》、勝海舟《かつかいしゅう》、河井継之助《かわいつぎのすけ》など、進取の気性に富む秀才たちが出入りしていた。

龍馬の世界が一気に開ける。目をむくような刺激的な話。しかし、一九歳の龍馬はまだ熟していない。気持ちだけは高揚するが、彼らの話を咀嚼《そしゃく》し、自分の意思を持つまでには、いたっていないのだ。

江戸の滞在は一年で、その後土佐に帰るが、一八五六年三月、再び、まだ肌寒い江戸に発つ。

この二度目の江戸行きが、龍馬の運命を大きく変えてゆく。表向きの目的は、やはり龍馬の上司、福岡家の『御用日記』によると、剣術の習得となっている。もちろんこれも、カモフラージュで、実際はさらなる諜報活動だ。

そもそも、龍馬の身分を厳密に言えば、武士というには微妙である。正確には郷士《ごうし》だ。郷士というのは、苗字と刀の携帯を許されるだけで、家禄（藩からの手当）はなく、その点、きちんと給料を受け取っている藩士、つまり武士とは決定的に異なる。まさに武士の皮をかぶった農民、下層の侍なのである。

郷士は食い扶持《ぶち》を自分で稼ぐ。手段は農業や商売だ。藩にとっては、無料で働いてくれるわけだから、随分都合のいい話である。

その郷士である龍馬に、再び白羽の矢が立った。藩としては、前回でお手並みを拝見し、諜報部員としての才能を認めたということもあるが、ドジを踏んで捕まった時には、一介の郷士がかってにやったことだと、切り捨てられるという便利さも頭にあった。つまり龍馬という下級侍を迂回《うかい》させ、藩におよぶリスクを軽くするのだ。だからどの藩でも、スパイは下級武士がその任にあずかる。

しかし、すでに二年前の青臭い龍馬ではなかった。

曲がりなりにも世間の裏を見、世界情勢を知りはじめているのである。眼《め》をいっぱいに開いて大都会を目撃し、時代を肌で感じた龍馬は、次第に幕府はもとより、自分が所属する藩に対しても疑問を持つようになる。

――はたして、自藩こそが間違っているのではないか？――

スパイは両刃《もろは》の剣《つるぎ》だ。江戸に出た龍馬は、同じ土佐藩の武市半平太《たけちはんぺいた》と頻繁に交わる。

武市もまた郷士であったが、高知城近くに道場を持っており、そこには一二〇人ほどの門下生がいて、一本筋の通った人望の厚い人間だった。

武市は龍馬より六歳上、しかも親戚で、二人は江戸でアンテナを張る。さっそく、蘭学者や革新的な諸藩の連中の話を傍受、そうなれば急激に勤皇思想が芽生えてくるのは時間の問題だった。

——幕府を倒し、天皇を戴《いただ》く——

気持ちが揺れる。幕藩体制から朝藩体制への移行。龍馬は性格上、政治から顔をそむけることはできなかった。

——これしかない——

龍馬と武市は、国元の藩に目を配りながら、周到に周囲を固めてゆく。

龍馬はこのころ、一年の江戸滞在延期願いを土佐藩に出して、承諾を得ている。

土佐に帰ったのが一八五八年秋。それから二年間の龍馬の足取りはよくつかめない。二年間の空白。二四、二五歳にあたるのだが、今のところ、どこでなにをしていたかは霧の中だ。

メーソンに引き寄せられる龍馬

江戸では暗闘が続いていた。隠れた勢力と勢力が、眼の届かないところではげしく斬り合っている。

一八六〇年三月、開国派の重鎮、井伊直弼が桜田門外で暗殺され、翌年五月、水戸藩士が高輪東禅寺《たかなわとうぜんじ》で英国公使を襲撃。

　七月、武市は土佐藩の情勢を確かめ、上層部の根回しをはかってから草鞋《わらじ》の紐《ひも》をしめ直し、菅笠《すげがさ》をかぶって中国、九州に旅立つ。

　これも目的は「剣術遊歴」となっているが、今さら、武市に剣術が必要だったわけではない。名目だけだ。つまり、藩の外への旅なら、稟議《りんぎ》書に「剣術習得」などと記入するのは、当時の慣習みたいなもので、その辺は、現代の政治家なら「視察」、作家なら「取材」と書くのと一緒である。

「剣術遊歴」、実際には勤王党旗揚げのために、江戸で培《つちか》った人脈をたよって、他藩の革新派との調整に出かけたのである。息詰まる隠密行動だ。

　その時の龍馬の書付《かきつけ》が残っている。

「もはや、武者修行の時代にあらず」

　これを指して、龍馬が武市の動きの真意を知らなかった、という主張があるが、そんなことはない。龍馬自身、剣術修行という名目で江戸に出て、実際には他のことをしていたのである。だから武市のことはよくわきまえているのだが、とぼけたことをわざと書き付けておいたのだ。

　このころから龍馬の手紙類は、あまり当てにならない。鵜呑《うの》みにしてはいけないのだ。

龍馬自身、抗争渦中の人間であり、上層部にいる敵対派閥からみれば謀反《むほん》人そのものという自覚を持っている。

そんな人物が、後々残る書状にまともに真実を書くわけはない。書けないのだ。敵は書状を狙っている。手紙一つが、言いがかりをつける格好の材料になり、容赦のない切腹につながる不穏なご時勢。むしろ、内容に策を弄《ろう》するのは当たり前で、暗号や混乱のため、虚偽の記述などは常套《じょうとう》手段だ。だから、どんな良質の資料といわれるものでも、信じられない部分は大量にある。

武市はやわな人間ではなかった。じっと世を見据え、ついに江戸で「土佐勤王党」を結成。「党」だからといって、現代のようにおおっぴらに公約を掲げ、名乗ったわけではない。完全な秘密結社だ。この時代、体制は結社を厳重に禁じているため、特定の政治グループはすべて秘密結社という形になる。

「土佐勤王党」というのは文字通り、土佐藩を尊皇攘夷で統一するという結社で、その用意は周到だった。武市は江戸で交流のあった長州藩の桂小五郎《かつらこごろう》、高杉晋作、久坂玄瑞と接触を保ちながら、狼煙《のろし》を上げたのである。

武市は、江戸で八名の加盟血判を集める。翌月急ぎ足で土佐に戻り、いの一番に血判を求めたのが龍馬だ。その連係プレーをみても、龍馬が結党に深くかかわっていたことは言うまでもない。

最終的に、党員は一九二名になり、土佐藩内でひとつの勢力を確立する。

土佐勤王党の中心にいる龍馬は十月、瀬戸内海に面した四国丸亀《まるがめ》に飛ぶ。そこで丸亀藩、土肥大作・七助《しちすけ》兄弟の家に転がり込む。土肥大作もまた、丸亀藩の諜報員として江戸に滞在し、すでに龍馬とは気脈を通じている人物である。

土肥大作は後に、丸亀藩内の改革派として立ち回り、明治元年、揺れ動く丸亀城を内側から無血で開くことに成功。その功労を認められ、最後は茨城県一帯の最高責任者となるのだが、この時も密かに龍馬を二週間ほど滞在させるのである。

「土佐勤王党を旗揚げしたからには、もはや後戻りはできない」

龍馬が胡坐《あぐら》をかいて、熱くしゃべる。

「尊皇攘夷はこれからが正念場だ。丸亀藩では、どれくらいの同志が見込める？」

土肥は腕を組み、天井を見上げる。

「そうだなあ、血判までとなると……」

龍馬は丸亀藩の情勢を確認して、一度土佐に戻る。

翌三月、旅支度を整え終えて脱藩。

あまりにも有名な脱藩だが、これも重大な密命を受けてのことだ。しかし、龍馬はこれによって、知らず知らずフリーメーソンの領域に引き寄せられることになる。
龍馬二八歳、暗殺五年前のことである。

第3章

長崎異人商会

特殊任務としての脱藩

「脱藩」とは、藩という小国家の力が及ばない領地に逃げることをいう。

おおむね藩の司直《しちょく》に追われ、その手勢《てぜい》からの逃亡だが、龍馬の場合はどうか？

どうやら違う。龍馬が藩に対して、罪に問われるほどの不祥事を起こしていた、という形跡は今のところ見当たらない。

では、多くの書物に書かれている、見聞《けんぶん》を広げたい、自由に羽ばたきたい、という青雲の志《こころざし》にかられて脱けたパターンかというと、それも首を傾《かし》げる。

厳格な武家社会において、一介の下級武士が、世界を見たい！　などという緊張のないことで、所属の藩から脱走するような大それたことができるものだろうか？

脱藩には刑罰が伴《ともな》う。それは本人だけではなく、家族にも及ぶのは当然だが、龍馬の家族が露骨に咎《とが》められたという話は伝わらない。

あるいは国元にいては食えないから脱藩、逃亡するという侍も多かった。しかし食い詰め浪人に働き口はない。ホームレスのように職を求めて都会の吹き溜《だま》りでうろつくばかりである。

龍馬はそれとも違う。彼の生涯は謎につつまれているが「脱藩」の不可解さこそが、すべての根源だと言っていい。

藩から追われたのでもなく、見聞を広げたいという美しい理由も、はなはだ弱いとしたら脱藩のきっかけはなにか？

ここに、凄味《すごみ》ある第三の形態が浮かび上がってくる。

不祥事を起こそうとする場合、もしくは起こすかもしれないと想定した場合だ。

具体的には何を指すかというと、オルグ活動である。

龍馬は他藩の勤皇派と調整を図る任務を帯びていた。直接命じたのは土佐勤王党、党首武市《たけち》瑞山《ずいざん》（半平太）。しかしその武市もまた、龍馬の処遇については、藩主、山内豊範《やまのうちとよのり》ラインの許諾を密かに受けていた、とみるべきだ。

なぜ上層部は認めたのか？

ここで、龍馬のまた別の顔が表われる。つまり龍馬は、勤王党のオルグ活動以外にも、藩の耳目《じもく》の任を拝命していたのではないか。すなわち前回同様、密偵の要請を藩から受けていたという推測が鮮明に引き出される。

幕末、いずれの藩も、日本がつかめなかった。血生臭い風は吹いてくるものの、いったいなにがどうなっているのかさっぱり分からない。

テレビやラジオはおろか新聞もない時代。情報を得る手段は、もっぱら各地に放《はな》った諜報部員からの連絡だが、これがまた当てにならない。連絡は途中で消えたり、すり替えられたり、あるいはせっかく到着しても、収集能力が稚拙《ちせつ》で、ニセ情報が混じっていたりと、とかく頭が痛い代物《しろもの》だった。

たとえば、一八六〇（万延元）年に起こった「桜田門外の変《さくらだもん》」も正確には伝わらなかった。

井伊直弼《いいなおすけ》に大変なことが起こったらしいという仰天情報は、あっという間に駆《か》け巡《めぐ》ったが、中身はばらばらである。

病気で寝込んでいるだけだから心配無用だとか、いや、そうではなく、かなり危ないという話もある。そうこうしているうちに、また大怪我を負っているが、いずれ復帰するだろうから幕府は安泰だという話も伝わってくる。と、その直後、大老はすでに死亡、他藩は兵を集め始めているという噂もささやかれる。

これでは動きがとれない。

それもそのはずで、幕府は必死の隠蔽《いんぺい》工作に走っていたのである。

幕府のいわば首相職にある井伊大老が、暗殺されたなど、権威の失墜以外のなにものでもない。これが世に広まれば、幕府など恐るに足りず、とばかりに兵を挙《あ》げる地方も出てくる可能性は高い。それを、危惧しての振る舞いだった。

殺害は事実だったが、幕府はその事実を力ずくで覆《おお》った。井伊大老は病床に伏しているだけだ。そのために将軍徳川家茂《とくがわいえもち》などは、病気見舞いと称して、実際に朝鮮人参を一月ばかり贈り続けるという臭《くさ》い小細工を演じている。

日本列島には濃い霧がかかり、見通しは極端に悪かったのである。


土佐藩、山内豊範は太い溜息を漏《も》らしていた。

天下はざっくりと二分《にぶん》されている。公武合体派と勤皇派、どちらの旗色が悪いのか？藩内にも、それがそのまま持ち込まれ、吉田東洋《よしだとうよう》ひきいる公武合体派と、武市が組織した土佐勤王党がにらみ合っている。政争は戦々恐々として、吉田の発言力が増すかと思えば、武市派が巻き返すといったあんばいで気を抜けない。

脳裏に浮かんでいるのは、それだけではない。幕府から差し向けられた公儀隠密《こうぎおんみつ》もうるさい存在だった。さかんに土佐を探っている。藩内二分しての争いが公儀に漏れれば、幕府からどんな咎めがあるか分かったものではないのである。

かといって間違った方に肩入れすれば、他方が刀を抜いて立ちはだかる。へたに動けば藩は助からない。

ならば、成り行きを見守る。どちらにも付かず、両者を泳がせる。結論はそれからでいい。

これが上層部のとった態度だった。

頼りは、目にとまったもの、耳にしたものを知らせてくれる密偵だ。他藩の主導権は、公武合体派が握っているのか、それとも勤皇派か？　そのメンバーは誰で、今後の動きはどうなるのか？　それ以外にも兵力、財政など、ひそかに知りたいことは山ほどあり、全国の趨勢《すうせい》を嗅《か》ぎ分けた藩が勝ち残る。スパイは、いくらいてもいい。

他藩の公武合体派を探るためには、吉田東洋ひきいる勢力から部員を選び、尊皇攘夷派を調べるためには、武市の土佐勤王党を動かす——。

蛇《じゃ》の道は蛇《へび》に当たらせ、満ち足りた情報の中で判断する。

どこの藩でも事情は同じだった。世はまさに情報戦の様相を呈していたのである。

龍馬には二度の江戸探索の経験があり、腕は確かである。一見がさつだが、目の付け所はまんざらでもない。なにより、筆まめというところがいい。

一方、密命を受けた龍馬にもためらいはなかった。無類の政治好きで、手持ち無沙汰な日々を送るより、スリルを楽しむ性格だ。しかも自前でやるのではなく、藩の仕事として、全国を巡るのである。

だからといって、藩の密偵、龍馬を表門から出発させ、野に放つわけにはいかない。他の領地へ入って不祥事を起こせば、取り返しがつかなくなる可能性がある。

そこで龍馬を藩から切り離し、「脱藩」という擬態《ぎたい》を容認した。

龍馬は好都合だった。下士《かし》（郷士）の命は軽い。なにかあれば斬り捨てるだけである。

当時の下士に対する差別は、ひどかった。特に土佐藩は顕著である。住む場所も城下ではなく、商人や職人が住む郊外。登城するさいの服装も、こと細かに規定されており、上士《じようし》は麻の裃《かみしも》に絹の鼻緒《はなお》が許されていたが、下士は紙の着物などと、待遇は極端に蔑《さげす》まれたものである。さらに、二本差しは許されるものの、百姓、町人と同様、「斬り捨て御免《ごめん》」の対象だったというから、やはり武士などとは口幅《くちはば》ったくて決して言えるものではない。どうあがいても、下っ端《したっぱ》は下っ端である。

——都合が悪くなれば、死んでもらう——

しかしどの藩も、密偵に対しては心積もりがある。接近してくる者には、極端な警戒心が作動する。

その点、龍馬は江戸の千葉《ちば》道場やら佐久間象山《さくましようざん》塾で勤皇派に顔を売っており、その上、まがいものではあるが「脱藩」という勲章も得た。危険をおかしてまではせ参じた「確信犯」というわけで、一応勤皇派の懐《ふところ》深く潜《もぐ》り込める体裁にはなっている。

早い話が脱藩という擬態は、藩にとっても龍馬にとっても都合のいい形だったのである。

龍馬は吉田東洋暗殺に加担したのか

龍馬の行動は、上層部の了解のもとにあったのは確実だ。そう言うと反論する人がいる。気持ちは分かるが、そういう人はもう少し想像力を働かせる必要がある。

繰り返すが、武家には厳格なルールがある。

掟《おきて》を守らせるという仕組みがあってはじめて、お家《いえ》の存続が可能なのだ。

本来、脱藩の罪はただごとではない。とうぜん司直の手は、その家にも及ぶ。家禄《かろく》没収、家断絶、追放など刑は決して軽くない。

しかし、坂本家にはなんの咎《とが》めも見られないのだ。脱藩者を出した危険な家として監視されている様子すらなく、龍馬は自由に姉の乙女《おとめ》に手紙を出している。

鷹揚《おうよう》な処遇は、龍馬に限ったことではない。幕末に活躍した志士たちの多くは脱藩者だが、家族に累《るい》がおよんだという話は聞かない。というのも、志士のほとんどは、藩の要請、あるいは容認による行為、ようするに「隠密活動」のための脱藩だったからである。

龍馬は「土佐藩」と「土佐勤王党」という二つに協力することになった。この時点では「藩」と「党」は、別々のものではなく、ありていに言えば、勤王党は藩内のひとつの派閥ラインということになるのだが、そのことを知るのはほんの数名である。

三月、龍馬は日記、手紙など、身の危険につながる品々を焼き払って家を出る。

友人、沢村惣之丞《さわむらそうのじょう》を伴って、那須信吾《なすしんご》の家に泊まり、最後の話し合いをもって、翌日、長州藩（山口）にいたる長い道のりに向けて出発した。

あとに残った那須信吾は、遠慮のない事件を起こす。他二名の刺客をつのって、激しく対立していた吉田東洋を斬り殺したのだ。

この企《くわだ》ての黒幕は、土佐勤王党の武市瑞山だが、事後処置がいけなかった。中途半端である。那須に暗殺の罪を代表させ、逃亡させたのだ。逃亡は、その罪を認めることだ。ほんらいなら、よくやったと那須信吾たちを庇《かば》う態度に出て、藩の体制を根っこからひっくり返せば、彼らに脱藩の必要はなかった。

ならば、なぜ武市は吉田東洋という公武合体派の頭だけを消し去り、あとの連中はそのままに放置する、という煮え切らない態度をとったのか？

力量不足でそれ以上のことができなかったのか、あるいは最初から狙いは吉田東洋一人で、彼の息の根を止めるだけでよし、とする作戦だったのか、ということだが、武市に対する藩の処分を見れば、背後関係が見えてくる。

吉田東洋は、土佐藩の重要なポストについていた。その東洋が暗殺されたのだから、お家の一大事だ。

普通なら、即刻切腹など厳しい処分があってしかるべきなのだが、これといった沙汰はない。沙汰どころか、下士という身分でありながら、武市は藩主、山内豊範の警護役という上位ランクに抜擢され、年末には上士格に引き上げられるなど、破格の褒美《ほうび》がもたらされたのである。

このことからも、吉田東洋暗殺は上層部の意を含んでいたのは明らかだった。

上筋が吉田東洋だけでいいというものを、それ以上の粛清《しゅくせい》は口にできない。与えられた条件で、最善を尽くすのも封建社会での生き方なのだ。

だが、やはり武市の考えは甘かった。

なにごとにも揺り返しはある。掃除がおざなりだったため、吉田東洋の残党が息を吹き返し、土佐勤王党はのちのち大変な事態に陥《おちい》ってしまうのである。

この東洋暗殺に、龍馬が関与していたかどうかは闇の中だ。が、その一味であったことは間違いない。

勤王党の当面の目的は、藩の主導権を握ることだ。そのための吉田東洋暗殺は、誰の頭にもあることだった。

勤王党幹部の龍馬にその辺の気働きがないわけはない。

表面的には文武《ぶんぶ》に精進《しょうじん》して身を立てるという誇り高き龍馬の脱藩も、一皮めくるとこれだけのカラクリが秘められているのである。

謎の外国人、グラバーとフリーメーソン

それは、丘の上にひっそりと建っていた。巨大な洋館、怪奇映画に出てくるような異様な風貌の建物。

長崎の丘に建つグラバー邸を描いた絵画である。この絵を描いたのは当時の画家、岡月《おかげつ》洲《しゅう》だ。題して「崎陽五島町寄大浦見真景図《きようごとうまちよりおおうらみしんけいず》」。

岡月洲の目にはそう映ったのだ。懐疑と秘密に満ちた伏魔殿。画家の心理は、それを恐れる周辺の人々を代表している。もう一人の画家、落合素江《おちあいそこう》の描いた「ヨンゴ松実図、大浦ガラバヤ氏邸の図」も、不気味な雰囲気を持つ。ガラバヤとはグラバーのことだが、それだけ、奥深い所に棲《す》む得体《えたい》の知れない生き物のように恐れられていたのである。

理由はたくさんある。丘の上の広大な敷地は、うっそうと茂る草木が下界を拒《こば》み、据《す》え付けられた大砲が恐怖心を煽《あお》る。人を阻《はば》む天然の要塞だった。

その屋敷には、闇に紛れて多数の異人が出入りし、人目をはばかって足早に駆け込む武士もいる。

「グラバー邸には、何かが潜《ひそ》んでいる」

噂が噂を呼び、「子供がさらわれた」とか、「女がかどわかされて連れ去られた」という囁《ささや》き声も聞こえてくる。

外国人を取り締まる長崎奉行所の役人でさえ、呑み込まれるようでぴたりと足が止まった。うっかり近づくと、どこからともなく鉄砲の弾が飛んでくる。

後日、奉行所が抗議する。それに対して、グラバーが渋く笑う。

「鳥を撃つことはあるが、それ以外はまだない」

当時、長崎の外国人在住者数は英国人が三一人、アメリカ人三七人、オランダ人一二人。しかし、これは奉行所に届けていた公式人数で、未登録者や停泊中の船に寝泊まりしている外国人を含めると、五〇〇人から一〇〇〇人くらいが街を歩き回っていた。

謎の男、トーマス・ブレイク・グラバーが、長崎に着いたのは一八五九年。吉田松陰が安政の大獄で処刑された時期とほぼ重なる。

その時、弱冠二一歳。新天地に着いたグラバーは、そこでヨーロッパから完全に切り離された小宇宙の匂《にお》いを嗅ぐ。外国の影響が手付かずのまっさらである。恐れはなかった。大志をいだく若者にとって、それはわくわくする冒険のはじまりだった。

ただちに、商人のケネス・マッケンジーからジャーディン・マセソン商会の代理業を引きつぐ。

ジャーディン・マセソン商会は、清《しん》国にアヘンを売って財を築いた巨大な英国商社で、

青年グラバー、新天地・長崎に降り立つ

スコットランド生まれのトーマス・グラバーが長崎に着いたのは1859年、21歳の時だった。英国商社、ジャーディン・マセソン商会の代理人となった彼は、やがて明治維新の最重要人物に変貌をとげる。

その後、共産主義国家になった中国に今でもなお、中枢に深く刺さり続けているという化物《ばけもの》でもある。

二一歳の若きグラバーが、手間暇かけずになぜ、そんな大商社のエージェントになれたのかという謎は、彼の出身をまさぐれば、自然と浮かび上がってくる。

グラバーはスコットランドの出身だ。

スコットランドというのは、現代につながるいわば「思索的フリーメーソン」発祥の地と言われている。

ここで少し「思索的フリーメーソン」の説明を施《ほどこ》す。そうでなければ、幕末の動きがぼやけたものになるからだ。

フリーメーソンを直訳すれば、「自由な石工」という意味になる。前章でも述べたが、もともとの母体が石工たちによる秘密結社だ。

石工の団体が、今なお四〇〇万人のメンバーを抱えている前代未聞の秘密結社として、世界に居座っていることなど、我々日本人にはぴんとこないかもしれない。

しかし、ヨーロッパを思い浮かべて欲しい。建築物、道路、橋、水道、すべて石の世界である。つまり、石工なくして、ヨーロッパは成り立たなかった。そう考えると、石工がどれほどの存在だったか理解できるはずだ。石なくしては国土はありえず、石工なくして国家はありえなかったのである。

壮大なゴシック建築。見上げれば高度な技術に支えられた「皇帝の技」の結晶である。その技術が彼らの収入を支え、パワーを生んだ。

いつの世にも、技術は秘密とともにある。その技術を伝えるために、秘密の暗号を作り、密会の会合場所、ロッジと呼ばれるアジトを作った。

一大勢力を形成し、時の支配者をゆさぶるほどの力を有した石工。したがって、さまざまな特権を得る。たとえば税金の免除、通行手形の免除などだが、そこからフリーメーソンの「フリー」には「自由」というより、日本語の「免除」の意味合いが強いのではないか、という有力な説が出る。

建築物はやがて飽和状態になる。石造りの家は一度建てると、何百年も耐久し、その結果、石工は職にあぶれる。石工の人数が減り、各地に点在するロッジは、スカスカになってくる。その時、入れ替わるようにドアを叩く人たちがいた。

石工以外の人たちである。

彼らはフリーメーソンの〝中身〟に価値を見出したのだ。

各地を移動する石工たちは、目の届かない地方のニュースを持っている。それだけでも大歓迎である。宗教ではないので、無宗教者たちにとっても居心地は格別だ。前述したとおり、カソリックにうんざりしている連中にとっても、ローマ教皇から弾圧を受けはじめていた科学者にとっても、隠れ蓑としてはぴったりの組織だった。

石工は科学に理解があるし、なにせ秘密結社だけに、密かに集まっても誰からも不思議がられない。そういう意味では〝器《うつわ》〟にも価値があった。

また、日頃女房に虐《しいた》げられている男にとっては、逃避のサロンになり、あこがれの上層階級とも知り合える。

能書《のうがき》はどうであれ、とにかく、うまく時代に合ったのである。

こうして入会した、石工以外のメンバーを「思索的フリーメーソン」というのだが、彼らのロッジは、より哲学的な団体へと脱皮してゆく。

それは十五、六世紀のことだとされているが、思索的フリーメーソン自体、すでに十一世紀には存在していたという説もある。なにせ秘密結社だけに、その痕跡はきれいにぬぐわれ、詳しいことはどうあがいても闇の中だ。

カソリックとの闘い、アメリカ独立戦争、フランス革命。歴史上、名を残すさまざまな功績と事件は、ほとんどがこの「思索的メーソン」によるものであり、現在、フリーメーソンといえば、すべて「思索的フリーメーソン」をさす。

グラバーの出身地は、メーソンの色濃い街だった

話を元に戻す。

グラバーは、この垢抜《あかぬ》けた「思索的フリーメーソン」が、もっとも古くに出現していたというスコットランドの寒村、フレイザーバラに生まれ、十一歳になって、さほど遠くない港町、アバディーンに移っている。

父は教育熱心だった。グラバーは六人兄弟の五男坊だが、全員をきちんとした学校に通わせている。

一家が移り住んだアバディーンという土地柄も、フリーメーソン密度の濃い街として知られている。その伝統は今に受け継がれており、一六万人に満たない街で、ロッジは一三を数える。ちなみにサンフランシスコという大都市でさえ、ロッジ数が一二であることを考えれば、いかに突出した対人口比率であるか、イメージがわくはずだ。

公文書に載っている最古のフリーメーソンの記録が発見されたのも、この地のことだ。一五四一年、『フリーメーソン・アバディーン・ロッジ』というシールで封印された訴訟関係文書。日本ではちょうど室町幕府第十二代将軍、足利義晴《あしかがよしはる》が治めていた時代だが、その当時、フリーメーソン・ロッジがアバディーン市を訴えているのだから、いかに彼らの力が強く、また法律が尊重されていたかが垣間見える。

グラバーの父がフリーメーソンであったかどうかまでは、未調査だ。

しかし、海軍中尉、後に沿岸警備隊司令官という職歴から、その可能性は非常に高い。というのも英軍、米軍というのは伝統的にメーソンが多く、昔であればあるほど、メンバーにあらずんば上官になれずというあからさまな風潮があった。

なぜ軍隊にメーソンが馴染んだかというと、上官が優遇したからだ。優遇した理由は、フリーメーソンの基本理念。堕落しがちな軍隊組織や警察組織を引き締めるには、うってつけの倫理観とボランティア精神が織り込まれているからである。

アバディーンという土地柄、そして司令官というポジション。グラバーの父がフリーメーソンだという考えは、この二つからかなり匂ってくる。

「将来、なにをするにもフリーメーソンはおまえを助ける」

父親からフリーメーソンの思想を聞かされていただろうグラバーは、その思いを胸に一八五六年、上海に辿《たど》り着いた。

国際色豊かな港だった。英仏米露、それにオランダ人やポルトガル人もが行《ゆ》き交《か》っている。

中でもイギリス人の人数は際立っていた。

グラバーは父から「メーソン」を教えられた？

グラバーが父親に寄贈した、故郷・スコットランドの邸宅。

© Masakazu Kaji

彼らはナイトクラブ、図書館、劇場、競馬場、床屋、教会、雑貨屋、英国での生活のほとんどを持ち込んでいて、アジアの港とは思えない風景を作っていた。

莫大な利益はアヘンから得ていた。

インドでアヘンを採集し、清国に売る。その量は、年間約二九〇〇トンに及んでいたという。現在世界で消費されるのが、おおむね七〇〇トンだから、ざっと四倍、すさまじい限りである。

他国に麻薬を売る。確かにひどい話だ。だが、これをもって、イギリス人は非人道的だと非難するのは不公平だ。

アヘンは、今ほど絶対悪ではなかった時代の話である。英国の肩を持つつもりはないが、当時はまだヨーロッパでも、アヘンが消費され、今ほど目の敵《かたき》にされていない代物だったし、ロンドンでもニューヨークでもアヘンを吸える喫煙クラブがあって、一般人でも疲れたら一服するか、という具合で、多くの人は煙草に毛がはえたくらいの認識だったのである。

過去を裁くなら、その時代の道徳と習慣にしたがって行うべきであって、現代の倫理を基準にするととんでもない話になる。

たとえば、人斬り包丁を二本も持ち歩き、農民、商人に侮辱されたら殺してもよい、と本気で考えている武士たちを現代の感覚で裁けるだろうか？　被害者たちの子孫は加害者たちの子孫を訴えられるだろうか？

平等も、自由も理解しないあのころを現在の法律で取り締まるなら、それは時空を超えた漫画の世界で、めちゃくちゃな話になる。

アヘンについては、イギリス側の言い分もある。買っていたのは当の清国ではないか、というものだ。

清国が流通ルートをすべて牛耳《ぎゅうじ》っており、窓口は「小刀会《しょうとうかい》」「水夫設教《すいふせっきょう》」「長髪賊《ちょうはつぞく》」などの清国マフィアであって、イギリスは一切手が出せなかった。

とうぜん清国政府としては取り締まっていると抗弁するが、これだけ大量の取引が放置されているのだ。裏では政府の庇護《ひご》下にあった、と指摘されてもしかたがない。事実、白昼堂々と荷車に載せて運んでいたくらいだから、清国政府の言い分には苦しいものがある。

すなわち一日に約八トンの量である。大八車で四〇台分。こんなおおっぴらは、政府の目こぼしがなければ、とてもじゃないができる芸当ではない。

「清国政府は、てっとりばやくアヘンで国内の金の流れをよくし、同時に、民衆をアヘン漬けにして政府に対する不満を鎮《しず》めているのだ。アヘンによって反抗心を削《そ》いでいるくせに、民衆の不満が抑えきれなくなると、諸悪の根源をアヘンにし、それを売りつけるイギリスに大衆の怒りの矛先を向けさせている」

これが、イギリス側の主張だ。一方ではアヘンを容認し、なにかあると被害者面《づら》をして英国の国家犯罪だと反英運動を煽る清国こそ、姑息《こそく》で罪深いというわけだ。

商工会議所よりもメーソンのロッジへ

ベンチャー・ビジネスに挑む連中が、新天地に腰を落ち着け、いの一番にすることはなにか？

情報の収集だ。地元の顔役の特定、人々の習慣、気候風土、特産物、法律、官憲の力量など、頭に叩き込まなければならないことは山ほどある。

そのために商工会議所に足を向ける。だが、商工会議所だけでは補《おぎな》いきれない。窓口レベルにバラつきがあり、運がよければ成果が上がるが、ツキがなければゴミしか得られないのだ。

ところがフリーメーソン・ロッジならどうだろう。

なにせ出入りのメンバーは政治家、学者、外交官、軍人、貴族、貿易商、船員など幅広く、そこにぶらりと顔を出せば、雑談交じりにブラザー（メーソンのメンバーのこと）たちから話が聞けるのである。

彼らには厳格な規則がある。ブラザーには可能な限りの支援をし、裏切りはご法度《はっと》だ。

上海にはいくつかのロッジがあった。英国系、フランス系、アメリカ系。この〇〇系とは、上部団体であるグランドロッジの管轄を表わす。

グランドロッジは、各国にきっちり一つずつ置かれているかと言えば、そうでもない。日本は一つだが、アメリカには各州ごとにあるし、英国は、イングランド、スコットランド、アイルランドというふうに分かれている。

門外漢には理解しがたい構図が、この管轄だ。地区によって、管轄が一本化されてしかるべきなのだが、そうなっていないのだ。

日本を例にとると、日本グランドロッジの手が及ばないロッジが東京や神戸には存在する。そういうロッジは、外国のグランドロッジが直接、管轄しているのである。

たとえば神戸の「ライジング・サン・ロッジ」は、イングランド・グランドロッジ管轄だし、「ロッジ・兵庫アンド大阪」はスコットランド・グランドロッジだ。他にもマサチューセッツ系やフィリピン系もある。

なぜそうなったかというと、彼ら特有のルールである。まだその国がメーソン未発達国で、グランドロッジが置かれていない場合だけ、各国のグランドロッジが自由に手を伸ばして、傘下のロッジを配置できるという決まりになっているからだ。

植民地を争って拡大していた時代の名残《なごり》と言っていい。列強国が植民地獲得に乗り出すとき、必ずフリーメーソンが影のように付き添って、進出していた歴史があり、そういう意味ではロッジは影の領事館、影の商工会議所でもあった。

その国の拙《つたな》い時代が終わって、独自のグランドロッジが設立されても、外国のグランドロッジは既得権益を守るために、系列ロッジをしぶとく手放さないのが普通だ。だから日本には、たくさんの外国系列ロッジがいまだに残りつづけているのである。

上海にあるロッジの中でも、英国系「上海ロッジ」は格別だった。

英国領事といえども、上海ロッジのグランド・マスターの意向には、正面切ってさからえない雰囲気があったという。

というのも、フリーメーソンはかなりの部分で、ロイヤルファミリーとダブっているからだ。そのことは一七三七年にフレデリック・ルイス皇太子が公然とメンバーになってからというもの、二三人の王族がその後に続き、現在でもエリザベス女王の従兄弟《いとこ》、ケント公がイングランド・グランドロッジのマスターであることからも想像がつく。

本国では決して会えないような高貴な人物でさえ、上海に立ち寄れば、必ずロッジには顔を出す関係上、本国とのパイプはとてつもなく太く、領事館よりも「上海ロッジ」の方が、だんぜん根回しがきいたのである。

一〇年にわたって、上海に君臨し、やがて日本に赴任《ふにん》する英国領事、オールコック。彼もまたメーソンであった可能性は限りなく高い。

その推測を確かなものにするのは、外交官という職業である。軍隊、警察と並ぶメーソンの牙城だ。外務官僚がメンバーになるメリットは、何度も言うが、ロイヤルファミリーとの接近である。また外交官の主な仕事に交渉事があるが、その点でも有利に働く。他の重要なポストにいる官僚もまたメーソンが多く、彼らとの円滑な関係を保つためにも入会した方が得策だということは子供でも分かる理屈だ。

その上、オールコックがメンバーであることを彷彿《ほうふつ》させる、決定的な証拠がある。彼の

日本のフリーメーソンの総本山は東京にある

東京タワーに隣接して、地上２階、地下２階の「東京メソニック・センター」が建っている。写真下はその玄関ホール。ここが日本のフリーメーソン・ロッジを管轄する日本グランドロッジの所在地であり、それ以外にも東京メソニック・ロッジ、東京友愛ロッジ、デモレーランド・ロッジ、日本リサーチ・ロッジの４ロッジが居を構えている。写真上は儀式が行われる「ブルーロッジ・ホール」の内部。日本グランドロッジ傘下のロッジは2005年現在で15を数える。

回想録『大君《たいくん》の都《みやこ》』の一行だ。

「人間が荒削りし、最後に仕上げて下さるのは神……」

この文は、一般にはつい読み流してしまうほどのものだが、フリーメーソンという組織に身を置くものなら必ず察しがつく。

解答はロッジにある。ロッジ・マスターの机の前に、四角い石が二つ置いてある。一つは荒削りのごつごつした四角い石と、もう一つは、同じ大きさのピカピカに磨いた石だ。

これはメーソンの象徴であって、それがまさにオールコックの言っていることなのである。

「人間は不完全で粗雑である。フリーメーソンになって各自の努力と神の手によって、はじめて磨かれ、仕上げられてゆく……」

オールコックは、経典に書かれてある一説を偶然記述したのではない。諳《そら》んじていたメーソンの印を、あからさまに、自分の本に織り込んでみせたのである。

これこそがメーソン独特の習慣、マーキングである。

マーキングは、フリーメーソンの得意技だ。

モーツァルトは音楽の中に、コナン・ドイルは小説の中に、シャガールは絵画の中に、といった具合だ。

現代でも映画に込められたマークは数多く、カナダのグランドロッジでは、どの映画のどのシーンにマークを滑《すべ》り込ませているか、というリストをインターネット上で公開しているくらいだ。

「マッドマックス」、「ロジャー・ラビット」、「エリン・ブロコビッチ」、「バッドボーイズ2」、「ＪＦＫ」、「リーグ・オブ・レジェンド」、「ライオン・キング」など六六作品。

映画と同じように、マーキングを織り込んだ小説のリストも発表されているのだが、彼らは悦《えつ》に入《い》ってマークを入れ込んでいるわけではない。

世間に紛れ込んでいるブラザーに、作者が自分の存在を知らしめるためだ。それを認知したブラザーは彼をサポートし、仮にサポートしなくとも、足を引っ張るということは極力避けるようにするのが彼らの流儀である。

それにもう一つ、昔は勢力の誇示という意味もあった。さまざまな秘密結社が乱立する中、フリーメーソンここにあり、という口をつぐんだままの宣言である。

上海から日本を目指したグラバー

グラバーが身体を入れたのは、まさにロッジが繁盛している上海だった。

一九歳、大人になるにはもう一息の年齢で、全身を目にし、耳にしても猥雑《わいざつ》な港町を見定めるゆとりはなかった。

ロッジは、サッスーン商会、ジャーディン・マセソン商会、デント商会という大商社が軒《のき》をならべる同じウォーターフロントの通りにあった。

「はじめまして……」

「君がトーマスか。こっちで仕事を探すんだってね。紹介は簡単なことだ。ただし君はまだ年齢的にフリーメーソンにはなれない」

セクレタリーは、ひょろひょろと背だけ高く伸びたグラバーに温かい視線を送る。

「でもね、儀式以外ならいい。飲んだり食べたりするパーティもオーケーだ。この建物の出入りも自由。ただし一つ条件がある。アヘンだけはノー。手を染めたら、ただちに出入り禁止にする」

グラバーは、緊張の面持ちでこくりと頷《うなず》く。

「よろしくお願いします」

握手を交わすが、グラバーはまだフリーメーソンの「秘密の握手」を知らない。だがその力強さからは、悪いようにはしないというメッセージが伝わってくる。

帰りがけに、ふと廊下の掲示板で足を止める。「求人募集」、「家財道具売りたし買いたし」、「貿易は当社へ」、「キューバ産葉巻あり」、「空き部屋情報」、「今月の船便」。

役に立ちそうなインフォメーションが、所狭しとわんさか貼ってある。不用意に覗《のぞ》き見たような気がして、胸が高鳴ったが、父親の言ったことは正しかった。コネこそが金脈なのだ。

呆《あき》れるほど手順よくことが進んだ。あちこちのメンバーから声がかかった。飲み込みのよさと、頭の回転の速さで、青年グラバーは重宝がられ、とりわけ、ジャーディン・マセソンの連中には目をかけられた。

いろいろなものを見届けた。ただ、上海に激増する「煙館」と呼ばれるアヘンの喫煙所だけは近づかなかった。

一八五九年、六月六日、待ちに待った二一歳の誕生日。グラバーは、フリーメーソンの入会申請書を提出する。

といっても、そうした記録は、いまだに見つかっていない。上海ロッジの資料がないのだ。

清国が共産主義国家に変わった瞬間に、英国「上海ロッジ」は消滅し、捜しようがないのである。ソ連も同じことだが、共産党政権にとって自由、平等、博愛を標榜《ひょうぼう》するメーソンほど、うざったい団体はない。即禁止である。革命が成就《じょうじゅ》する寸前に、すべてを察したメンバーは、資料をどこかに持ち去って、それ以来、闇の中に封印してしまったのである。

一方、まことしやかに囁かれる噂もある。

「上海ロッジ」は、現在でもずっと存続していて、中国共産党と西側をつなぐパイプの一本でありつづけている、というものだ。

中国共産党は利口《りこう》だ。英国ロイヤルファミリーに直結している「上海ロッジ」の利用価値は充分に認識しており、「ダークネス・ロッジ」として密かに活用しつづけているのだというのである。実際、商社のジャーディン・マセソンが革命後の中国共産党と親密な関係にあり、莫大な利益を得ていることを考えれば、闇のロッジが存続しているとしてもさほど突飛なことではない。

驚くべきことに、フリーメーソンが毎年発行しているロッジリストに、「ダークネス・ロッジ」として、はっきりと「南京《ナンキン》ロッジ」の名が記されている。

「ダークネス・ロッジ」というのはどういうロッジなのか、素直なところ分からない。だが、リストにはきちんとそう書いてある。

では「上海ロッジ」はどうか？　いくら捜してもリストにはない。ほんとうに消滅したのか、それとももっと奥深いところに生息しているのか判断はつかないが、常識的に考えて、南京にあって上海にないのは、地理的にいって不自然な気がする。

徒手空拳《としゅくうけん》の青年が、一人で事業を始めるにあたって「上海ロッジ」という偉大なる拠点と、つながりを持たない理由はない。メーソンに入れば、絶大なサポートやコネが期待できるのだ。夢はロッジにある。馬鹿でないかぎり入会するはずだ。

グラバーも当たり前のごとく、メンバーになった。だからこそ、長崎の丘に建つグラバー邸に、フリーメーソンのマークの入った石柱が立ち、おいおい述べるが、彼の人生は実力あるフリーメーソンたちに囲まれていたのである。

しかし、前にも述べたが彼がメーソンだったという、書きつけの証拠は出てこない。では、長崎にロッジはあったのか？　幕末、長崎にロッジがあったという記録もない。

しかし、私の勘は違った。ロッジは存在した、いやさまざまな状況からみて、存在しなければ辻褄が合わないと確信していたのである。だが、その証拠はどこにもないため、世の歴史家は私の勘にたいそう冷ややかだった。

出島には「闇のロッジ」が存在した

しかしつい最近のことである。その常識をくつがえす、価値ある文章が偶然、発見されたのだ。

書類は、オランダのデンハーグにあるフリーメーソン博物館にあった。

興味深い真実を伝えているのは、オランダ領バタビア（現在のジャカルタ）に存在したラ・ベルチェウス・ロッジの議事録だ。

それは一八〇五年、マルテン・マックという一人のオランダ人が、ひょっこりとラ・ベルチェウス・ロッジの門を叩いたことからはじまる。

マックの口から、驚くべきことがこぼれる。マックは、長崎の出島《でじま》ロッジで入会した、と言ってのけたのである。

「ですからラ・ベルチェウス・ロッジにも入会したい」

そう申し出たのだ。フリーメーソンは、同時に複数のロッジの所属メンバーになれるので、マックの行いは普通である。

しかし、問題は出島のロッジだった。オランダにあるグランドロッジの認証を受けていなかったのだ。すなわちグランドロッジへの上納金がなく、したがって正式なロッジとは認めがたいというわけだ。

それでもマックは熱心に様子を語った。

それによるとメンバーも充実し、活発に動いているようである。マックの入会は、男《だん》爵《しゃく》の位《くらい》を持つ男がグランドマスターを名乗ってとり行い、それも寸分違《たが》わぬ儀式を受けていることが判明。もちろん彼自身、入会金も納めている。持参した領収書には、有名なへ

歴史に埋もれたロッジが長崎に存在した証拠

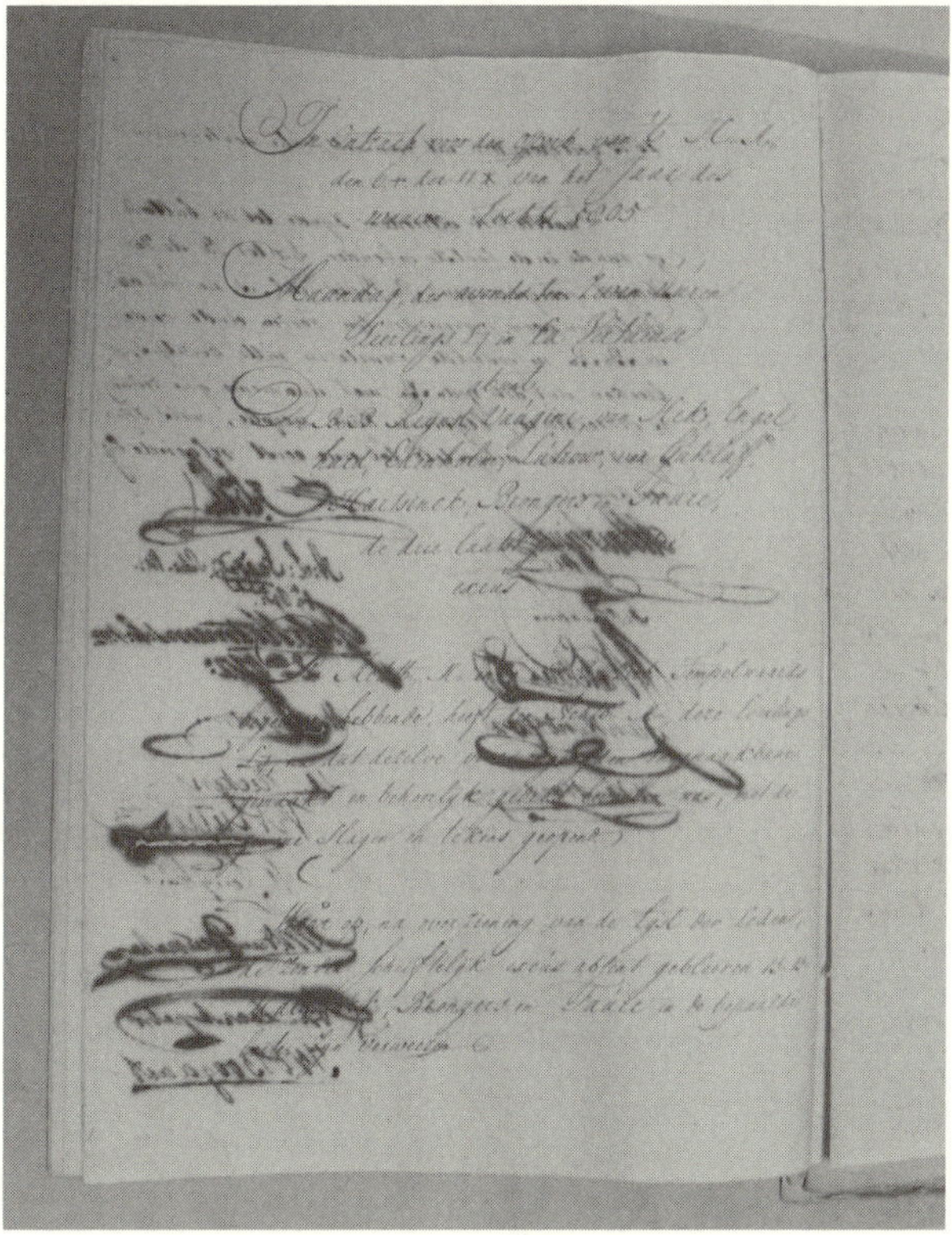

オランダのフリーメーソン博物館で発見された「ラ・ベルチェウス・ロッジ」の議事録。1805年、バタビア（現ジャカルタ）の同ロッジを訪れた一人のオランダ人が「長崎の出島ロッジでフリーメーソンに入会した」と証言。その内容から、出島ロッジは正式なものと認められた。

ンドリック・ドゥーフという出島の商館長の署名があった。

ラ・ベルチェウス・ロッジでは、マックの主張に嘘偽《いつわ》りのないことを認め、入会の儀式を省略し、宣言だけで迎え入れたのである。

すなわち、出島ロッジを正式なものと認めたのだ。

この記録は、これまで存在しないとされていた、闇にまぎれたダークネス・ロッジが長崎に存在した、れっきとした証拠である。

では、グラバーとのつながりはどうか？

秘密結社の、さらにダークネス・ロッジともなれば検証は絶望的だ。

そしてグラバーは、とてつもなく自分を隠している。このことは重要なので、順をおってきちんと解説するが、あれほど大《おお》っぴらに大邸宅を構えているくせに、肝心のグラバーは顔を持たない。本人については残らず根絶《ねだ》やしにしたのである。

彼は、後に『グラバー史談』の中で重要な一言、二言を放っている。

「自分に歴史はない……」「自分の名は出さぬように……」

自分の過去を潜め、己《おのれ》の歴史を闇の中に置き去りにしたのである。

縦横無尽、派手に立ち回っていた人物が、なぜそこまで陰に回らなければならなかったのか？

かばったのだ。自分に陽《ひ》があたれば、明治維新政府トップの、由々しき暗部を引きずり出すことになる。そうなることを避け、縁を絶った。いや、単にそれだけではない。死ぬまで発言をきびしく封じる規定にしばられていた、と考えるのが筋だろう。外部からの監視の目は最後まで解けなかった。それについては徐々に明かしてゆくが、命をかけた彼の思惑は成功した。幕末の豪商が次々と没落してゆく中で、グラバーだけは激動の世を切り盛りし、優雅に生き残ったのである。

若きグラバーは上海で商売を習い、イギリス人としての見識を養《やしな》った。そこで、さらに極東の日本という島国に興味を抱いた。

次の文章は、そのころ上海で開かれたアジア協会シナ支部の例会での、S・W・ウィリアムズ法学博士の講演内容だ。英国がちっぽけな島国に、思いの外《ほか》温かい目線を送っているのが伝わってくる。

「……日本人の努力は、彼らの将来を保証するはずです。通商条約が平和裏に進展すれば、きっといい結果が待っており、我々は大いに期待していい。この『日出づる国』は近い将来、国際社会の座を射止めるばかりでなく、最良の国がもつ制度、自由、誠実のすべてを兼ね備えることになるはずなのです」（『ザ・ノース・チャイナ・ヘラルド』一八五六年

十月三十日)

対する日本はこの年、長崎奉行所が浦上《うらかみ》のキリシタンを検挙、ミカドの神聖なる日本を汚《けが》す外国人は禽獣《きんじゅう》であり、斬り捨てる対象であった。

異次元で育った結び難い二つの思想は、長崎で激突し、日本列島にすさまじい変革の渦を巻き起こし、やがて一方が呑《の》み込まれてゆく運命をむかえるが、グラバーという傑物《けつぶつ》は、「上海ロッジ」でブラザーたちと別れのワインを酌《く》みかわしたあと、まさにその激動に吸い込まれるごとく船を漕《こ》ぎ出したのである。

第4章

グラバー邸に集《つど》った志士たち

「裏切り者」と呼ばれた闇の男・五代友厚《ごだいともあつ》

「石高《こくだか》」というのは、玄米の量をあらわす単位だ。

一〇万石の藩であれば、領地での玄米収穫高が一〇万石という意味である。だからといって、一〇万石がそっくりそのまま藩の 懐《ふところ》 に入るわけではない。

農民と折半だ。農民は採《と》れた米の五割を税として大名に納める。ということは、一〇万石の藩の収入は、実質、半分の五万石ということになる。

「一石」の円換算には、ばらつきがある。米相場だけで計算すると六万円から一二万円、労働者の賃金や着物の値段など広範囲なアイテムも考慮にいれると「一石」は二五万円から四〇万円にはね上がるという説もある。幕末は猛烈なインフレが進行し、毎年毎年、貨幣価値が下がっていて、換算など不可能だという学者もいる。

ここでは、分かりやすく一〇万円とする。

すると「一〇万石」とうたわれている大名は、実際には農民と折半だから五万石、ざっと五〇億円の税収だ。

江戸時代、日本の総石高数は、約三〇〇〇万石と言われているので、その半分を税収とすると一五〇〇万石。約一兆五〇〇〇億円である。これを国家予算とするなら、推定で三〇〇〇万人弱という江戸時代を考えれば、数字はかなりの善戦を示している。

それだけ土地が肥沃《ひよく》で、農民が優秀だったということだろう。

しかし、庶民は貧乏だった。白米など夢のまた夢、食うのがやっとである。下級武士も同じだ。三度の雑炊《ぞうすい》を二度に減らして、食いしのぐ。慢性的な飢饉《ききん》が打ち続き、時おり大飢饉が押し寄せる。誰もが歯を食いしばって、冬場を乗り切り、乗り切れない者は餓死するだけである。庶民の夢は腹いっぱいに食べること。ただそれだけが、夢だったのだ。

予算の配分が、馬鹿げていた。

予算の大半を非生産的な部門である武士階層の給料に費やしている。その数、約四〇万人。これはいかにも多すぎる。たとえば日清戦争の時でさえ、軍人数は一〇万人を割っていたことを想像すると、その四倍だ。

多すぎる公務員が、国家を崩すのである。

その中にあって、薩摩藩は比較的裕福だった。

薩摩七七万石。一〇二万石の加賀《かが》藩（石川県）にはおよばないが、実質はしのいでいる。

収入が他にもあったのだ。これが大きい。

古くから琉球《りゅうきゅう》（沖縄）を手中に収めていたため、鎖国時代にあっても、その琉球を通して中国との密貿易などを手がけており、それが藩の財政を潤《うるお》していたのである。

そういう点で、薩摩藩の感覚は明らかに他藩と違っている。生命線は、商売だと知っていたのだ。

極端なことを言えば、幕府がなくとも薩摩藩は存続するが、商売がなくなれば干上《ひあ》がるくらいの感覚は持っていた。

商売を知れば、自由を求めるのは当然の成り行きだ。

外国貿易を増やしたい。しかし、幕府が独占していて身動きがとれない。ならば、朝廷を立てて幕府をひっくり返すまでである。その朝廷は、外国嫌いの攘夷《じょうい》論者であるから、薩摩藩も攘夷でなくてはならない。貿易がしたいのに外国を打てというのだから、あきらかに、ねじれ現象である。

ここに注目すべき一人の男が登場する。このねじれ現象をほどいてゆくキーマン、薩摩藩士、五代友厚《ごだいともあつ》である。

倒幕の志士として、五代友厚の知名度は低い。そしてなぜか、出身である薩摩藩の本拠地、鹿児島に墓はない。どこにあるかというと大阪だ。

鹿児島市の歴史資料館においても、西郷隆盛《さいごうたかもり》が主役と決まっており、島津斉彬《しまづなりあきら》、大久《おおく》保利通《としみち》などがそれにつづき、五代友厚の扱いは脇にしりぞけられている。

しかし五代は明治の大物だ。明治新政府になって初代の大阪商工会議所会頭、すなわち大阪実業界のトップに君臨した人物なのである。

当時の大阪というのは間違いなく日本一の商業都市。商品の取り扱い高は東京よりも数段上で、一時は首都を東京ではなく、大阪に置く、という構想が決まりかかったくらいの大都市だった。だからこそ、造幣局なども大阪に設置したのだが、そこの会議所会頭というのだから、文字通り日本ビジネス界の頂点であり、その椅子に座った五代の功績と実力のほどは、容易に想像がつくというものだ。

ならば、故郷鹿児島で、もっと英雄視されてもよさそうだが、どうにも冷たい。寂しい場所に、アリバイ的にぽつりと五代友厚像が建っているばかりである。

時の流れに翻弄《ほんろう》され、無益な戦争を引き起こした結果、多くの人命を失わせてしまった西郷隆盛と比べ、関西では「大阪を作った男」とまで言われている傑物の評価が、地元ではあまりに低いのだ。

いったいなぜなのか？

不自然なものには、裏がある。関係書物を読み込むと、それは簡単に浮上する。あるひとつのグロテスクなエピソードが挟《はさ》まっていたのだ。しかし、いずれの本も、それは単なる噂にすぎないのだと、否定しているものの、それが地元ではどうしてもぬぐいきれず、五代に対する厳しい目に表われているようである。

「五代は、裏切り者」

この薄気味悪い風評は、いったいどういうことなのか？

そしてそれは事実なのか？

その真実をさぐると、五代は、あきらかに闇の部分を持っている志士であったということが見えてくる。本人も否定し、周囲も否定する裏切りの烙印《らくいん》。しかしそれは動かしがたく、底の知れないもののようである。

引かれるように、鹿児島に足を伸ばした。現地の図書館に頭を突っ込み、古本屋街で文献を見て回った。

疑惑が少しずつ形をとりはじめる。もう一息というところで行き詰まった。これといった資料がないのだ。

いつの時代も、だれかにとって都合の悪い資料というのは、当然ながら少ない。とくに大物と言われる人物については、周辺のだれかが処分に走るものだ。

五代自身がそうしたとは言わないが、とにかく抜き去られている。もんもんとした気分で東京に戻って来たときだった。なんと、五代にまつわる戦慄《せんりつ》すべき資料を国会図書館で発見したのである。

それは、『神戸法学雑誌』第三二巻第二号（一九八二年九月）に載っている、神戸大学法学部、蓮沼啓介《はすぬまけいすけ》教授の論文である。

なぜこの資料が二〇年以上も国会図書館に埋もれていたのかは不思議だが、これは歴史を塗り替えるほどのものと言っていい。闇に葬《ほうむ》られていた事実が、とつぜん目の前に現われ、ざわりと鳥肌が立った。

幕府と倒幕側に、極秘ルートが存在していたのである。いったいこんなことがあっていいのか？　しかも場所はパリだが、これを語る前に、まだまだたくさん綴《つづ》ることがある。順序としては後回しになる。

グラバーの秘密エージェントになった五代

五代友厚は、幕府が長崎に設けた海軍伝習所で二一歳から二三歳まで学んでいる。薩摩が近代化戦略のために送り出した一六名のうちの一人だ。

長崎海軍伝習所のトップは勝海舟《かつかいしゅう》、教官はオランダ人。そこに送られた青年五代は、暗い中から、急に明るい外に出たときのように、まぶしそうに目を細める。しだいに明るさに慣れ、フォーカスが合ったとき、とつぜん立ちはだかった黒船という巨大な物体を捉《とら》える。驚愕《きょうがく》、轟《とどろ》き、そして畏敬の念を抱く。

こうした環境に落とし込まれた若者としては、普通の反応である。

たまに優れたものに対して、反発を感じる人間がいるが、これほど力量に差があれば兜《かぶと》を脱ぐほかはない。とりわけ五代は好奇心が強かった。なにより素直だった。学ぶほど、彼の眼差《まなざ》しは、欧米人全般に広がってゆく。

五代の生涯を追っていけば、舶来に対する憧れや惚れ込みようには、ただならぬものがあり、思考は外国へ、外国へと向かっていることが分かる。

海軍伝習所が幕府の意向で閉鎖され、一度国元の薩摩に帰った五代は、翌年再び藩命で長崎に赴《おもむ》く。一八六一年も終わろうとしている寒い冬である。

与えられた藩命とは、薩摩藩の海軍力の強化、そのための外国船の輸入である。忍んでグラバー邸を訪れる。相応の働きをして、二隻の外国船の斡旋《あっせん》をグラバーに依頼。

一六名の長崎伝習所組の序列を押しのけて、特別に五代がその任をおおせつかったのは、もともとグラバーとの深い関わり合いがあったからだ。

二人は昨日今日の付き合いではない。海軍伝習所時代から、濃密に結び付いていたのである。

伝習所のある長崎から国元に帰った友厚は、海軍を充実させたいという藩の上層部の空気を読み、グラバーなる商人の存在をうったえる。上層部は、興味深く耳を傾ける。うかつには呑《の》めないが、グラバーは世界一の商社、ジャーディン・マセソン商会の代理人であり、その噂は江戸にも薩摩にも知れ渡っている。

薩摩は貿易好きだ。以前から、幕府の目をごまかし、藩士が人足《にんそく》やら大工に成りすましては、外国人に接触し、直接貿易を試《こころ》みているほどである。外国人にアレルギーはない。船の買い付けを熱っぽく説く五代の思惑と、藩の上層部の意向が一致を見たのである。

事の流れから、藩命で友厚が長崎行きを命じられたというより、むしろ、貿易を積極的に推《お》し進めたいグラバーと五代が練り上げた筋書き通りに、藩が乗ったと言うべきだろう。

この両人のつながりこそが、薩摩と英国のラインであり、後々、五代は裏切り者、イギリスのスパイだと疑われ、一時薩摩藩から追っ手を差し向けられる騒動に広がるのである。

二人は慎重に話し合い、無事注文を出す。その直後、五代は正式に薩摩藩御船奉行《おふねぶぎょう》副役という名誉あるポジションにつく。二七歳のときだが、このあたりからグラバーという力を得て、ぐんぐんとのし上がってゆくのだ。

坂本龍馬が土佐藩を脱藩し、四国を後にしたころ、すでに五代友厚は、薩摩藩士というより、グラバーの秘密エージェントになっていたと言っていい。

志士たちの隠れ家となったグラバー邸

グラバーの目標ははっきりしている。倒幕だ。貿易拡大には、それ以外に方法はない。

とりあえずは下関港と鹿児島港の開港。

すなわち長州藩、薩摩藩との自由取引だ。両藩は、尊皇攘夷の衣《ころも》をまとってはいるものの、本音は自由貿易だとグラバーは見抜いていた。それには、まず自由貿易を阻害する幕府を倒し、また攘夷派を一掃しなければならない。

すでに腹は決まっている。攘夷思想の根っこには、幕府の外国貿易独占に対する反発がある。その幕府を叩き潰《つぶ》せば、藩は独自の貿易を獲得できるわけであるから、攘夷運動は朽《く》ちる。ジャーディン・マセソン商会とグラバーは早くからそう睨《にら》んでいた。

邪魔な幕府を倒す。それまでは、たとえ密貿易という形をとってでも、各藩に外国の武器を買わせ、力をつけさせる。その力は、一時攘夷に向かうかもしれないが、そう長くは続かない。かならず列強国に粉砕される。はじき返された憤懣《ふんまん》はどこへ向かうのか？　自然に倒幕に向かうはずである。

それには息のかかった駒がいる。

一番手っ取り早いのは、見込みある若者を一本釣りし、ヨーロッパ、とりわけイギリスを見せることだ。そうすれば、ちょん髷《まげ》やら二本差しやら、士農工商やらそんなものは吹き飛んでしまうはずだ。自由、平等、博愛、グラバーの頭には、そんなものが漠然《ばくぜん》とまじりながらも、はっきりとした絵図が描かれていた。

さて、具体的に周囲をぐるりと見渡した。長崎には幕府の公儀隠密、諸藩の攘夷派など諜報部員がうんざりするくらい入り乱れており、外国人と接触する日本人には目を光らせている。グラバー商会にも、商談を装った各藩のスパイたちが潜《もぐ》り込み、仏頂面《ぶっちょうづら》でとぐろを巻いていた。

癇《かん》に障るが、それを知っているグラバーはめったなことでは気を許さない。疑わしそうな視線を当てて、無能なスパイをより分け、目にかなったものだけを別室に入れる。そこでさらに篩《ふるい》にかける。

まずは能力だ。雄弁で、藩を動かせる才能がそなわっているかどうかだ。そのためには様子見である。武士の商法であっても、グラバーから実際に商品を買う気迫があるかというのが、一つの目安となる。

全幅《ぜんぷく》の信頼を寄せると、グラバー邸に誘う。

五代もそこを根城にしていた。好きなだけグラバー邸に滞在し、そこで飲み食いにあずかる。外出は、闇夜にまぎれた。提灯がなければ四方は闇である。雑木林の中を抜けて斜面を下りれば、監視の目をごまかすのは難しくない。

ここで大きな疑問が生じる。

なぜグラバーは、海と陸を一望に見渡せる絶好の位置に土地を構えることができたのか、ということだ。

長崎は、山と海の間にある狭い街だ。

グラバー邸はその一等地にある。眺望は素晴らしく、真正面には真っ青な海をいだく長崎港、視線を九〇度右に振れば、長崎の街が飛び込んでくる。兵が陣を敷くには絶好の立地で、これ以上の場所はない。

外国人を半《なか》ば敵として扱い、海岸縁《べり》の狭い居留地に押し込めたい長崎奉行所の振る舞いとしては、もっとも危険な場所に英国人を住まわせるなど理屈に合わない。一戦交《まじ》えることになったら、ここに陣を構えられるだけで、ひとたまりもないはずである。

そういう状況からして、半ば実力で奪われたという噂には説得力がある。

グラバーが広大な丘に手をかけたとき、奉行所の役人に止める勇気がなかったというのだ。

土地は雑木林に覆《おお》われた高台にあって、自然の要害ということばかりではなく、気が付けばすでに「鳥撃ち」と称する警備兵が巡回していたというのである。

現在も、庭には大砲が展示されているが、かつてはさらに多くの大砲がずらりと並び、街と航路を睨んでいたというのも本当である。

奉行が踏み込めなかったのは、そうした一個小隊にも匹敵する軍事力をグラバーが備えていたということばかりではなく、背後にひかえる英国軍、本隊の存在があったからだという。

度々《たびたび》、接岸する英国の軍船。兵を上陸させては、外国人居留地の背後に伸び広がるグラバー邸敷地まで、彼らを密かに登らせ、そこにテントを張って休ませていた、という話も伝わっている。

怖気《おじけ》づいているところへもってきて、いつの時代も、役人というのは事なかれ主義である。不祥事を起こせば、切腹というご時世、英国兵士がグラバー邸へ数百メートル移動したからといって、事を荒立て、問題を大きくするより、目をつぶった方が利口なやりかただった。命がけの務めなどまっぴらである。さらにグラバーはうまくやった。役人に金品を与え、鼻薬《はなぐすり》を利《き》かせることも忘れない。

そうなると、グラバー邸は一種の解放区だ。そこに顔色を変えた倒幕の志士たちが逃げ込んでも、幕府は見て見ぬふり、いや、手も足も出なかったのだ。

反カソリックの運動家がフリーメーソンのロッジを隠れ蓑にしたように、志士たちもグラバー邸を隠れ家にしたのである。長崎の丘が彼らにとって幕府の手のおよばない、もっとも安全な場所であったことは、想像に難くない。

長崎のフリーメーソン・ロッジ

当時長崎にいた白人は約八〇名。貿易商、宣教師、医者、薬屋、酒屋、床屋、潜《もぐ》りの外国人や軍隊などの仮泊も入れると、五〇〇名から一〇〇〇名くらいに膨《ふく》れ上がったという。

外国人が増えれば、幕府側との軋轢《あつれき》は大きくなる。居留地の整備と衛生管理、不明瞭な規則の明文化、船着場の増設など要求は尽きない。

交渉ごとは、団体が有利だ。

こうして一八六一年、日本初の「Municipal Council」(ミューニシパル・カウンシル)が出来上がる。これは長崎における「白人議会」のようなものだ。「白人議会」で要求をまとめ、奉行所にぶつけるのである。

矢継ぎ早に親睦《しんぼく》団体のような「ナガサキ・クラブ」ができ、白人社会は連帯を強めてゆく。

「白人議会」ができた年に、もう一つの組織、「長崎商工会議所」が設立されている。これも白人だけの会議所で、トップ三名の委員には、血気さかんなグラバーと、グラバー邸のすぐそばに館を構える商人、オルトが顔をそろえた。その時、オルトは二一歳。二四歳のグラバー同様、すでにお茶、海産物など気のきいた貿易を手がけて成功している。

二人は「居留地消防団」を結成した折、そろって一台ずつ人力消防車をぽんと寄付し、羽振りのいい姿をさらしている。

フリーメーソン・ロッジは、外国人居留地47番地にあった。現在、グラバー園内のメーソンマークの入った石柱横の解説がそれを伝えているが、それによると一八六五年にはロッジの存在が確認されていたとある。

誰がどうやって確認したのかは書かれていないが、47番地というのはグラバー邸を下った目と鼻の先である。

しかし、この説に異論をとなえる人がいる。

「長崎ロッジ」がスコットランド・グランドロッジから正式に認証されたのは、一八八五年のことだから、それまで長崎にロッジはなかったはずだというのだ。

こういう反論を繰り返す人には、首を傾《かし》げたくなる。歴史上、記録が消えた例はたくさんあることに気づかないのだろうか？　火災、地震といった自然災害によることもあるが、歴史は都合の悪いものは「なかったこと」として抹消《まっしょう》してしまうことも多い。そうしたさまざまな原因が重なって、むしろ保存されているものより、消失した文書の方が圧倒的に多いのだ。

それでも、たしかにきちんとした記録をとるという意識が高い現代なら、彼らの主張もあるていど説得力を持つ。

だが、この話は、今から約一五〇年も前、事情が異なっている。

今では考えられないが、前章で紹介した出島のロッジの例を出すまでもなく、二十世紀初頭まで、グランドロッジの認証を受けないロッジが世界中には数多く存在していたのである。はじめから認証を受ける気のないロッジはもとより、それ以外にも原因はある。手続きが遅すぎるのだ。

列強国は地球の裏側まで足を伸ばし、陣取りゲームを争っている。その地球の端から、新ロッジの認証を求める申請書類が、イングランド、スコットランド、フランスなどのグランドロッジにぞくぞくと到着する。

山積みの書類。応じるには審査が不可欠だ。グランドロッジの担当者がわざわざ現地に足を踏み入れ、調査報告書をまとめなくてはならない。手抜きをして、怪しげなロッジを

グラバー邸とメーソンのマークの関係

長崎・南山手のグラバー邸は1863年に完成（その後、増築を重ねている）。現在、「グラバー園」として観光客が絶えない敷地内には、ウォーカー邸、オルト邸などの洋館が建ち並ぶが、その一つフレデリック・リンガー邸の前にはフリーメーソンのマークが入った門柱（写真下）が残されている。

うっかり認めては大変なことになる。

殺到する調査依頼。順番待ちだけでも数年かかり、さらに報告書をまとめ、それを理事会に上げる作業にまた数年。

一七三〇年　インド、フランス
一七三三年　ドイツ、マサチューセッツ
一七三五年　ローマ、スウェーデン
一七三六年　ポルトガル、サウスカロライナ、ニューハンプシャー、スイス
一七三七年　西インド諸島

これは英国系グランドロッジが、はじめてその国でロッジを承認した年だが、ほんのサンプルにすぎない。つまり、この年が認証のはじまりであって、続いて我も我もとぞくぞくと名乗りを上げるわけだから、その一つ一つの精査作業は骨の折れる作業だ。だから、グランドロッジの方でわざと時間をかけていた感もある。放っておいて、その間様子を見れば、弱いロッジは耐え切れずに、自然に消滅してゆくかもしれないという見立てだ。

一方の申請者側としては「認証」まで待っていられない事情がある。メンバーは秘密の

儀式をしなければアイデンティティを保てない。メンバーがそろっていれば、解決策は見切り発車である。

中身はともあれ、長崎にも出島ロッジ以外にそれに近いロッジが長いことあったと見ていい。これは無責任な推測ではない。状況から察して充分堪《た》えられる推理であって、当時長崎にロッジがない方が不自然なのだ。

マスコミが未発達の時代、未知の世界にやってきたフリーメーソンが、いの一番に目指すのがロッジだ。彼らの誇りであり、強さの源泉である。何度も述べたように、そこは金脈や人脈でふくらんでいるのだ。

長崎ロッジへは、横浜から船便が出ているため、江戸のニュースは陸路より早く伝わる。

たとえば「桜田門外の変」の噂が長州藩に広がってゆくのに一〇日ばかりかかったが、長崎では、その半分の日数で届いている。つまり江戸のニュースも一足飛びに長崎に伝わり、ある種長崎が、情報のターミナルになっていたのである。

日本中を撮影したイタリア人写真家

日本にいたフリーメーソンは、領事館関係者や貿易商ばかりではない。

中でも注目すべきは、フェリックス・ベアトという写真家だ。

一八二五年、ヴェネチア生まれのイタリア人だが、ベアトはほどなくマルタ島に移る。その後、英・仏・トルコの連合軍とロシアが戦ったクリミア戦争に、写真家助手として参加した。

クリミア戦争というのは、聖地エルサレムにロシアが手を出したために、管理していたオスマン・トルコと戦争に至ったもので、トルコ側に英・仏が加勢した。トルコ・英・仏という一見奇妙な取り合わせの三国が結びついた背景には、フリーメーソンの分かちがたい関係がある。つまり、トルコはイスラム国家で唯一、フリーメーソンが活発なのである。

クリミア戦争でベアトは名前をイタリア名のフェリーチェからフェリックスとイギリス名に変更する。

イギリスが気に入ったから、名前を変えただけなのか、それともイギリスの国籍収得までおよんだのかは分からないが、とにかくイギリスとウマがあった。このあたりから英国政府にぴたりと添うことになる。

クリミア戦争の次に、髭面《ひげづら》で大柄なベアトはインドに渡り、セポイの反乱を写真におさめる。それから、カメラ機材一式をかついで向かったのはアヘン戦争さなかの中国。

充分に撮りつくした後、ついに幕末の動乱期、日本に姿を現わすのである。

クリミア、インド、中国、そして日本。神出鬼没だ。いずれも紛争と絡《から》んでいる。ベアトは世界中に立ち昇る硝煙を、うまい具合にかぎつけて、あつらえたようにその場に居合わせている。

偶然ではありえない。各国の情勢をきちんと把握していなければできない芸当だ。そう、英国政府筋の正確な情報で動いていたのである。

日本上陸の年月日は、判然としていない。

ただ、ワーグマンというベアトの友人が、水戸派による英国公使館襲撃――通称、第一次東禅寺《とうぜんじ》事件のとき、ベアトは現場にいたと回顧録で述べている（『ロンドン・ニュース』、一八九一年、三月二十八日）のが、ヒントになる。

第一次東禅寺事件は、一八六一年の五月のことだ。ベアトは、すでに大規模な内乱が、極東の小さな島国に起こるだろうことを察知して、早々と足を踏み入れている。

フリーメーソン、ベアトの移動は素早い。長崎、横浜、京都、鎌倉、所を変えながら幕末の日本を活写し、その風景を見事に切り取っている。

獲物は風景だけではない。幕末の志士、日本の風俗習慣を伝える写真もものしている。

その写真は膨大な量になる。

現在、書店に並んでいる本の中で、江戸末期の写真があれば、そのほとんどがベアトの写真だといっても過言ではない。

この男は、日本でなにをしていたのか？

横浜に写真屋の看板を上げ、堂々と写真を売って生計を立ててはいるが、その売り先はもっぱら外国人と外国政府だ。もうお分かりのように、これはスパイ行為である。

かなりの写真は失なわれてはいるものの、江戸城、薩摩藩邸、有馬《ありま》藩邸、長崎港、下関港、広島沖、横浜港などは残っており、それらはいずれも重要戦略箇所だ。

長州藩と四カ国連合の艦隊が撃ち合った、いわゆる下関戦争では英国艦の上にいて、戦況を生き生きと撮りまくり、軍とともに下関に上陸して、砲台を占拠した誇らしげな兵士をカメラに収めている。

ベアトの役に立つ写真は、英国のみならず、フランス、オランダ、米国にも渡っていて、各国政府の作戦会議に引っ張りだこであったことは、述べるまでもない。

フリーメーソン人脈など、あらゆるコネを頼って、丸く収まりようのない日本列島をいそがしくうろつく。横浜の外国人、神戸の外国人、長崎の外国人、しだいに情報網が整えられてゆく。

「日本のプロ」アーネスト・サトウとは何者か

©共同通信社

©読売新聞社

歴代の英国公使に仕え、後に自身も駐日公使になるアーネスト・サトウ。幕末維新期の「日本のプロ」だ。写真下はフリーメーソンの写真家、フェリックス・ベアトが撮影した下関に上陸する四カ国艦隊。

フリーメーソン、ベアトに、ぴたりと寄り添っている男がいた。サトウだ。サトウと言っても日本人ではなく、正式名はアーネスト・メーソン・サトウ。生粋《きっすい》のイギリス人で、英国領事館付きの日本語の通訳だ。

ミドルネームに、メーソンという名前を持つことから、先祖が石工（メーソン）だったことが伝わってくる。

しかし、彼が秘密結社、フリーメーソンに加わっていたかどうかまでは判明しない。言えることは、メーソンという名前を持った人間なら、フリーメーソンを意識せざるをえないということだ。メンバーになるならないは別として、興味を持って調べるはずである。

深く調べるには、メンバーと接触を持たなければならない。

幸い、外交官はメーソンだらけだ。ということは、サトウ自身フリーメーソンの恩恵を知っていたことになる。秘密結社の実力を知った外務関係者が、その魅惑に打ち勝って、非メンバーを貫《つらぬ》き通せるかというとかなり辛《つら》い。

その後、サトウは単なる通訳の身分から、正式な外交官になり、やがてはなんと日本の公使（現在の大使）にまで上りつめている。言ってみれば、雑兵《ぞうひょう》から将校に昇進したのと同じで、永遠に打ち破れない階層をなんなく突破したことからも、サトウの背後に強力な組織の影を見るのだが、はたしてそれは考えすぎであろうか。

サトウの日本語は、相当なものだ。

その語学力を買われたサトウはニール、オールコック、パークスと、三代にわたって英国公使に仕《つか》えており、通算すると日本駐在は約二五年の長きに亘《わた》っている。後にも先にも、英国外交官でこれほどの日本のプロは存在しない。

彼の回顧録『一外交官の見た明治維新』（岩波文庫）は有名だ。他にも当時を綴った日記、手紙などは、幕末を知るうえでの貴重な資料となっているが、外交官という仕事柄、重大な事実は巧妙に隠されている。

上海経由で日本に来たのは、一八六二年。着任早々、血気さかんな御歳《おんとし》一九歳のサトウにとって旅の疲れなど吹っ飛ぶような事件と遭遇する。

「生麦《なまむぎ》事件」である。

寺田屋騒動が幕藩体制に与えた衝撃

イギリスの民間人が、大名行列とすれ違ったさい、無礼打ちにされた事件だが、この発端は約半年前に遡《さかのぼ》る。

主役は朝廷でも幕府でもない。花形役者は薩摩藩の事実上の藩主、島津《しまづ》久光《ひさみつ》である。その久光が、公武合体の意志をもって兵一千名を率《ひき》い、鹿児島を出発したことによって事件が滑り出す。

外様大名・薩摩藩。日本列島の端っこ、一地方にある大名が天下の政局に兵力を誇示して直接首を突っ込もうという前代未聞の大事件である。

九州の田舎大名がいくらなんでも無謀としか思えないのだが、久光は冴えていた。冷静に「桜田門外の変」「坂下門外の変」を眺《なが》め、幕府の力量を測ってのことだった。

久光の要求は具体的なものだった。自分の藩を含め、越前藩、土佐藩、長州藩、宇和島藩の五有力大名の政治への参加であり、天皇を頂点とした公武合体による現体制の強化。早い話が「幕藩体制」から「朝藩体制」への移行である。

下関から船に乗って京都に向かった久光は、天皇から勅旨《ちよくし》を得て、その足で江戸に赴き、幕府に自説を突きつける魂胆《こんたん》である。幕府も、随分なめられたものである。

いざ京に上ると、京都にいる同じ薩摩藩の尊王攘夷派がややこしい動きを見せる。大胆にも、その一千名の兵を自分たちの方に取り込んで、味方につけようと企《くわだ》てたのである。いうなれば内ゲバだ。

この両者の考えは、傍目《はため》には同じようなものに映るが、当事者に言わせると命を懸けるほどの開きがある。

尊皇攘夷派の主張をざっと整えれば、天皇を頂点とする体制を作るのはいいが、体制内改革などは甘っちょろい考えだ。そんなことを口にするから、幕府は政権にしがみつく。あくまでも幕府は藩と同列であらねばならない。だから君臨し続けようとする幕府は倒すまでだ、というほどのものである。

島津久光は、面倒だとばかりに使いを出す。京都伏見の船宿、寺田屋《てらだ》に集合している攘夷派三〇名に、自重を命じたのだ。

ところがリーダーは、こともあろうに天皇以外の命《めい》は受けないと顔をそむけ、二度、三度と事実上の藩主久光の使いを跳ね返す。

「ふざけるにもほどがある」

業を煮やした久光は、武力鎮圧部隊を寺田屋に差し向ける。その数たった九名。これで、狼藉者《ろうぜきもの》三〇名の武装解除をはかろうというのだから、自信のほどが読み取れる。

鎮圧隊は、リーダーの有馬《ありま》新七《しんしち》はじめ幹部を下に呼び出し、重々しく久光の命を伝える。しかし、彼らの意志は思いのほか固く、時々きまり悪げな笑いは浮かべるものの、ついぞ首は縦に振らない。

「これまで！」

仕掛けたのは鎮圧隊だった。

斬り合いは壮絶だった。剣は宙で嚙《か》み合い、鋭く火花が散る。

しかし、腕の差は歴然としていて、斬り殺された尊皇攘夷派は六名（九名という記録もある）、鎮圧隊は一名の死者を出しただけで、簡単に騒擾《そうじょう》はおさまった。

これが有名な「寺田屋騒動」である。薩摩藩はこれで、尊皇攘夷派がしばらく沈黙する。

久光は勢いにのる。

鹿児島から率いた一千名以外にも、手順よく関西に配置済みだった一万近い手勢。それらが一体になれば、朝廷に対するとてつもない圧力になる。

困惑した朝廷は、しぶしぶ腰をあげる。久光の主張する公武合体は、幕府の力を完全に排除するものではなく、自分たちが求めている勤皇思想とは違うが、しかし天皇を政治の頭にすえるというなら、まあいたしかたないだろうと、勅使を幕府に向けることを約束したのだ。

その護衛役として久光があたった。外様大名の行列が、その強さを世間に知らしめながら東海道を江戸に下る。

相手はかりにも三〇〇年に亘って全国を束ねてきた幕府である。それに対して真っ向から武力を誇示して挑むのだ。まさに、固唾《かたず》を吞《の》む大博打《ばくち》である。

江戸藩邸に入った久光は、憑《つ》かれたように江戸城を睨みつけ、藩士たちも襷《たすき》がけで必死のていである。

幕府側は慌《あわ》てふためくが、久光はいっこうに江戸から動く気配はない。ひと月、ふた月と、とげとげしく時が過ぎる。

そのさなか、同じ薩摩藩の五代友厚は江戸に出ていた。久光とは、まったく別行動だ。実は、長州藩の桂小五郎（木戸孝允《きどたかよし》）と会っていたのである。

この辺から少し話が複雑になる。

薩摩藩も長州藩も、藩意はざっくりと二分している。公武合体派と尊皇攘夷派である。両派は、陰に陽に、はげしいつばぜり合いを演じていて、予断を許さない。その間隙をぬって、密かに第三の派が形作られていたのだ。

開国派だ。おもにグラバーをはじめとする外国商人と接点を持った武士たちである。

彼らは、欧米の技術に衝撃を受け、現体制は天下の誤りだと認め、さらには「自由」、「平等」という民主主義やフリーメーソン的エッセンスをも注ぎ込まれている。

その開国派の代表格は薩摩藩の五代であり、長州は桂小五郎だ。

桂は五代よりもっと政治的で、長州藩の藩意を開国へと転向させる、藩内秘密結社のボス的存在だった。

意を同じくしている二人が会った目的は、開国と薩長提携での意見の模索だ。薩長同盟が成立したのは三年後だが、この時点でその道筋は、細々とではあるが、桂と五代の間ですでにつけられていたのである。そして二人は、江戸の久光に開国路線をとってもらうべく工作したふしもある。

しかし、事はうまく運ばなかった。察するに、影響力は駆使できなかったのだろう。その後二人はどこへ行ったのか、ふっとかき消えている。

弱気になった幕府は、とうとう久光の要求のひとつを呑んだ。

徳川慶喜《とくがわよしのぶ》を将軍後見職、福井藩主の松平春嶽《まつだいらしゅんがく》を政事総裁職にしてしまうのである。

新政権は一瞬の不明な空白をおいた後、老練な取り巻きを押し切って、なみなみならぬ決断をする。

参勤交代の廃止だ。

青天の霹靂《へきれき》である。大名行列と呼ばれる参勤交代は、単なる華麗なる儀式ではない。まず莫大な費用がかかるため、地方の藩に資金を吐き出させる効果がある。地方の弱体化政策だ。さらに大袈裟な屋敷を江戸に持たせ、そこで贅沢《ぜいたく》な大名暮らしをさせるわけだから、とうぜん金は江戸に落ちる。つまり、参勤交代というのは金銭を地方から江戸に吸い上げるポンプの役目もあったのだ。

それだけではない。人質効果もある。藩主を江戸に置き、幕府に弓を引くなら、お前の殿はどうにかなるぞ、という謀反《むほん》の恫喝《どうかつ》的抑止力にもなっている。

どの藩も、豪華な屋敷を江戸に持っていた。いや持たされていたのは、そういうことなのである。

「幕藩体制」維持の要《かなめ》は参勤交代であり、頑強に守ってきたひとつのシステムだった。それを幕府が体面をかなぐり捨てて、自《みずか》ら外したのである。各藩は、このとき天井がなくなったような開放感を味わう。

生麦事件から薩英《さつえい》戦争へ

江戸滞在三カ月、久光一行は、意気揚々と江戸を引き上げはじめる。まるでさきがけ誉《ほま》れとして天下を治めたような気分である。

その時、異様な事態にあたりの空気がぴんと張りつめる。馬に乗った四人の外国人が、通りかかったのである。

「無礼者」

護衛の藩士が、わめきながら四人の外国人を襲った。

イギリス人商人リチャードソンは斬殺、他の二人は重傷を負いながらも逃げ延び、女性は斬り伏せられなかったものの、恐怖のあまり半死半生で駆け出してゆく。

九月十四日（旧暦八月二十一日）横浜郊外、生麦で起きた、通称「生麦事件」だ。

英国人ならずも、外国人たちはこぞって激怒した。乗馬を楽しんでいるだけの民間人を武装した集団が襲うとは、どう考えても人の道に反している。丸腰の男や女に襲い掛かる。それが武士道なのか？　それがまことの侍なのか？　これが許されると思っているなら、甘ったれている。

すぐに英国騎馬護衛隊が飛び出し、続いてフランス公使、ベルクールが自分の護衛兵とともに急行したが時すでに遅く、結局リチャードソンの死体を運び帰るだけに終わった。

横浜の外国人居留地は、深刻な熱気に包まれていた。各国領事館、海軍、永住民間人の三者が集まり、至急統一した見解をまとめることを決議し、薩摩藩に対する報復を願ったのである。

しかし、英国のニール代理公使は首を縦に振らなかった。

本国外務省は、武力による解決をきつく禁じていたのだ。

アーネスト・メーソン・サトウはこの時、自分の日記でニールは弱腰だと罵《ののし》っている。それは、居留地住民のおおかたの意見だった。こんな野蛮な行為を見逃せば、外国人の人権はもぎ取られ、もっとテロが激しくなる。曖昧《あいまい》な態度こそが、襲撃の元凶であると押しまくった。

しかし、ニールは損害賠償請求と下手人《げしゅにん》の裁判、そして謝罪などを要求するにとどめた。

薩摩藩は、がんとして突っぱねる。

大名の前では馬から下りるのがこの国の決まりであり、斬った人間は自分の役目をまっとうしただけであるという主張で、ゆずる気は毛頭ない。

この辺は、今の外務省とは雲泥の差で、ノーはノーではっきりしている。正確に言えば、久光は大名の父親であって、大名ではないのだが、それで小気味よく押し通すのだ。

さらに、日本国の代表は幕府であるから、問題があるなら薩摩藩ではなく、幕府を窓口にしてくれ、という態度でかわす。実に上手《うま》い交渉である。

それには英国も納得せざるをえない。それではと本腰を入れ、幕府にねじ込む。困惑した幕府は久光に始末をうながす。しかし、達者な久光に従う気配はない。往生した幕府は、のらりくらりと伝統的手法で回答の引き延ばしにかかった。

この事件のおかげで、五代はグラバーに注文した二隻のうちの一隻を逃す。

イギリス政府の意向だが、いくらグラバーでも、引き渡す相手が渦中の薩摩藩では立場上まずい。変えた納め先は長州藩。もちろん、前面に立ったのは桂小五郎で、五代とも謀《はか》った上での処理だった。薩長間の政治は冷えているが、グラバーを軸に、商売上では薩長が協力体制を敷《し》いている。政冷経熱である。

　このとき、長州藩の主流派は公武合体派だが、高杉晋作率いる尊皇攘夷派が、はげしく追い上げているのが分かる。


　幕末を語るとき、坂本龍馬、西郷隆盛と合わせ、高杉晋作が登場人物として欠かせない。動乱の申し子のような三人に共通するのは志《こころざし》半ばで、悲劇的な死を迎えていることと、無欲で財産を残さなかったことだろう。

　この二点が、日本人の心をつかむのだが、晋作は型にはまらないアナーキーな部分をかなり持っている。

　生麦事件の少し前、晋作は二カ月の上海滞在から帰国しているのだが、普通の若者と違った思いを抱いている。

　根が優しいのだろう、並の若者なら、欧米列強の力をまざまざと見せ付けられれば、攘夷思想など砕け散ってしまうが、晋作は逆感情を抱く。あらためて攘夷の決意を固めるのである。

　晋作の日記にはこう書いてある。

「中国人の哀れさにのみ感じるばかりだ……日本も今のままでは中国のようになってしまう……」

それは一八六二年の暮れの行動に現われる。伊藤博文《いとうひろぶみ》、井上馨《いのうえかおる》などとともに、品川御《ご》殿山《てんやま》のイギリス公使館に火をかけたのである。

一八六三年はグラバーにとって、大変な年になった。

生麦事件の解決をせまって、こともあろうに英国が大お得意先の薩摩に大艦隊をさし向ける準備を整え、もうひとつの強力な見込客、長州藩は、無謀にも矢継ぎ早に攘夷を実行に移す。頼みの五代と桂小五郎は共にまだ力不足で、藩意は押さえられない。

両藩の扱いにしくじれば、グラバーが目指す自由貿易、下関開港、などの計画は軒並《のきな》み瓦解《がかい》し、最初の一歩から練り直さなければならない。そうなれば、あまりにも大きな損失になる。

さらにグラバーの焦燥が煽《あお》られる。ミカドが無情にも攘夷を決断したのだ。日本全土に向け、外国船無差別テロ攻撃を命じたのである。決行日は六月二十五日。

愚直に従ったのは、長州藩のみであった。

六月二十五日、下関ののどかな風景が大音響に震えた。アメリカ商船に向かっての砲撃が皮切りだった。続いてフランス、オランダの戦艦が標的になった。

しかし、それを尻目に、横浜では思いもかけないことが起こっていた。伊藤博文、井上馨など、長州藩の五名が密かに横浜から日本を抜け出し、英国に向かったのである。藩ぐるみで攘夷を実行に移す中での英国留学。奇怪である。しかもわずか半年前、攘夷を叫んで英国公使館に火を放った伊藤と井上にとって、英国は憎き相手ではなかったのか。

この変わり身の早さは、なにを物語っているのか？

答えはグラバーにある。彼らはグラバーに会い、開国派に転向していたのだ。

これで長州の開国派は、桂小五郎、伊藤博文、井上馨と増え、約一年で帰国した両名の話を聞いた高杉晋作も、グラバーに日本脱出を懇願し、開国支持に心を固めることになる。

外国人は殺せと叫び、攘夷を断行したかと思うと、あっという間に外国人と腕を組む。それにしても早い寝返りだ。頭が柔らかかったと言うべきかもしれないが、そもそも彼らの攘夷などという思想は、底の浅い感覚的なものであっただけのことのようだ。

大義名分が立つことなら、わくわくすることで暴れたい。ふた昔前、街頭で暴れた全学連も心理は似たようなもので、いつの世も若者は飛び跳ねたいのだ。お題目はなんでもよかった。だから彼らは、武士の体面など考えずに、胸躍らせ英国に渡ったのである。

七月十六日、アメリカの戦艦が、波を蹴散《けち》らしながら下関に押し寄せてきた。大砲が唸《うな》りを上げる。報復攻撃だ。あっという間に長州船二隻が大破、一隻が撃沈。フランスの戦艦も報復を開始。フランス海兵隊は簡単に上陸し、砲台を破壊する。はじめて知る戦艦の威力。とんでもない話だった。

長州兵は士気もなにもあったものではない。呆然自失だ。

それでも長州はしぶとかった。戦意は衰《おとろ》えず、涙ぐましい精神力で態勢を整えはじめる。

転向前の高杉晋作は、昂奮《こうふん》をおぼえながら下関を死守すべく「奇兵隊《きへいたい》」を結成、鉢巻《はちまき》をしめ直す。

「よけいな口をきくな。今こそは侍として立派に死ね」

交渉もだめ。威嚇《いかく》もだめ。四カ国連合が再び、下関攻撃の必要性ありという決定を下したのは、薩英戦争の直前だった。

いよいよ、史上初の外国勢力との大規模衝突が、薩長に迫ってくる。

そのとき、グラバーと五代友厚が急ぎ足で動きはじめた。

第5章

薩英戦争の真相

積み込まれた現金が物語ること

薩英《さつえい》戦争が薩摩藩はもとより日本に与えた衝撃は大きい。この戦争がきっかけとなり、薩摩が開国派へと大きく軸足を移してゆくのである。しかし、この戦いにも意外な事実が隠されていた。

「生麦事件」から約一年、賠償要求をのらりくらりと逃げ回る薩摩藩。業《ごう》を煮《に》やした英国がようやく腰を上げる。向かった先は薩摩藩領土、鹿児島沖だ。

一八六三年の夏、七隻《せき》の英国艦が日本列島沿いに南下していた。この事実から、英国が戦争に赴《おもむ》いた、という見方があるがそうではない。念頭にあったのは、あくまでも示威《じい》行為である。英国艦隊が鹿児島沖に乗りこめば、それだけで薩摩藩はプレッシャーに耐えかね、万事平和裏に事が運ぶ。よもや、薩摩側が撃ってくるとは思わなかった、というのが真実である。

だからこそイギリス公使館員全員を乗船させていたのだ。それは平和交渉にそなえるためのものだった。

ほかにも、戦争を予想していなかったといえる根拠がある。

幕府に、イギリス艦乗船の許可を与えていたことだ。我々に仕掛けるつもりはない、気になるならオブザーバー役で付き添っていてもよい、という余裕ある態度だ。しかし幕府は、それをあわただしく、しかもやんわりと断る。

イギリス艦隊が、目障《めざわ》りでいまいましい薩摩藩に打撃を与えてくれることを期待したのだ。

英国には、独自の報告も上がっていた。

薩摩藩内部に潜り込ませてある諜報部員から、前向きな空気が伝わっていたのである。アーネスト・メーソン・サトウは鹿児島に向かう船の中で、その心境をこう綴《つづ》っている。

「情報によれば、薩摩藩主は諸外国との条約関係を尊重するばかりでなく、さらにすすんで、あたらしい関係を構築する考えを持っているらしい……これを機に、他のすべての大名たちも、薩摩にならって、開明的な政策をとるようになってくれれば、成功はいっそう大きなものになる……」

次の事実に着目すれば、戦争を予期していなかった決定的なポイントが浮かび上がってくる。

幕府から支払われた生麦事件賠償金の一一万ポンドだ。その莫大な現金が、旗艦ユーリアラス号とパール号に運び込まれたままだったのだ。

戦争になれば現金など邪魔になるばかりか、かりに船が沈めば一巻の終わりだ。実際、開戦になって、積まれた箱が弾薬庫の入り口を塞《ふさ》ぎ、その移動に一時間くらいを要し、それからやおら大砲に弾《たま》をつめるという冷汗をかいている。

これらのことから、キューパー提督たちは戦争に雪崩《なだ》れ込むなど思いもよらぬことで、楽観的だったことが窺《うかが》える。

旗艦には二人の日本人が乗っていた。一人は通訳の清水卯三郎《しみずうさぶろう》。もう一人の名は判明しないが、鹿児島湾の水先案内人として日本人船乗りを雇った、とサトウの日記には記してある。

一方の薩摩藩は忍び寄る危機を感じていた。江戸藩邸はざわついていた。人員を補強し、さかんに英国と幕府に密偵を放っていた。

国元の軍備強化もぬかりなかった。とことんやる気で、鹿児島湾内での大規模演習にくわえ、砲台の整備を入念に行い、また水雷の設置を急いでいた。

町民は家財道具と一緒に郊外へ移り、男は土木作業員として駆り出される。海岸縁の要所には、イギリス艦隊の発見を知らせる烽火《のろし》台を設置するなど、着々と臨戦態勢が整ってゆく。

要求拒絶

八月十一日（旧暦六月二十七日）、夜十一時、比較的静かな海だった。電気のない時代、今と違って街の灯はまったく見えない。鹿児島湾入り口に到達した艦隊は、そこに錨《いかり》を下ろす。月もなく、漆黒の闇が海に溶け込んでいる。海面が不気味に盛り上がり、吸い込まれるように下ってゆく。明日は荒れそうだった。艦隊は揺れながら朝を待った。

翌十二日の早朝、小舟が旗艦ユーリアラス号にやってきた。乗っていたのは二人の武士。武士は艦隊の来意をたずね、そのまま引きかえす。

まもなく全艦がゆっくりすべり出す。朝靄《もや》かかる鹿児島湾を北上すると、一艘《そう》の小舟が彼方から近づいてくる。今度は軍役奉行など四人の武士である。

ニール代理公使は硬い表情の彼らに要望書を手渡す。

あらかじめ日本語、英語、オランダ語で書いておいた要望書には、生麦事件犯人の処刑と、被害者に対する賠償金二万五〇〇〇ポンドの要求などが簡潔に書かれている。これ以上の回答の引き延ばしは許さない。二四時間という時間を区切って、返事を求める。

その日のうちにあわただしく返書が届いた。

上陸しろというのだ。陸で話し合いたいという内容だった。

要求はすでに手紙に託してあり、話し合いの必要はないと判断したニールが苦々《にがにが》しく拒否。イギリス艦に陸軍が乗船していない以上、地上は危険が多すぎ、その判断に迷いはなかった。

翌日、また上陸の催促があったが、話ならあくまでも艦上で行うことを主張し、いっさいの誘いには乗らない。

期限の二四時間が過ぎようとしていた。ほどなく、一〇艘近い小舟が出現した。見るとスイカを積んでおり、何かを言い、イギリス艦に向かってさかんにスイカを差し出すような仕草をする。

異常には気付いていた。身なりはスイカ売りだが、顔は強張《こわば》っており、だいいち人数が多すぎる。

罠《わな》だ。スイカ売りに化けた斬り込み隊である。

さとったイギリス側が、彼らを近づけなかったため、手も足も出せない。

他は、何艘にもわかれて数十名の二本差しの武士が乗船している。こっちの方は、波に揉《も》まれながら旗艦との間で、叫び声の長いやりとりがあった。

乗船して話し合いたいというのである。ようやく四〇名くらいの武士が乗船を許される。

しかし、これも交渉を装《よそお》った決死隊である。

イギリス側も馬鹿ではない。その気配は充分に察しており、迎撃態勢で兵隊が通路に並ぶ。吟味《ぎんみ》の目は放れない。緊張が走る。しかし、すでに勝負はついていた。

英国兵の構えている銃剣には弾丸が込められているのだ。しかも銃剣は抜き身で、一撃に倒せる間合いである。

それに対して、日本刀は鞘《さや》に収まっている。いくら一騎当千の兵《つわもの》でも、突きつけられる銃剣に、身動きひとつできない。

上級武士が最後に、甲板に上がってきた。

武士たちはいっせいに跪《ひざまず》く。芝居がかった仕草だが不気味である。

艦長室でニールが応じた。上級武士の表情は硬く、唇は乾いている。ただただ興奮しているようすで、何も話さない。

と、そのとき外で声が聞こえた。目を向けると小旗を振りながら小舟が、近づいてきた。

上級武士は甲高い声で二言、三言わめくように言葉を発すると、あわただしい動きを見せた。

引き返せという命令を受けたか、あるいは分が悪いと判断したのか、あっけにとられるイギリス側を尻目に、あわてて全員が下船したのだ。

「スイカ売り」および「艦内斬り込み」という奇襲の目論見《もくろみ》は、あえなく頓挫した。

とにかくそういったドタバタがあって、その後、ようやく回答書が艦に届けられたのは夕刻だった。

「一切の責任は幕府にある」

断り状である。英国の要求は、きっぱりと無視されたのだ。

ニールは、薩摩側に深刻さがまだ伝わっていないと判断し、薩摩船を拿捕《だほ》することを決意。強硬手段にうってでれば、さすがの薩摩も消沈し、きちんとした回答をよこさざるを得ないだろうと踏んだのだ。

八月十五日（旧暦七月二日）、鹿児島湾に入って三日が過ぎていた。早朝、雨まじりの強風。

七隻のうち五隻が旗艦から離脱し、任務についた。街の北方、一五キロ付近に停泊していた商船、青鷹丸《せいよう》、白鳳丸《はくほう》、天佑丸《てんゆう》の三隻をただちに拿捕したのである。

乗員はすべて陸に追い立てられたが、二名の者を捕虜とした。

「捕虜」らしくない捕虜、五代友厚

捕虜になったのは二人の武士である。その名前を目にした私は、あまりの不意打ちに大いなる興奮を覚えた。

五代友厚だ。そしてもう一人は寺島宗則《てらじまむねのり》。

五代は言わずと知れたグラバーのエージェントで、寺島宗則も同じ薩摩藩の藩士だが、彼もまたグラバーの根城《ねじろ》、長崎とは浅からぬ縁《えにし》ある男なのだ。

寺島は、長崎でオランダ医学を学んだ医者である。しかもすでに、遣欧使節団として福《ふく》沢諭吉《ざわゆきち》などと共にロンドンに渡っており、いわばヨーロッパ帰りである。

よりにもよって開国派の二人がなぜ、タイミングよくその船にいたのか？

五代と寺島は、あっぱれなことに高価な薩摩の三隻の商船を守っていたのだ、という美しい解釈が一般にはなされている。

薩摩藩側の記録でも、拿捕の際には「五代と寺島は、英国側は横暴であり、その非を強く抗議した」となっており、そのあと英国の捕虜になった、というニュアンスで綴られている。

この辺を扱った歴史小説も、おおむね同じ視点だ。

二人は戦火を避けるために藩の船を移動している最中、偶然にも英国艦隊に見つかる。

その際、他のすべての乗組員の身代わりになって五代と寺島が捕虜として残った、という論調だ。「五代・寺島の捕虜説」である。

そうなると、二人は武士の鑑《かがみ》にちがいないが、しかしどうも話がうますぎる。

英国側の記録を調べてゆくと、両名に対して「捕虜」という表現は伝わってこない。捕虜だったと言っているのは、当の五代と寺島だけで、自主申告なのである。

サトウの日記に目を通すと、これまた奇妙なことに気が付く。この件については、実にあっさり流していて、ほとんど触れることがないのだ。書かれていないという事実から、多くのことが読み取れる場合がある。

サトウは英国公使館の通訳だ。敵対する両名に対して、さまざまな尋問がはじまったはずである。

薩摩軍の規模、罠の有無、大砲の配置、弾薬庫、武器庫、城の位置、薩摩軍の士気、薩摩藩の意見は割れていないか、英国に対する庶民の感情、街の様子。軍事上かけがえのない捕虜に対して聞くべきことは腐るほどある。

若いサトウの観察眼をもってすれば、興奮気味に日記につけるはずだ。

しかし、その一切がない。

「二人は艦に残り……神奈川で上陸させた」とわずかにそのていどである。

まるで、ヒッチハイクの学生を乗せているような雰囲気で、戦時中の敵兵捕虜に対する調子は見られない。

それどころか、はっとさせられるのは、五代と寺島が艦内を自由に動き回っているような表現が感じられることだ。

いったいどういうことなのか？　サトウの日記は、あからさまになにかを教えている。どうやら彼らの正体を秘匿《ひとく》していることを伝えている。では、両名の正体はなにか？

それを見透かすには、時間を捕虜になった日から一週間ほど前に戻さなくてはならない。

奇妙な拿捕劇

記録によれば、イギリス艦隊が近々薩摩に向けて出発しようとしていたところ、五代、寺島の二人は長崎にいた。

潜んでいた先はむろんグラバー邸。二人は風雲急を告げる英国の出方を探りにきていたのである。

そうしたグラバーの動きが、英国側を刺激しないわけはない。敵対する薩摩藩情報部員と公然と交わっている英国人がいるとして、グラバーを名指しで非難している外交官がいた。不機嫌顔の外交官はモリソンである。彼は英国諜報筋から外れた外交官で、グラバーが得体の知れない人物だということを知らない。

グラバーはビジネスマンでもあり最重要情報提供者、いや後の活躍を見れば民間諜報部員であった可能性は限りなく高い。このことは、イギリス領事館でもトップシークレットであり、だからこそ領事部はグラバーの諸藩との露骨な接触を許し、貿易を自由にさせていたのである。

しかし、だからと言って、考えが一体だということではない。グラバーは倒幕を目指しており、傍観者的立場を貫《つらぬ》こうとする英国外務省とは微妙に立場を異にしている。

「薩摩は一戦交えるつもりですか?」

グラバーが五代に聞いた。

「容易ならざる事態です」

五代が、厳しい顔で言葉を続ける。

「武士というのは頭が固い。一度衝撃を与えなければ変わらないのだと思います」

艦隊が横浜を出港した翌日の八月七日のことである。

難しい顔の五代、寺島を見て、グラバーが動く。横浜から長崎に立ち寄ったばかりのイギリス軍医、レニーを口説きはじめたのだ。五代と寺島に、英国艦隊の真新しい動向を教えてやって欲しい、と頼んだのだ。

レニーは躊躇《ちゅうちょ》した。いくら五代が開国派でグラバーのエージェントであっても、相手は英国と敵対する薩摩藩士だ。

――はたして会っていいものかどうか……。

その辺の心理が綴られた、レニーの手紙が残っている。

執拗なグラバーの説得で、レニーはついに折れる。横浜で出港準備に忙しい艦隊の様子を語ったのである。

五代の背筋に、おののきが走った。薩摩藩士として、またグラバーのエージェントとして、戦争は是非とも回避させたい。

五代がしゃべった。

「賠償金を払うのは大したことではない。問題は、藩が恥になると思っていることです。ならば個人的に、私が賠償金を払うのはどうでしょう」

「個人的？」

「そうです。公式に賠償金を支払うとなると、藩主はもとより、幕府や朝廷にはからなければなりません。そうなると大もめにもめます。だが個人的だったら……」

金は軍艦購入資金などをかき集めたらなんとかなる。その金で、生麦事件のケリをつけられるのではないか、というアイデアを披露した。しかし、現実問題として、そんなことがまかり通るわけはない。

艦隊は刻々と鹿児島に近づいている。残された時間は限られているのだ。胸は早鐘を打つが、妙案が浮かばない。

レニーが言った。

「イギリスは戦争を仕掛けるつもりはない。薩摩はどうですか?」

「分かりません。武士には面子《メンツ》がある。なにかの拍子で体面を汚されたといきり立った武士が、大砲をぶっ放す可能性はあります」

「統制がきかないのですか?」

「いえ、命令は絶対ですが、それでも限度があります」

「それが一番危険だ。偶発的な戦争を避けるためには、まず武士を大砲から遠ざけることです」

「……」

らちはあかなかった。

五代はレニーに、長崎薩摩藩邸につめている蓑田《みのだ》伝兵衛《でんべえ》への面会を依頼した。蓑田は島津久光の側近、お偉いさんである。直接英国人の口からしゃべってもらえば、イギリス軍の圧倒的な戦力が国元に伝わり、態度を緩《ゆる》めるかもしれないと思ったのだ。

「先に行ってください。あとで追いかけます」

グラバー、五代、寺島の三人がグラバー邸に残り、通訳とレニーだけが薩摩藩邸に走った。

グラバーたちが藩邸に入ったのは、レニーが蓑田に説明をほどこしているところだった。

会談は緊迫度を増していた。しかし結論の出ないまま、レニーはその日の夕刻上海《シャンハイ》に向けて発つ。

その後の三日間を、五代たちはグラバーと共に過ごした。策を精一杯練ったであろうことは、容易に想像がつく。

八月十日（旧暦六月二十六日）、五代は寺島を連れ、緊張の面持ちで青鷹丸の舵を握った。

なぜ英国と五代の行動が符合するのか

ざっと述べたが、見逃してはならないのは、その符合である。

イギリス艦隊が鹿児島湾入り口に投錨《とうびょう》したのは十一日。五代と寺島が鹿児島に着いたのも同じ十一日。両者は申し合わせたように同じ日に、鹿児島に入っている。

偶然ではない。お察しのとおり、五代はレニーから艦隊のスケジュールを得ていたのである。打開をはかるために、英国艦隊の到着に間に合うよう、急いで国元に帰ったというのが真相だ。

その日、五代の動きはあわただしい。

長崎で得た情報をまとめて藩に提出。英国側に肩入れしていることを怪しまれないよう、できるだけ客観的に書かれた報告書だ。

――英国の、賠償金を納めさせるという決意は固く、また長崎奉行所(幕府)もそれを当然視している……。

自分の意見は入れない。しかし早い話が、さっさと支払った方が身のためだ、ということを迂遠《うえん》に主張しているのである。

反応はなかった。

しかたなく五代たちは、三隻の船を移動させたいと願い出た。理由は戦火もしくは拿捕《だほ》からの避難だ。

上層部からは、そんな往生際の悪い女々《めめ》しいことを考えるな、闘って立派に死ねという声も聞こえたが、五代はくそくらえとばかりに強引に海岸に走りだす。船の移動は、藩の承諾を得ていたのか、あるいはどさくさにまぎれて勝手にやった行為なのかの記録はない。

とにかく三隻の商船を動かした。場所は、街の中心部から約一五キロ北、重富脇元浦《しげとみわきもとうら》。その入り江に、隠すように停泊させたのである。

ここで疑問が起こる。

かりにも船は隠しておいたのだ。ならばなぜ、イギリス側はいとも簡単に見つけることができたのか。ふに落ちない。

イギリス軍船の位置である。薩摩の砲弾が届かないよう、陸地から離れたところに錨を下ろしている。

それに対して五代たちが停泊させた商船は、敵の死角になる一五キロも北、しかも突き出た半島の陰である。見えるわけはない。

しかし捕獲任務にあたった軍艦は、七隻のうちの五隻だが、彼らは嵐の中、あたかもその場所を知っているかのように、まっすぐ北上し、あっけなく目標物を捕らえている。

あらかじめ偵察を終え、位置を確認していたのだろうか？

だが、偵察が出ていたという話は伝わっていない。

かりに偵察行為があったとしても、動くのは軍艦である。大砲の射程距離を避け、陸地からかなり離れた海を走ることになる。そうなれば遠目だ。五代たちが本気で船を隠そうと思えば、なんなくごまかせる距離である。

たとえば、太い川のできるだけ河口深くに船をひそませ、草木などでカモフラージュを施《ほどこ》せば発見は困難だ。草木でおおうなど女、子供でもできることだ。五代たちはそんなこともしていなかったのだろうか？

さらに匂うのは、三隻の船が、どういう形で拿捕されたのか、という具体的な光景を記録に留めたものはどこにもないという点だ。

薩摩藩にとっても、英国側にとっても肝心な場面であるはずだ。しかし、これもすっぽりと抜けている。まるで両者が意図的に、消去したような雰囲気だ。

標的の商船が陸地近く停泊していたのなら、英国側は接近に神経質になる。

陸地に近ければ、浅瀬に乗り上げる危険性はぐんと増す。軍艦は重量があるため吃水《きっすい》が深く、座礁する箇所はいくらでもあり、それだけ動きは慎重になる。船乗りの常識だ。

それに、商船は薩摩が仕掛けた罠かもしれないのだ。うっかり近づけば、ぬっと数門の大砲が現われる。至近距離から撃たれたら、いくら軍艦といえどもアウトである。

ところが、イギリス艦隊は早朝になんのためらいもなく近づき、あっさりと拿捕している。そこには警戒が感じられない。

するとが拿捕された位置は、入り江の奥深いところではない、という可能性が高い。

三隻は沖の方に出てきていたのではないか。しかしそれならなぜ、ふらふらとそんな分かりやすい場所まで出て行ったのか？　という新しい疑問がわいてくる。また、英国艦が距離をつめれば、逃げ回ってよさそうなものでもある。三隻が別々の方向にばらけて走ってもいいし、陸に向かってもいい。両者の船足に、さほど開きがあるとは思えないのだ。

しかし、近づく艦隊から逃げた様子もない。

不思議である。

もっと言えば、拿捕というからにはコンタクトがあったはずだが、死者はおろか、負傷者もないのである。

乗組員は全員武士だ。ならば刀はしっかりと腰に差している。刀を手にした武士が、少なく見積もっても一隻につき二、三名は乗船しているはずだから、五代、寺島を含めて六から九名くらいが警護していたということになる。

しかし、イギリス兵は撃たず、義《ぎ》のために死ぬはずの屈強な武士たちは刀を抜かなかった。

実に奇怪な光景である。

薩摩藩は連日連夜、総出で戦争の準備をしており、決死隊を募《つの》るまでにやる気を見せているのだ。にもかかわらず三隻に分乗している武士たちは逃げる意思も、戦う気力もなく、接近する艦隊をただ指をくわえてぼうっと眺《なが》めて、接艦されたあとは、追い立てられて逃げてしまったというのでは、合点がいかない。

そこで、こういう推理が成り立つ。

「秘密のサイン」が使われた?

五代たちは、戦争だけは止めたかった。

長崎でグラバーと話し合う。大胆にも買ったばかりの商船三隻を、英国に引き渡すことを画策した。

むろん「生麦事件」の賠償金としてだ。三隻の価値は約三〇万ドル。イギリスの要求する賠償金額は一〇万ドルであるから充分に見合う額だ。

二五歳のグラバー、薩摩藩御船奉行副役で二八歳の五代、そしてイギリス帰りの三一歳、寺島の若々しい考えである。

しかし、違う見立てもある。これは大筋において英国が発案した作戦だったというのである。その作戦はグラバーを通して五代たちに告げられ、彼らは藩の意志を裏切って実行に移した、というものだ。

根拠はラッセル外相の訓令。半年以上前、一八六二年十二月二十四日（旧暦十一月四日）付の書簡で、すでに鹿児島遠征は命じられていたのである。すなわち準備期間が半年以上もあり、その間、詳細が練られていたという説である。

では、具体的にはどうするか？

出かけていっていきなり砲撃など、いくらなんでも英国議会がやかましい。「生麦事件」の賠償は、鹿児島まで押しかけてから交渉に入る。話し合いによる解決。これなら正義として通る話だ。ラッセル外相の胆《はら》は決まっていた。

一方、グラバーと五代たちはこの事態をどうするか？　そう、話がこじれれば最悪、商船でけりをつけることにしていたのである。

藩に見抜かれては首が飛ぶ。悟られることなく、船を渡すにはどういう策が一番か？

そこで話し合った結果、英国の手から高価な船を守るという口実で、人気《ひとけ》のないところに移動するということを思いついた。

隠しておいたが、発見されてやむなく拿捕されたという形をとる。それなら青鷹丸船長の五代としては自然な振る舞いで、疑われることもあるまい。

また強奪されたと言えば、イギリスに屈して賠償金を支払うわけではないので、藩としても面目が保てる。

意見はまとまった。

当初、五代は上層部に鹿児島湾の外に隠したい、と申し出たという噂がある。なにを考えたかは一目瞭然だ。湾を出れば、陸から見えないところで艦隊とぶつかる。そうやって、五代は早めにけりをつけようと思った。

ところが上層部はそれを一蹴《いっしゅう》する。

そこで、しかたなく五代たちは鹿児島湾の奥、北側の人気のない、できるだけ目撃者のいないところに船を移動させるのである。むろん真の目的は、五代と寺島だけの秘密であり、他の乗組員は真実を知らない。芝居をうって、味方を完璧に欺《あざむ》かなければならなかったのだ。

英国との作戦は大まかである。今と違って腕時計などない時代だから、何時何分にどこそこにおいて決行、ということはできない。即興で立てた細かな部分を、英国側に知らせなければいけない。しかし、すでに横浜を出ているイギリス艦隊にその意思をどう伝えるか？

無線もない時代、航海中の船と連絡をつけるのは無理な話だ。

急いで長崎から戻った五代と寺島は、夜陰に紛れて小舟を漕ぎ出す。いやひょっとすると、八月十二日の早朝、二人の武士が旗艦をたずねたとサトウの日記にあるのは、両名を指していたのかもしれない。

そう思うのは、サトウの日記の不自然さだ。

「生麦事件」の揉め事で、これだけの艦隊を連ねてきているのに、二人の武士は用向きを問いただしただけで戻っていったという。そして、要望書をイギリス側は彼らではなく、その後に来た四人の役人に渡しているのだ。

なぜ最初の武士ではなく、次の役人にしたのか？

二名の武士は、自分たちは下っ端だからと言って、要望書の受け取りを拒否したのだろうか？　だからといって、一刻も早く要望書を手渡したいイギリスとしては、はいそうですかと渡さないのはおかしい。用件を聞きに来たのなら、待ってましたとばかりに彼らに渡してもよさそうなものだが、どうにも首を捻《ひね》りたくなるシーンなのだ。

かりにその二名の役人が、五代と寺島でなかったにせよ、艦隊が停泊してから拿捕までは三日という期間がある。その間に接触し、話し合いをつけることはいくらでも可能だ。

密かにイギリス艦に乗り込んだ五代は、グラバーの話を切り出し、寺島は英国留学の話をして、両名はイギリスの理解者であることを訴えたはずである。

いや、もっと円滑にいく方法がある。これはあくまでもうっすらと浮かぶ可能性だが、フリーメーソンの秘密の握手だ。五代たちがこの謎の握手と暗号を知っていたなら、瞬時に英国側の疑惑は溶ける。

さらにフリーメーソンには、救いを求める重要なサインが存在する。自分に危機が迫ったときだけ発することが許されるサインだ。彼らにはそのサインを確認した場合、たとえ敵であろうとも、救助を最優先させなければならないという厳重な掟がある。

アメリカ独立戦争、フランス革命、アメリカ南北戦争、第一次世界大戦、第二次世界大戦、多くの戦場で敵味方の区別なく、活躍したサインだ。捕虜はそれによって待遇がよくなった、という話はたくさん伝えられている「切り札」である。

ニール代理公使、キューパー提督がフリーメーソンだったという記録は今のところない。しかし彼らを含め、日本にやってきた英国軍の多くがメンバーであったことは、横浜、長崎にある外人墓地に並ぶフリーメーソンのマーク入り墓石から、異を唱える歴史家はいない。

五代たちをただちに信用し、商船捕獲という話に乗った。

予定時間と場所を確認する。だからこそ艦隊の一部が、雨風が激しい中、捕獲のために

外国人墓地の墓石にはメーソンのマークが

長崎の坂本国際墓地にて。ここにはグラバーの墓もある。

躊躇なく北上したのである。

五代は手はずどおりに事を進めた。捕獲しやすい場所だ。逃亡も抵抗もない。他の乗組員とイギリス兵の間に、若干の摩擦があったという噂もあるが、芝居を見抜けなかった侍が逆らったのだろう、とにかく拿捕の過程で、死傷者は出なかった。

他の乗務員たちは兵隊に追われて船を離れたが、五代と寺島は船にとどまった。

計画は思い通りに運んだ。ニールの部屋に通された二人は、大役を果たし、ほっと安堵《あんど》の溜息をついた。

内通と裏切りと

英国側としては一応、金額に見合うだけの商船は確保したが、このまま曳航《えいこう》して引き返すわけにはいかない。そんなことをすれば、国際法に照らしてもそれこそ野蛮な海賊行為だと非難される恐れがある。

しかし商船という担保があれば、薩摩側も真剣に取り組んでくるはずで、碇泊《ていはく》したまま次の出方を待った。

ニールは五代と寺島を厚くねぎらい、紅茶をふるまう。

「ごくろう。しかし君たちを我が国に亡命させれば、今後の活躍が期待できない。ほとぼりがさめるまで潜伏し、機会をみて薩摩藩との関係をなんとか修復し、こちらに加担してほしい」

新しい世を作るため、まだ辛抱せよ、というのだ。

風はますます強く、雨脚は激しくなってきた。

それは正午近かった。

彼方、陸地で鈍い砲音が鳴り響いた。だれもが、正午を知らせる時砲だと思った。ところが、くぐもった音は鳴り止まなかった。次の瞬間実弾は、雨を突いて次々と飛来したのである。

商船拿捕を知った薩摩藩が、縮《ちぢ》み上がるどころか、予想を超えて、迅速に仮借《かしゃく》なく戦闘の火蓋《ひぶた》を切ったのである。

薩英戦争の経過と、五代友厚の行動

日時（新暦）	（旧暦）	事実経過
1863年8月6日	文久3年6月22日	英国ニール代理公使が薩摩藩と交渉のため横浜を出港
8月7日	6月23日	英国の軍医レニー、長崎で五代友厚と寺島宗則に英国艦隊の様子を話す
8月10日	6月26日	五代と寺島、長崎から薩摩に向けて出港
8月11日	6月27日	英国艦隊、鹿児島湾沖に到着。五代と寺島も鹿児島に到着。五代は薩摩の商船3隻を移動させる
8月12日	6月28日	英、生麦事件犯人の処刑と被害者への賠償金2万5000ポンドを要求
8月13日	6月29日	スイカ売りに変装した薩摩藩士が英国艦に乗船するも退散。後、薩摩は英国の要求を拒絶
8月15日	7月2日	早朝、英国艦隊が薩摩藩の商船3隻を拿捕。五代と寺島が捕虜に。正午近く、薩摩の先制攻撃を口火に英国艦隊が応戦。鹿児島市街に大打撃
8月16日	7月3日	英国艦隊が桜島を砲撃
8月22日	7月9日	英国艦隊、横浜へ帰港
12月11日	11月1日	薩摩が賠償金を支払う

あちこちに水柱が立ち上がった。錨を上げる暇はない。射程内にいたイギリス艦隊は、血相を変えて錨を断ち切り、外に逃れる。

捕獲した船は戦闘の邪魔になる。曳航したまま戦うことはできない。ニールはただちに焼却を命じる。手間取っている間にも、砲弾が艦隊に着弾する。狙いは思いのほか正確で、まったく侮《あなど》れない。

だが、いったん立ち直るとイギリス艦隊の反撃は強烈だった。

双方の射程距離が違った。薩摩砲はせいぜい一四〇〇メートルであるのにくらべ、艦隊はその四倍の延びがあった。

しかも薩摩の大砲は単なる鉄玉だが、英軍は炸裂《さくれつ》弾を使用している。この違いはとんでもなく大きい。一時間あまりで、薩摩の砲台のほとんどが沈黙した。だが、英国艦隊も予想以上の損傷を受けていた。

午後三時前後だった。英国艦がロケット弾を発射、鹿児島の街はおりからの強風であっという間に火の海におおわれる。

続いて帆船、工場、火薬庫などが狙い撃ちにあう。

その正確さに、薩摩藩側では、いつからか五代と寺島が敵に寝返って目標の情報を与えている、という噂が流れはじめる。

「醜《みにく》い夷敵《いてき》に心酔している」とか「内通している」という武士の風上にもおけない噂は、鹿児島県正史の『忠義公《ちゅうぎこう》史料』でも目にすることができる。

事の流れから言って、その風説は根拠がないものではない。

しかし五代と寺島を弁護すれば、両人の念頭にはなんとか戦争を回避し、肉親のいる薩摩を守りたいという気持ちがあった。そうでなければ、危険を冒《おか》してまで商船を差し出し、艦隊に引き返させる算段など、考えないはずである。

途中まで作戦の進み具合は上々だった。この危機をどう終息させるか、その話をニールとしているところに、薩摩が大砲を撃ってきたのである。

よかれと思ってしでかした自分たちの行為が、戦争の口火を切らせてしまったのだ。最悪である。二人は事の重大さに驚き、同時に自分が瀬戸際にいることに気が付く。

背後に迫るものを感じた。

藩に帰った商船の乗組員たちの証言から、二人が英国側と通じているのではないか、という嫌疑が広がっているだろうことが、ひしひしと胸に迫《せ》りあがってくる。ずしりと身にこたえた。

実際、二人には薩摩の恥、天誅《てんちゅう》を口にした追っ手が放たれるわけだが、とにかくこうなった以上は今さら退《ひ》くことはできない。英国側に、徹底的に匿《かくま》ってもらわないことにはどうにもならない。もはやこれまで。腹をくくった。

こういったとき、人間の心理として、どういう気持ちが沸き起こるのか？

心まで乗っ取られるわけではないが、薩摩藩の敗北、あるいは消滅を願ったとしても不思議ではない。

武士の心得を捨てるのは難儀であるが、藩がなくなれば、自分たちの身は安全である。毒を食らわば皿までだ。若い二人がそう思ったとして、誰もそれを責めることはできない。

鹿児島の地は、掌《てのひら》を読むようにそらんじている。五代、寺島の両名が、砲撃目標を教えたかもしれないという噂は現実味がある。

薩摩藩が天下に誇る工場、集成館《しゅうせいかん》は街からかなり離れた北にあったが、見事に砲弾が命中し、火薬庫、武器庫、その他、軍事重要拠点などが、狙いすまされたように炎上爆発しているのだ。

二名の行為は薩摩からみれば、明らかに裏切りである。

しかし、武士の時代は終わる。五代と寺島は薩摩藩士として、また同時に開国派として、揺れ動く気持ちを抑えながらも明治維新に向けて自分のやるべきことを懸命に貫いた。汚名を着せられようとも、動く時代に自分を合わせたのだ。それはそれで潔《いさぎよ》く、筋も通っている。

これでサトウの日記が、そっけない取り扱いだった理由が見えてきたはずである。

外交官の鉄則は、たとえ私的な日記であっても、ことスパイに関して記述すれば厳罰の対象で、死んでも書けないことなのだ。

通じていた五代と寺島。寺島は明治になって、イギリス公使、外務大臣（外務卿）など外交畑を歩み、枢密院顧問官も歴任するが、このときの行為と決して無関係ではない。

五代がグラバーに残した一通の手紙

艦隊は八月二十二日（旧暦七月九日）から二十三日にかけて五月雨《さみだれ》式に横浜に帰還している。

横浜で発行されている英字新聞「ザ・ジャパン・ヘラルド」号外、「ジャパン・コマーシャル・ニュース」はただちに薩英戦争を取り扱った。

新聞は、ロンドンに送られる。

それを読んだ世論や議会の反応は、日本人が思い描くものとまったく違っている。

自国艦隊の行為を非難しているのだ。

鹿児島の大火に触れ、非武装の民家を破壊することが正当化されるならば、人類にとって恐ろしいことになるという論調で、文明諸国で遵守《じゅんしゅ》されている戦争の慣例に違反しているというものだった。

「恥ずべき犯罪行為だ！」

この突き上げに対して、首相のパーマストンはニール代理公使とキューパー提督のとった行為を必死で擁護し、街はおりからの強風で、その結果大火に広がったものでまったくの偶発的なものだと釈明している。

それでも下院議員パックストンは、追及の手を緩めなかった。

キューパー提督や、命令を下したニール代理公使はもとより、その上のラッセル外相の責任問題まで話が広がる。

「英国の貿易拡大という、私利私欲のための戦争ではなかったのか？」

そんな声まで上がった。

結局イギリス政府は、鹿児島の街を焼いたことに対して遺憾の意を表明し、キューパー提督に個人的な責任を負わせて、一定の決着を得るのだが、強力な軍備を保有している大国の、こうしたバランス感覚は日本には歓迎すべきものだった。

グラバーは五代が気になっていた。

戦争を長崎で知ったグラバーは、五代と接触すべく横浜に出向き、キューパー提督などと接触。

しかし、すでに五代と寺島は消息を絶っていた。

残っていたのは五代によるグラバー宛の手紙、一通だけである。それには、イギリス側の厚いもてなしに感謝するということが書いてあったという。

しかたなくグラバーは、九月はじめに横浜を離れ、長崎に戻っている。

この事実から、五代とグラバーはあらかじめ、横浜で落ち合うことを示し合わせていたということが分かる。

その根拠は五代の置き手紙だ。闇雲に手紙など書かないはずだ。五代はグラバーが横浜に来ることを知っており、心を許し合った同志だからこそ、キューパー提督に手紙を託したのだ。

もともとの筋書きによって、五代が商船を引き渡した後、そのまま英国艦に乗船して横浜に入る。二人はその横浜で接触する。ところが不具合が生じた。

事情をつかんだ薩摩藩が、正式に手を突っ込んできたのである。

「五代と寺島をただちに引き渡せ」

拒否すれば外交問題になる。イギリスはややこしくなる前に、二人を逃がさざるをえなかった。

すれ違いで来たグラバーは、手紙を目にする。その内容が一般的に言われているとおり、イギリスに対する感謝の気持ちを綴ったものであるわけはない。今後の身のふり方と連絡方法だ。薩摩藩の追っ手をかわし、潜伏しながら常に動き回る五代たちは、横浜のイギリス領事館を中継点として、グラバーと交信する。その取り決めが書きつけられていた。

逃亡案内人は、イギリス艦に乗っていた通訳清水卯三郎だ。このことは、清水卯三郎の不用意な手記によって後々《のちのち》、明らかになっている。

清水の手引きによって、五代と寺島は船宿や清水の親戚筋など、居場所を転々と変えるほかはない。薩摩に面の割れていない清水は、イギリス横浜領事館と五代の間を往復する。

この時、ガウァー代理領事が清水に包みを渡す。

五代たちがイギリスに協力していたことを示す決定的証拠だ。その額、五〇両。

その後二〇両、三〇両と小刻みな支払いが続くが、清水が取り次いだだけでも一〇〇両という大金が渡っている。船を降りるときに、手ぶらでは逃亡できないから、おそらく前金として五〇両くらいは渡されていたとみていい。渡った金は合計一五〇両と推察される。今の金額にして約一五〇〇万円。大変な金額だ。

いったいこの金は報酬なのか、それともこれからの工作費用なのか？

おそらく両方であろう。黒幕グラバーがアレンジしたに違いない。

「五代と寺島は大役を果たした。捨て石にしてはいけない。今後も役に立つ。イギリスの諜報部員として本格的に育て上げてはどうか」

なにせ二人には実績があり、これは自然の流れである。

イギリス側は五代の足取りを消すため、各地に潜り込んでいる諜報部員に、情報攪乱《かくらん》を命じた。

二人は変装して薩摩の追撃をかわす。こうして涙ぐましい逃亡生活をしながら長崎のグラバー邸にたどり着くのだが、途中、何人かの日本人が五代たちを助ける。

吉田二郎《よしだじろう》もその一人だが、明治になってロンドン領事になり、また五代を匿《かくま》った長崎の酒井三蔵《さかいさんぞう》は、後に五代の片腕として大阪活版所の所長になっている。

通訳の清水卯三郎は、明六社《めいろくしゃ》に参加し、福沢諭吉、森有礼《もりありのり》、西周《にしあまね》、津田真道《つだまみち》などと啓蒙運動を起こしている。後に詳しく述べるが、西と津田は現在判明している日本初のフリーメーソン・メンバーだ。

「薩英戦争」は大きな教訓を薩摩に残した。

いくら士気が高く、忠義だ、武士道だ、免許皆伝だと言っても、西洋の近代兵器にはとうていかなわないという現実である。

薩摩の転換は早かった。藩意が開国へと傾いてゆく。

そのころ龍馬は、ようやく幕臣、勝海舟の元に身を寄せ、海軍塾塾頭になるが、まだ江戸にいる。

グラバーとの接触はそれからおよそ四カ月後、グラバーと五代が坂本龍馬を巻き込んでゆくのは、さらにもう少し後のことである。

第6章

密航者たち

狙われた五代友厚

しかるべきところに網は張られていた。五代友厚の潜伏先は、薩摩藩の密偵にあっさりとかぎつけられてしまう。

「五代は長崎に来たり、英商ガラバ（グラバー）なるものの住家に潜匿《せんとく》し居る説あり……」

『忠義公史料』は、さらに五代の秘密に近づく。

「……五代は汽船購求の事に就して、英商ガラバ等と謀《はか》り、許多《あまた》の財を得たる説あるが故……」

と、五代の背任蓄財をあばいている。

蓄財の証拠に、一、二年前までは貧しかったはずの五代が、近年にわかに羽振りがよくなって、長崎には妾宅《しょうたく》までも構えているとし、五代がグラバーから受け取ったコミッションをおよそ六〇〇〇両と見積もっている。現在の価値にして約六億円。ちょっとやそっとの額ではない。

その数字は、薩摩藩がグラバーから購入した大小五隻の汽船の金額、約三〇万両の二分《ぶ》から割り出した、と『忠義公史料』には書かれている。二分（二パーセント）という数字をどうやってつかんだのか。薩摩の密偵が、ぬかりなくグラバーの膝元まで潜《もぐ》り込んでいることがうかがえる。

慢性的に農作物が不足し、白米の飯《めし》が食べられるのは上級武士だけである。武士の誇りだけを胸に、食うや食わずの生活を強いられていた下級武士は、妾《めかけ》と綿入れの蒲団《ふとん》でぬくぬくと眠る五代にはげしい憎しみをつのらせ、喜んで刺客になった。腐《くさ》れ侍《ざむらい》が！　刀をとる者は二人や三人ではない。

家族や仲間を薩英戦争で失った者たちも、あだ討ちの機会をうかがっていた。実際、数人が務めを果たそうと、抜刀してグラバー邸の敷地内に躍り込んでいる。

だが、飛び道具を持った警備に厳しく叩き出されるか、捕らわれるかのどちらかだった。

刺客を殺害するわけにはいかない。そんなことをすれば、国元の火に油を注ぎ、追及の手はますます強くなる。ここは一つ柔軟にかまえて、客扱いにする他はない。グラバー邸の豪華な一室に通す。

緊張する刺客。

そこに現われたのは、五代とピストルを握ったグラバーたち数名の白人。身分を名乗らない刺客は背筋を凍らせる。

しかし、殺しに来たというのに五代は、にこやかな笑いを絶やさない。居心地は悪いが、粗略に扱わないと知ってほっとする。

　クッキーと紅茶が振舞われる。

「私も、ついこの間まではあなたと同じ攘夷だった。気持ちは分かる。しかし、ご覧なさい」

　五代は、西欧のインテリアに刺客の視線を促《うなが》す。

「いくら戦っても、文明にはかなわない。示現《じげん》流だろうが、北辰一刀《ほくしんいっとう》流だろうが、鏡心《きょうしん》明智《めいち》流だろうが、なさけないことに百姓の持つ鉄砲にすら歯が立たない。無駄死にするだけです。それより、イギリスの技術を学ぶことが先決ではないですか」

　雄弁な五代が、戦争にいたった経過を語る。刺客の気持ちがだんだんほどける。

「イギリスと組んで、日本一の薩摩を作る。それが私の夢です、ぜひ手を貸してください」

　危険だが甘い匂いがする。なにが本物で、なにが贋物《にせもの》か分からなくなる。西洋の酒が振舞われ、飲むほどに西洋のならわしに呑まれてゆく。帰り際に過分な金までも持たされれば、シンパシーの気持ちさえ胸に満ちてくる。

　五代はこうして刺客をも味方にした。長崎は第二の故郷である。五代の息のかかった薩摩藩士も数人いた。その中の一人を手繰《たぐ》り寄せ、国元との仲介人に仕立て上げる。金ならいくらでもある。彼らを通して藩の開国派との接触に成功、復帰を探りはじめたのである。

すがったのは小松帯刀《こまつたてわき》だった。小松は、もともと五代の後見人のような家老だ。年の割には進取の気象に富み、周囲の人望も厚い。グラバーは的を小松に絞り、彼を軸に五代の復権と藩意の転向を計る、という大業《おおわざ》に打って出たのである。

連動する形で、グラバーは薩英戦争の和睦《わぼく》をすすめた。薩摩の懐に強く刺さり込んで、イギリス側の考えを伝え、軍事強化のためのアドバイスまでをも引き受ける。まるで薩摩藩の軍事顧問である。

英国は英国で、薩摩の情報はグラバーに頼りきっていた。グラバーは薩摩の情報を英国に伝え、英国の情報を薩摩に話した。グラバーは双方にとってなくてはならない存在であり、両者を完全につなぐパイプ役となっていたのである。

戦争から約五カ月が過ぎた十二月十一日（旧暦十一月一日）。ついに薩摩藩は賠償金、一〇万ドルを支払った。その上リチャードソン殺害犯を調査し、必ず処刑するという証書を英国に渡す。これで「生麦事件」に端を発した薩英戦争の幕が引かれたのである。

と同時に黒幕グラバーは、五代と共に七七万石、藩士四万八〇〇〇人（郷士を含む）を誇る薩摩の軍事物資仕入れ部門を丸ごと手中におさめたのである。

二重《ダブルエージェント》スパイ、坂本龍馬

ニール代理公使と入れ替わるように、オールコックが上海から帰任したころ、グラバーのそのぎょろりとした眼は、北方を見据えていた。次は、いまだに攘夷を捨てない長州である。下関海峡も、きな臭い煙が絶え間なく上っているのだ。

薩英戦争のほぼ一カ月前、長州、下関は四カ国の戦艦に、ぐうの音《ね》も出ないほど叩きのめされている。まるで子供扱いだった。

にもかかわらず、長州藩は苦しさを堪え、態勢を立て直し「攘夷」という旗を降ろさず、海上封鎖に血道を上げていた。朝廷に対する忠義立てだ。

グラバーが目指していたのは下関港の開港だった。しかしいまやそれどころではない。下関海峡の危機は、足元の長崎貿易にすら深刻な影響を及ぼしていた。

それに乗じて、幕府も妙な動きを見せている。各国と交わしていた条約をものともせず、治安維持などという理由にもならない理由で、横浜港までをも封鎖しはじめたのである。

なぜ幕府は、外国に挑戦的な態度を取ったのか？　細かい理由は多々あるのだが、ざっくりと言えば諸藩からの突き上げだ。

おおかたの武士の胸には攘夷思想がわだかまっている。すなわち、外国に弱腰の幕府に

龍馬と勝海舟、長崎に現われる

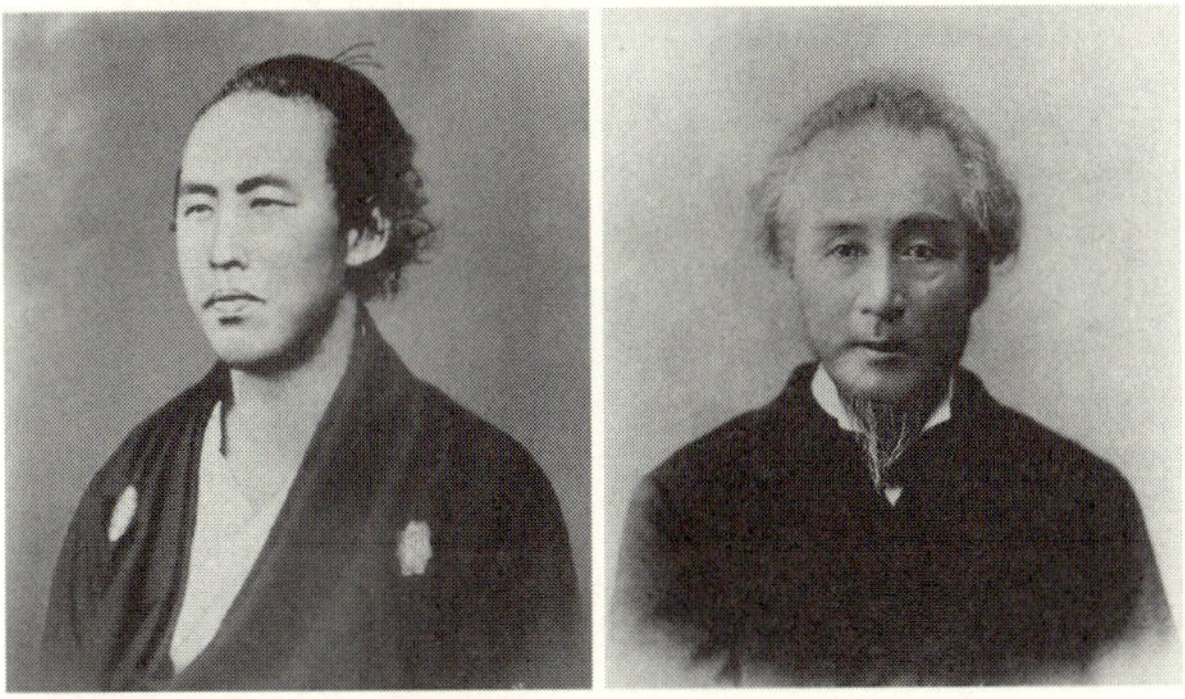

神戸海軍操練所の二人が長崎に向かった目的は、実は諜報活動だった。
左・龍馬、右・勝海舟（安芳）。

Ⓒ 国立国会図書館ホームページ

は冷ややかだったのである。このままでは幕府の威信は地に落ちる。そこで幕府健在なり、とばかりに虚勢をはって、横浜港封鎖という強気を全国に示したのである。

それに対して列強国の我慢は限界にきていた。図に乗られては日本の開国は失敗する。虚勢には実力行使あるのみ。幕府と下関封鎖を続ける長州に対して、自らの意志を知らしめるなんらかの手立てに迫られていたのである。

そんなおり、忽然《こつぜん》と長崎に姿を現わした男たちがいた。一八六四年、二月二十三日（旧暦）のことだが、神戸海軍操練所の勝海舟と坂本龍馬である。

二人を送ったのは、下関海峡の前途を重く

見た幕府だ。

歴史本では、外国艦隊と長州藩との仲裁と調停に、勝海舟たちが派遣されたというふうに綴《つづ》られているが、実際には少々ニュアンスが違っている。

どだい神戸海軍操練所という下っ端の人間が、幕府の代表として戦争の調停に赴《おもむ》くなど唐突であり、外交儀礼からいってもみっともない話である。

正式に行うなら外国奉行あたりが妥当だ。しかも長州藩と外国との調停なら、江戸で完結する。長州藩には江戸屋敷があり、横浜には外国政府機関が並んでいるのだ。

したがって、勝と龍馬がわざわざ長崎まで足を運んだのは、それ以外の務《つと》めである。ずばり、探索だ。

幕府から見れば、あくまでも朝廷を重視する長州藩は危険な存在である。それにちょっかいを出すグラバーはじめ英国。いったいどうなっているか、という探索、諜報活動は欠かせない。その重要な任をおびていたのが勝と龍馬である。

勝と龍馬が所属した神戸海軍操練所。

幕府にとって、神戸海軍操練所には値打ちがあった。

作った目的は海軍力の育成だが、それは表向きであって、もう一つの裏の顔がある。諜報活動だ。戦艦の操縦技術を教わりながら外国人教官と親しくなって、さまざまな情報をかき集めるのである。

外国から技術を習う場所は、必ずといっていいほどはげしい諜報の要《かなめ》となっていた。

勝は、幕府の諜報畑を歩いてきた人物である。それも根っからの対外国諜報筋だ。プロとしての勝の目には、土佐藩の隠密、龍馬のなみなみならぬ素質が飛び込んできたのである。要領のいい勝は電光石火のごとく幕府側に取り込む。つまり龍馬はこの時点で、土佐藩の密偵でありながら幕府の隠密、すなわち二重スパイ、立派なダブルエージェントに躍り出たのである。

無節操な感じに受け取られるかもしれないが、それは先入観であって、封建社会では珍しいことではない。いや、現代でもそれに類する例はいくらでも見られる。ＣＩＡでありながら、ロシアのスパイ組織の一員であるというダブルエージェントなど、優秀でなければこなせない芸当だ。

ダブルエージェントには二種類の形がある。

一つは敵を欺《あざむ》き、完全に自分がスパイであるということを隠して、敵の組織に潜り込む場合と、もう一つは、公然とダブルエージェントだと公言するやり方だ。

スパイのくせにスパイを名乗る。周囲にスパイであることを宣言すれば、互いの組織が警戒するから、一見無価値のように思えるがそうではない。

スパイの実態を知りつつ間合いを計って活用すれば、用途範囲は意外に広いのである。

龍馬はそっちに近かった。度胸があって、柔軟でどこにでも踏み込んでゆく。人懐っこく、人を惹《ひ》きつけ、知略識見《しきけん》を頼れる逸材。どの藩にも属さず、そしてどの組織にも属しているというダブルエージェント。これ以上のはまり役はない。

しかし神戸海軍操練所は、幕府にとってもやはり爆弾だった。京都を探るために、わざわざ近くの神戸に作ったのが災いしたのである。

「池田屋事件」や「禁門の変」に関与している塾生が頻繁に出入りしていることから、幕府は彼らを内偵。出るわ出るわ倒幕派スパイたちが鈴なりに炙《あぶ》り出される。嫌疑充分と悟った幕府は、あっさりとトップの勝海舟を切り離した。稼働わずか数カ月の出来事だった。

神戸海軍操練所本体の完全閉鎖は、それから半年後だ。傑物の勝が龍馬を伴って長崎に現われたのは、操練所が閉鎖される少し前だが、すでに解任された後である。ただ解任されたのは操練所だけであって、もちろん幕府のスパイとしては不動だった。

グラバーとの出会いと龍馬密航説

勝は、ある人物の家にまっすぐ向かう。その家とは長崎海軍伝習所時代からの付き合いだから、かれこれ一〇年近くになる。

長崎海軍伝習所は、やはり幕府が一八五五年に開設した外国の海軍技術を学ぶ専門学校で、場所は出島と目と鼻の先にあった。

勝が訪ねた小曾根《こぞね》家は、そのすぐ近くにある。小曾根家というのは長崎の豪商で、出島を開発したのも小曾根家の先代というから、長崎では顔役だ。

勝は、小曾根を頼り長崎人脈を手繰った。龍馬を伴って、長崎の有力な人間を回りはじめたのである。

オールコック公使にも会っている。彼のラッセル外相宛の書簡には、そのときの勝の口上を、おおよそ次のように綴っている(一八六四年五月十四日付)。

「幕府には、長州藩を叩く計画があります。その前に、諸外国が長州を攻撃すれば、将軍はその機会を奪われるため、失望するはずです」

幕府は英国に、長州はうちが叩くから、そっちは手を引いてくれと頼んでいるのだ。

幕府の恐れは、一目瞭然だ。薩英戦争からの苦《にが》い教訓である。戦争の結果、両者はまるで目に見えぬなにかに引きずられるように、思いもかけぬ間柄になった。今ではグラバーの後押しで、軍備増強をはかっているではないか。油断はならない。長州までも同じ轍《てつ》を踏まれては恐怖である。

幕府が長州を攻撃し、下関海峡を解放するので、下がってもらいたい。

勝がオールコックに告げたのはそれだけだった。それ以上食い下がることもなく、お役ごめんとばかり領事館から外に出る。

オールコックの手紙からはそれしか読めない。しかし、勝はこの時を境に英国との接触回数ががぜん多くなる。この時がまさに勝、龍馬共に英国に身を寄せた瞬間ではなかったか、と思うのは邪推であろうか。

あとはひたすら狭い長崎の探索に走った。

勝が龍馬と向かった先は、グラバー邸である。

おおかたの史料によれば、龍馬とグラバーのファースト・コンタクトは、翌一八六五年ということになっている。しかし、そうではない。

接触はこの時、一八六四年二月だ。龍馬がはじめて訪れた長崎。その狭い長崎に約四〇日間も腰を落ち着けているのである。夜ごと花街にくり出せば、数軒しかない茶屋で、いやでも顔をつき合わせることになるだろうが、その前に勝と龍馬の任務は、長州藩と外国、とりわけイギリスの動静を探ることである。ならば、江戸にまで名前が轟《とどろ》き渡っている豪商グラバーを逃すわけはない。

この時グラバー二八歳、龍馬三一歳である。

グラバーが腹を探るように龍馬を眺める。頭は柔らかいが、踵《かかと》はずしりと地についている。

――この男が土佐藩の龍馬か……――

翳《かげ》りのない笑顔。エージェントとして、龍馬を組み込んではどうかという勘が働く。

――薩摩の五代、土佐と幕府の二股をかける龍馬……上手《うま》くいくかもしれん――

一方の龍馬も眩《まぶ》しそうにグラバーを見返す。

間近に見る初めてのイギリス人。背後に見知らぬ世界が口を開けている。

龍馬の器《うつわ》は広い。これまでも他人の考えを次々と受けいれている。江戸に出て、武市半平太と親しく交わり、それまでの攘夷一辺倒だった思想に勤皇思想が加わる。それから勝海舟だ。彼に目をかけられ外国への意識が広がる。

今回も衝撃は大きかった。

その衝撃が反映してなのか、龍馬の動きがその年の八月末あたりからつかめなくなる。

史料によると十一月（旧暦）にぽつりと一度姿を現わすだけだ。かつて一緒に土佐から脱藩した沢村惣之丞と「江戸に潜伏し、外国船で密航計画を企てた」という形跡だけを残して、また、消息を絶つのである。

次に現われたのは、それから約半年後の翌年四月五日（旧暦）、京都の薩摩藩吉井幸輔《よしいこうすけ》邸である。吉井は、幕末の志士としての知名度は低いが、怖ろしいほどの重要人物だ。彼はまさに英国工作員として、維新をし損じることなく駆け抜けるのだが、それはさておき、この二つに割れた空白の月日。つまり前半の三カ月、後半の六カ月が、「龍馬密航説」を呼ぶのである。

上海に行っていた。いや密航先はイギリスだという話は、地元高知にも伝わっているが、下関市立長府《ちょうふ》博物館にある「旧臣列伝」の福原和勝《ふくはらかずかつ》履歴には次のような記述がある。

「同年（慶応三年）某月、藩主の密旨を承《う》け、土佐坂本龍馬と倶《とも》に清国上海に航し外国の情況を探討す」

福原和勝というのは、長州藩の支藩、今で言うなら子会社みたいなものであるが、その長府藩（五万石）の武士だ。しかし、慶応三年というのは、一八六七年であり、消息不明の一八六四年八月から翌年四月の空白期とは別件を指している。

ということは、先の密航説を合わせると龍馬は少なくとも二度、海外へ渡っている可能性がある。

上海に行くチャンスはいくらでもあった。はじめてグラバーと会ったときに、グラバー

長崎からは江戸よりも上海のほうが近い

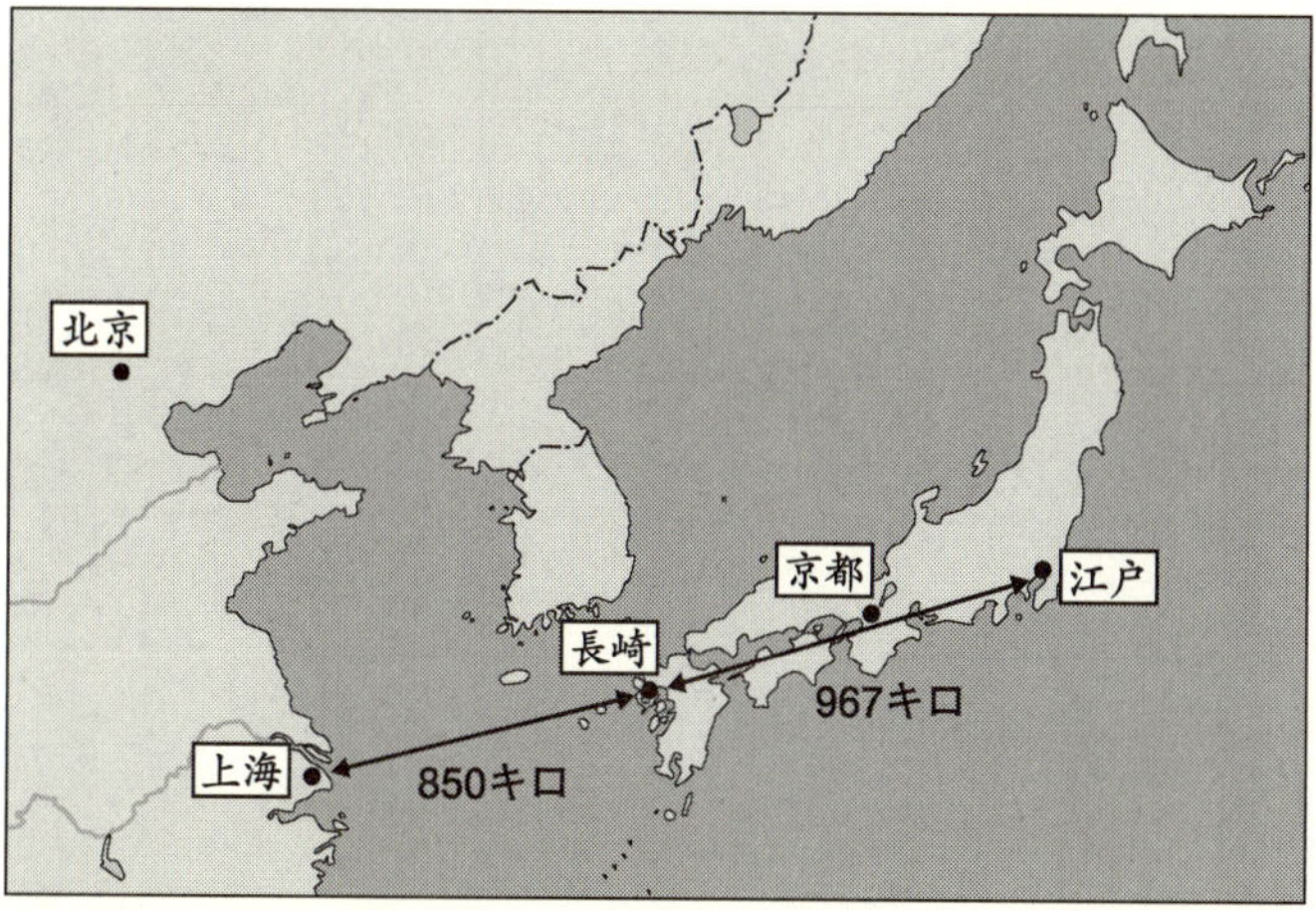

長崎←→上海間は、直線距離にして長崎←→江戸間より120キロも短い。龍馬が上海へ密航するチャンスはいくらでもあった。

が上海に誘い込んだとしてもおかしくはない。

こう述べると、そういった証拠の史料はないから、龍馬の密航はデッチあげだと、どうしても認めない歴史家がいる。それは洞察力の欠如から来るのだが、地図に目を落としていただきたい。

長崎は、江戸より上海の方が近い距離で、四日もあれば着く。

グラバーたちが頻繁に、上海、江戸を行き来していることを考えれば、龍馬の上海密航などわけのない話で、好奇心が強く探索を礎《いしずえ》としている龍馬が行かなかった、という方がむしろ不自然だ。

イギリス、上海、どこに行ったにせよ、グラバーと会ったあたりから、龍馬は田舎侍から脱却し、行動にはあきらかな変化が現われている。なんらかの力が胆《はら》の底に宿ったような、自信のみなぎり方である。なにが肥やしになったのか。過去に生きず、常に目は未来を見据え、まめに動きはじめる。

そして、柔らかな薩長連合が根付き始めてきたのもこのころである。それは、とりもなおさずグラバーの采配《さいはい》、五代の路線である。


話を薩摩藩に戻そう。

攘夷一本やりでは藩はもたない。貿易で富を増やし、軍備を増強させなければ、なにごともはじまらないという意見が勢いを増していた。はげしい主導権争いの末、首尾よく開国派の筆頭に躍り出たのは、やはりグラバーとつながりを持つ家老小松帯刀だった。小松は後に、坂本龍馬たちが作った商社「亀山社中《かめやましゃちゅう》」のスポンサーの一人になるくらいの器量の持ち主だが、その詳しい話は後に譲る。

小松の使いがグラバー邸に走る。そこに潜《ひそ》む五代に貿易再開を命じている。

もちろんグラバーたちの水面下での根回しが利いているのだが、ここから五代は非凡な才能を見せつける。

いよいよ行動開始だ。五代は、小松と図って即座に「富国強兵」の意見書を藩に上申したのである。

五代の謝罪から上申書ははじまっている。捕虜になったあげく、亡命と誤解されるような行動をとったことに、深く頭を下げてみせたのである。欺《あざむ》くようなこの書き出しも、藩内の空気を読んだ小松の指導だと読むのが妥当だ。

それからおもむろに、攘夷は馬鹿げていて無益だと説く。薩英戦争は文明技術を重視しろ、という「天幸」だったと指摘し、その上で、富国のための貿易論を展開するのだ。貿易論は驚くほど多くの数字で裏付けられている。そのデータは言うまでもなくグラバーが提供したものだ。

上申書は夏前に提出され、小松一派はグラバーから預かった潤沢な資金をも活用して藩主とその周辺を動かし、とうとう五代は帰藩を許されるのである。

グラバー、小松、五代の連係プレイの勝利だが、薩英戦争からほぼ一年が過ぎていた。

伊藤博文、イギリスで長州戦争を知る

英、仏、米、オランダの四カ国が長州を討つべく協議を重ねているころ、ロンドンでは日本の若者が、長州藩外国船砲撃を伝える新聞を食い入るように見入っていた。

密航した五人の長州藩士である。

伊藤博文（二二歳）井上馨（二八歳）山尾庸三《やまおようぞう》（二六歳）井上勝《いのうえまさる》（二〇歳）遠藤謹助《えんどうきんすけ》（二七歳）。

そのうち博文と井上馨だけは、その記事によって留学を切り上げる。二名の若者は、殊勝《しゅしょう》にも自藩を思い、無益な戦争を止めさせるために、あわてて帰国するのである。

両人は国元に戻り、戦争中止に奔走したが、結局失敗し、とうとう英米仏蘭の四カ国が下関を砲撃する。――というのが歴史の定説になっている。

だが、このストーリーも眉唾《まゆつば》ものだ。

それを語るには、伊藤博文という人物にスポットを当てなければならない。

――伊藤博文――

旧一千円札の顔として、万人が知っているにもかかわらず、坂本龍馬、西郷隆盛、高杉晋作にくらべ、影が薄い。なにをしていたのかすら、よく分かっていないし、日本の初代総理大臣だというと驚く人も多い。

博文はむしろ韓国の方で有名だ。ハルピンで韓国人が暗殺したからだ。暗殺者、安重根《あんじゅうこん》は一躍韓国の英雄になり、博文は日本による植民地支配の象徴になっている。

そう、博文は植民地支配の象徴となるほど、大物政治家として明治の政界に君臨していたのである。

三菱の創始者、岩崎弥太郎《いわさきやたろう》に深く肩入れし、「三菱の伊藤」とまで称され、また生涯を通じて、グラバーとも深くかかわっている。

伊藤博文は、龍馬より遅れること六年、一八四一年農民の子として周防《すおう》に生まれた。今の山口県内である。一一歳のときに寺に預けられ、侍の子、高杉晋作といっしょによく遊んだ。

博文が農民を脱したのは一四歳の時だ。伊藤家の養子になり、軽卒《けいそつ》という身分になる。軽卒というのは足軽だ。ようは龍馬と同じで農民ではないが武士でもない、という半端な階級だが、一応農民ではなくなったのである。

一七歳で松下村塾《しょうかそんじゅく》に入門。塾で習ったのは、いわゆる読み書きそろばんではあるものの、注目すべき点は情報の大切さを叩き込まれたことである。

この塾には「飛耳長目《ひじちょうもく》」というノートがあった。「飛耳長目」とは「耳を飛ばし、視線を延《の》ばす」という意味だが、その帳面には江戸や京都を行き来している藩士や商人たちの口伝《くでん》が記録されており、ちょっとした新聞のようなものである。

松下村塾の塾長は、かの吉田松陰《よしだしょういん》だ。

松陰は実に好奇心旺盛な人物で、関東、関西、東北を歩き回るだけでは飽き足らず、どうしても外国を自分の目で見たいと、自ら密航を企てる。

ロシア行きを企てて失敗。アメリカに密航しようとして失敗。彼のエキセントリックな行動は収まらず、自藩の家老の暗殺を、こともあろうに塾生に呼びかけて捕まるのである。情けないのは、そのことを塾生たちにたしなめられていることで、どちらが先生か分からない。

吉田松陰の功績は、わずか二年と数カ月の松下村塾に凝縮されている。それ以外の計画はことごとく失敗に終わっており、最後は江戸幕府の手によって打ち首になる。

しかし松陰の「情報こそ命」であるという考えは、塾生に深く根ざすことになった。久坂玄端、高杉晋作、品川弥二郎《しながわやじろう》、桂小五郎、山形有朋《やまがたありとも》、伊藤博文、みな塾生だがいずれも幕末で名を上げる面々である。

「飛耳長目」は単に、ノートにとどまらない。探索活動も「飛耳長目」のうちだった。探索活動は現代の通信員、特派員のような仕事も含むが、やはり秘密に近づく完全なスパイ行為も決まりごととしてある。

松下村塾を乱暴に言ってしまえば、長州藩の特務機関員養成学校と考えていい。出身者の多くは名を上げている。それは吉田松陰の思想を身に付けたから出世したというより、諜報部員として重要な秘密に接していたので、高いポジションを得たと言うことに他ならない。

諜報機関、謀略機関というのは妄想でも御伽噺《おとぎばなし》でもない。幕府や諸藩は互いに牽制し合っている。正体不明の斬り合いは日常だった。安易な正規戦が封じられている以上「影の部隊」に頼らざるをえなかったのである。

虚飾なく言えば、倒幕劇の主役は隠密組織であり、幕末くらい、闇の力を振るい合った歴史はない。

長州藩を例にとっても、秘密組織は藩主でも正確に把握できないほど強烈に存在した。幕府を探る幕府探索組、朝廷探索、外国探索、薩摩藩探索、土佐藩探索、会津藩探索、江戸探索、京都探索、長崎探索、大坂探索。

これ以外にも長州の支藩である清末《きよすえ》、長府、徳山《とくやま》、岩国《いわくに》の四藩に対するスパイ活動はもとより、自藩内部を監視する組織など、隠密網は縦横無尽に張り巡らされ、情報公開を基本とする我々現代人からは想像がつかないほどの世の中だった。

しかもこうした隠密組は、一枚岩ではない。

自分独自で「影の組」を抱えている家老もおり、また彼らは互いにしのぎを削っていたのである。

その結果、上部支配筋が失脚すれば組は解散、使い捨てとなるのが普通だが、秘密を持ったまま逃亡、あるいは他の組に鞍替《くらが》えするなど、統制に乱れが生じるのは日常のことである。ここから理不尽な粛清《しゆくせい》や切腹が頻発、武士はますます口を固く閉ざすようになる。加えて、幕府側から放たれる隠密や、他藩からの影の組織が交錯し、その全貌はだれもが把握できるものではなかった。

一八五八年七月二十六日（旧暦）、長州藩は博文以下六名に「飛耳長目」の役目を与え、京都に飛ばす。

六名はいずれも軽卒である。もうお気づきだと思うが、スパイに選ばれるのは最下層の俄《にわ》か侍《ざむらい》たちだ。思い返して欲しい。龍馬も同じ出である。

これには理由がある。前にも言ったが、彼らは自分の命を盾《たて》として不都合、不調法をなんなくやってのけ、仮に敵に捕まった場合でも、捨て駒になる。

しかし、同時にこれは藩としても危険な賭けでもあった。

最下層の武士は、日頃から犬のように虐《しいた》げられているため、潜在的に武家社会にわだかまりを持っている。体制に疑問を持てば、新しい考えが心に芽吹き、そこに希望を見出すのは当たり前である。ようは改革思想に染まりやすいのだ。特に外国探索に従事するものは目覚めやすい。

海舟、龍馬、五代、博文、井上馨。彼らの氏素姓《うじすじよう》はいずれも下方の出であり、外国と密に接している。保守派が危惧したように、彼らはいち早く開国派に身を転じ、倒幕の旗手になっていったのである。

吉田松陰が「スパイ」たちに飛ばした「檄」

もう一つ、藩にとって危険なことがある。

命令系統の乱れだ。隠密は藩の上層部、家老クラスの意思決定によって組織するのが通常である。しかし影の組織を束ねる家老が直接、下層階級である諜報部員の前に姿を現わすことはない。安全をはかるため、家老自身は深く身を隠して、仲立ちを入れるのである。

しかし、情勢がいよいよ切迫してくると、より正確な感触をつかみたいと欲するあまり、家老がじきじき隠密を呼びつけることになる。指図のために、いちいち人を介していては即応できないのと、伝言ゲームによる誤謬《ごびゅう》を省《はぶ》くためだ。

この時、足軽のような諜報部員が、一足飛びに家老と接点を持ってしまうのである。

これは藩の秩序が荒廃する兆候だ。

諜報部員は選りすぐりの人物である。能力のあるものが藩の秘密を握り、最新の情報を握り、そのうえ外国勢力と組んで豊富な工作資金まで持ってしまえば、たとえ家老とあろうとも、懐柔はさほど困難ではない。それが、藩の意思決定を狂わせる結果になる。

また隠密が家老の名を騙《かた》って陰謀を働けば、硬直した組織は意外にもろく、藩は混乱におちいる。

下級の隠密が権力を握って、藩の秩序が崩壊してしまう構図である。

五代が家老小松帯刀と直結して、薩摩藩をゆさぶったのはそのいい例だ。五代が藩に復帰し、貿易を一手に掌握したのも、五代が優秀な諜報部員であり、グラバーという大金庫を持って家老、小松帯刀を取り込んだからである。

そういう点で、博文も似かよっている。

軽卒という身分でありながら、次第に力を持ち始めてゆくのである。

「行け六人、まさに飛耳長目が、長州藩から命じられた君たちへの任務だ。君たちそれぞれが、その耳を飛ばし、その目を長くし、ことの軽重にかかわらず、意気盛んにして、情報を集め、報告するのだ。今こそ、皆の実力がどんなものであるか、藩に示すときだ」

(『六人の者を送る序』)

諜報部員になった伊藤以下五名に、こう奮い立つ檄を飛ばしたのは吉田松陰である。

三カ月後、博文は栗原良蔵《くりはらりようぞう》の手付けとして長崎に行く。手付けというのは、秘書をかねた身の回りの世話係のようなものである。新米《しんまい》隠密の登場だ。長崎行きは、良蔵が長崎海軍伝習所で訓練を受けることになったからだが、博文はここで運命的な人物と会う。幕府に所属する外国探索のプロ、勝海舟。二人の出会いは、後々しっかりと生きてくる。海軍伝習所の生徒は全国の藩から集まった精鋭約二〇名。狭い世界である。情報収集などわけはなかった。かつての収集場所は名門道場だったが、時代はこの一、二年ですっかり様変わりし、今は西洋技術を教えるところが巣になっている。

博文は良蔵の付き人兼スパイとして、身を入れて長崎での探索を続ける。その情報を持って、藩主毛利敬親《もうりたかちか》が構える国元、萩《はぎ》に向かう。長崎から小倉《こくら》までの二二四キロ、長崎街道をひた走りに何度も往復した。博文自身が飛脚をこなしたのである。

幕府は、そんな長崎海軍伝習所に疑いを深めた。やはりまずかった。幕府の足場を固めるために設立した伝習所が、反幕府系スパイの巣窟となっている。それは必ずや倒幕の一翼を担う勢力になってくる。そう危惧し、神戸海軍操練所同様ただちに廃止措置に出た。

公使館焼き討ち犯が英国密航した謎

この時はまだ、博文とグラバーとの接点はない。グラバーが日本に姿を現わすのは一八五九年の九月だが、博文は入れ違うようにして長崎を出て、すでに桂小五郎の手付けとして、今度は江戸に赴いていたのである。

桂小五郎は栗原良蔵の義兄だ。その縁で博文を手付けにしたのだが、小五郎と博文もまた竹馬《ちくば》の友、松下村塾でも顔を合わせている。長州約一万人の藩士の中で、三人は気心の通い合う身内のようなものだった。

江戸に入った桂小五郎と博文は、長州藩桜田藩邸を拠点にして、命がけの諜報活動を開始した。

八歳年下の博文は存分に力を振るった。桂はそんな博文を弟のように可愛がり、二人の息の合った江戸での活動は、四年の長きにわたっている。

突然奇妙なことが起こった。

一八六三年一月三十一日（旧暦一八六二年十二月十二日）、博文は高杉晋作などと一緒に攘夷血盟団に参加して、御殿山イギリス公使館に火をかけるのである。

なぜ奇妙かと言うと、博文は小五郎の手付けである。小五郎は江戸で開国思想に目覚め、すでにその指導的地位にいて、薩摩藩の五代たちと密かに交わっているのだ。開国派スパイ組織に身をおきながら「ジョーイ！」を叫び、攘夷血盟団に参加した博文の行動は、辻褄が合わない。

この放火には、英国密航組のメンバー井上馨も参加しているというから、いよいよおかしい。

放火事件が功を奏したのかどうかは知らないが、博文は藩から士雇《さむらいやとい》という身分が与えられ、晴れて武士の身分に引き立てられている。しかし、その背景には匂うものがある。

それからわずかに四カ月後、長州が藩を上げて攘夷を決行しようとするまさにその直前の六月二十七日（旧暦五月十二日）、博文は攘夷を踏みつけ、敵国イギリスに密航するのである。

開国派小五郎の手付け↓英国公使館放火↓そして英国密航。

この言葉を失うような豹変ぶりは、なにを意味するのか？

博文と井上馨は、目覚めたのだと一般には理解されている。なにに目覚めたのかというと、放火後、軍備の増強なしでは攘夷などおぼつかないということに気づき、だからイギリスに行って、勉強するのだと。

だがこの説は馴染めない。博文は田舎侍ではない。外国の威力など、長崎伝習所でたっぷりと味わっている男なのだ。だいたい放火のあと、軍備増強に目覚めるなど意味不明で笑止千万、まことに理屈に合わない。

さらに、小五郎の下で開国派スパイとして江戸で存分に働いている者が、英国公使館を攘夷放火をするというのも、分別を欠きすぎていて、納得がいかない。

もう一つ視点を変えて加えるなら、藩の軍備拡張と密航とはつながらない。

英国に若者が行ったからといって軍備強化とどういう関係があるのか？　軍艦を買う、あるいは武器を買うのは日本サイドの仕事であって、グラバーをはじめとする在日英国商社がなにからなにまで仕切っているのだ。

では、なにを企《たくら》んで博文は密留学に及んだのか？

その謎を解きほぐすためには、密航がどう計画されたのかをなぞってみる必要がある。そこになにかが見えるはずである。

ある本によると、密航はイギリスの技術を学ばせるために、長州藩が密かに立案したと書かれている。

最初のメンバーは山尾庸三、井上馨、井上勝の三人だったが、のちに遠藤謹助が追加され、続いて井上馨から密航の話を聞いた博文が、藩の追加承諾をもらわずに勝手に乗り込んだというストーリーである。

留学申し込みのため、英国公使館を訪れる。そこで紹介された商社、ジャーディン・マセソン商会に足を向ける。

留学費用を聞いて、一行は愕然とする。

一人一〇〇〇両。今の金額にして約一億円というべらぼうな費用だ。商社がふっかけたか、それとも密航予定者の誰かが、世間を偽ったのかは分からないが、見当もつかない額である。それに対して藩が支給したと言われているのは一人たった二〇〇両で、ぜんぜん足りない。

その差額は、博文が工面したのだという。

一口に工面と言っても四〇〇〇両、現在の金額にして約四億円である。

言い伝えでは、博文が預かっていたという西洋式銃購入資金の一万両を元に、複数の長州藩出入りの商人から金を借りたということになっている。

こう語ると、なにごともなく見える。しかし、その挙動に不審さはないだろうか。

よく考えれば、おかしな点ばかりだ。

たとえば、博文の預かっていた西洋式銃代金の一万両だ。今の金額にして、約一〇億円という巨額。それほどの現金を、まだ実績の乏しい弱冠二二歳の博文に預けるだろうか？

それに密航費用を誰に払ったのかというと、横浜の英国商社である。ところが博文は、わざわざ煩雑な手続きを踏んでいる。

長州藩の御用商人に「一万両」を分散して担保として預け入れ、彼らから金をかき集めて商社に支払ったというのである。

なぜ、直接ジャーディン・マセソン商会に支払わなかったのか？　その方が手っ取り早い。

なんとも複雑怪奇な手続きを踏んでいるが、これが伝えられている留学への流れである。だが、この話の裏には画策が匂う。

長州攻撃を引き起こすための謀略か

複雑さは、ストーリーに誰かが手を加えた証である。

手を加えずに、こう考えればすっきりするはずだ。

まず博文の攘夷は本物でない。

理由は、四年間もの間、開国派の頭目、小五郎の片腕として江戸で諜報任務についていたという点だ。いわば筋金入りの開国派が「ジョーイ！」と叫んで、英国公使館に火をつけるだろうか。ありえない話だ。

注目するのは、当時密かに流れていた陰謀説だ。かいつまんで言うと、こういうことである。

長州はまだ攘夷派が藩を握っている。そこで英国公使館に放火を仕掛ければどういう展開になるか？

英国が怒って報復に動く。英国艦隊が長州を攻撃すれば、攘夷派は壊滅の危機に陥《おちい》る。だから開国派が、それを狙って放火したのだというのである。

それにひきかえ、高杉の放火はあきらかに本物だ。博文と井上馨は高杉を騙して、火をつけたという筋書きである。これは追加があって、イギリス情報部と結託して、実行に移されたのだという。

英国と長州開国派、両者の狙いは合致している。実際効果は充分にあったのだ。強硬派のニール代理公使は、この事件でなに憚《はばか》ることなく、長州藩に対する懲罰的攻撃を本国に具申しているのだ。

戦争を起こすための謀略的挑発は歴史上腐るほどあるが、それを彷彿とさせる話ではある。

ともあれ博文は根っからのスパイだ。このころから、すでに建前と目的をたくみに使い分ける術《すべ》に長《た》けた男だった。

博文は開国派から攘夷派を探るために急進的攘夷派リーダー、高杉晋作のもとに送り込まれたと考えても見当違いではあるまい。あるいは、博文自身が竹馬の友、高杉晋作をゆくゆくは開国派に変えるべく傍《かたわ》らに張り付いていたという見方もある。おそらく、その両方であったのだろう。そうでなければ、博文のちぐはぐな行動の説明がつかない。

話を整えると、博文は江戸の四年間で、すっかり小五郎に心服し、開国派になりきっていた。

脆弱《ぜいじゃく》ながら開国派は上手く立ち回っている。開国派の主張は尊皇攘夷ならぬ、尊皇開国なのだが、尊皇を前面に押し出すことによって開国色を薄めるという、いわば尊皇攘夷の衣をまとって動き回っていたのである。

開国派のもう一つのスローガンは軍事力強化だ。攘夷派にしろ公武合体派にしろ、軍事力の増強に異論はない。藩の統一見解である。ならば、外国人憎しの思いは断ち切って、いやでも外国との取引が欠かせない。そのためには外国との太いパイプを持った我々開国派がいなければなにもはじまらないと、自分たちを高く売り込み、たくみに泳いでいたのである。

開国派には実績がある。約一年前の一八六二年の十月十六日（旧暦八月二十三日）、長州藩は機動力を高めるために横浜に到着したばかりのランスフィールド号をジャーディン・マセソン商会から買っているのだ。もちろんそれにはグラバーが絡んでいる。

こうした大仕事をした経験のある人なら分かるはずだが、仕事は大きければ大きいほど、売る方と買う方で親密な関係ができ上がる。

英国の国策会社のようなジャーディン・マセソンと長州開国派。だからこそ、五人の密航のお膳立ては、なにからなにまで横浜ジャーディン・マセソン商会が取り仕切ったのである。

総合的に考えても、巷間言われているように山尾、井上馨、井上勝の三人が藩に留学を願い出て、四月十八日（旧暦）に藩主から海外渡航の内諾が降りたというのは、理屈に合わない。

だいたい藩はそんな情況にはない。攘夷を朝廷に誓い、その決行目前にして藩全体がいきり立っている時期である。なにを好きこのんで留学など許可するだろうか。下っ端の俄《にわ》か侍が正面から密留学を願い出たとしたら、おそらく藩主の目に触れる前に、唐竹《からたけ》割りに切り裂かれるのがおちである。

その伝でゆくと、それを聞いた博文と遠藤が藩に留学歎願書を提出したまま、返事をまたずに日本を離れた、というのも同様にやぶれかぶれで臭い話だし、西洋式銃を買い付けるための「一万両」の話も重ねて奇妙である。単に、博文が若造だからというだけではない。情況を考えて欲しい。

西洋式銃の仕入れ先は、イギリス以外に考えられないのだ。すると博文はイギリス公使館に放火をしながら、もう一方では大金を持ってイギリスに接近していた、というめちゃくちゃなことになる。

そこで「一万両」というのは捏造《ねつぞう》だ、という憶測が成り立つ。

すなわち、こういうことである。

開国派は、密航を計画した。その資金は当然グラバーに頼んだ。もとよりグラバーに異論はない。というより、グラバーからもちかけたのではないだろうか。

留学費用などたかが知れている。伊藤と井上が長州のエージェントになり、船を一隻買ってくれるだけで、元は充分すぎるほど取れるのである。ビジネスマンとして、まったく見合う投資である。

そうは言っても博文たちから見れば、藩は命がけで攘夷戦を仕掛けている最中だ。夷敵《いてき》である英国人から密航費用を出してもらったなどという裏切り行為は、死んでも口にはできない。

そこで、その資金は藩の機密費、鉄砲購入資金を担保にあてた、という偽りごとで押し通すほかはない。

複数の出入り商人から、金を分散して集めた、というところに証拠をかき消す工夫がある。一箇所からまとめて借りれば、それは誰だとなって、簡単に暴かれるからである。

しかし、この偽証は稚拙だ。博文が一万両を担保しようが、多額の金策に走り回れば藩に筒抜けになって、博文はただちに捕まるはずで、事実はそうなっていないわけだから、すなわち金策などという行為にはおよんでいない証拠である。

ロンドンに留学した「長州ファイブ」たち

後列左・遠藤謹助、中央・井上勝、後列右・伊藤博文、前列左・井上馨、前列右・山尾庸三。この留学組は維新後、全員が政財界の要職についた。

まったくお粗末な作り話なのだが、それが罷《まか》り通った。幸いなことに、幕末、明治と藩は上を下への大騒ぎである。そのどさくさにまぎれての隠蔽《いんぺい》は、明治の大物、小五郎と博文にかかれば簡単なことだった。

混迷の世が、すべてを塗り込めたのである。

造幣局のために来日したフリーメーソン

ロンドンで彼らを出迎えたのはジャーディン・マセソン商会の責任者である。向かった先は、ユニバーシティ・カレッジ・ロンドン（UCL）。そこで待っていたのはウィリアム・ウィリアムソン教授である。

五人は教授宅で荷を解き、学生登録を済ませ、学校に通い始める。教授は日常会話、テーブル・マナー、洋服の着方、靴の履き方、西洋の暮らしを懇切丁寧に一つ一つ教え込んだ。

彼らは大学に通い、ロンドン中を見て歩く。目が合えば笑顔が返ってくる。めったに笑わない武士のたしなみとは、いったいなんだったのか？　永遠に打ち破ることのできない武家社会の階層とは、いったいなんなのか？「ソンノージョーイ」というお題目はいったいなんだったのか？　共に感じ、考えた。

「長州ファイブ」。五人は、親しみを込めてこう呼ばれた。

一八六四年、一月二十二日、当時世界一の銀行とうたわれたイングランド銀行に、五人は訪れたという署名を残す。

それから六年後の一八七〇年、明治になって大阪の造幣局が動き始める。造幣印刷機はイギリス製だが、それを香港から買い付けたのはグラバーだ。グラバーの素早い動きには舌を巻くが、印刷機と一緒に連れてきたのは香港造幣局長、ウィリアム・キンダー。彼は指導のために大阪造幣局に造幣首長として赴任し、滞在は八年だが、れっきとしたフリーメーソンである。

初代造幣局長は井上馨だ。続いてバトンは井上勝に渡され、そして伊藤博文、遠藤謹輔と続き、なんと造幣局長の四名までは「長州ファイブ」で占められたのである。当時の造幣局というのは、今とは違って、旧大蔵省に近い機能を持っている。

いうなれば明治の大蔵省は、フリーメーソンであるキンダーの指導の下《もと》、密航組のたらい回しからはじまっていたのだ。

井上勝は造幣局の後、鉄道の父と呼ばれるほど鉄道事業に打ち込む。イギリスで見た、あの蒸気機関車が忘れられなかったのだ。一八七一年、鉄道事業のトップ、鉄道頭《のかみ》に就任し、翌年、新橋―横浜間で日本人による日本初の汽車を走らせ、鉄道局長官の椅子に座る。局長（長官）という肩書は、現在の局長とはまったく異なる。鉄道大臣だ。いや、車のない時代は鉄道がすべてであるから、旧運輸大臣に近いかもしれない。それがまた、密留学帰りなのである。

岩手県に「小岩井《こいわい》農場」がある。

この会社は、日本鉄道会社社長の小野義貞、三菱の創始者岩崎弥太郎、そして鉄道局長官、井上勝が一八八八年、共同で設立した会社だが、名前の「小岩井」は三人の頭文字からとったものだ。

当初は農業主体だった。上手くいかなかったので、八年後にやむなく酪農に転向。ここでもまたグラバーが登場する。

岩崎弥太郎がグラバーに相談を持ちかけ、彼のアドバイスで酪農事業に切り替えたのである。となれば「小岩井牛乳」の産みの親は、グラバーということになる。ちなみに、キリンビールもグラバーが作ったものだ。

山尾庸三の帰国は一番遅かった。

山尾が長州ファイブでただ一人、造幣局長にならなかったのは、他にしたいことがあったからだ。造船である。

そのため、最後までロンドンに残った。滞在が延びたせいで、すっかり経済的に逼迫《ひっぱく》。

その時、幸運にも、ロンドンに現われた日本人と遭遇する。驚くなかれ半年遅れて入ってきた薩摩藩士一行である。その中には五代も混じっていた。実直な山尾は、自分の経済的窮状を彼らに訴える。五代たちはそれを聞いて、仲間内でカンパを募り、山尾をスコットランドの造船都市、グラスゴーに無事送り出すのである。なんともほほえましい光景だ。

当時、京都で激しく斬り合っていた薩摩と長州だが、ロンドンには互いの心を溶かす力が宿っていた。ふと新撰組の近藤勇が、ロンドンに来ていたらどうなっていただろうかと思う時がある。新撰組にとっては目の毒だろうが、案外、髪を落とし、刀を置き、ガーデニングとボランティアに精を出す。そんな好青年になっていたのではないだろうか？　パブでラガーを舐《な》める近藤勇。ヨーロッパの空気には、それくらいの魔力がある。

薩摩の学生みんなが、長州の山尾を助けた。坂本龍馬が取り持ったという薩長連合は、それから二年後のことになる。

山尾の留学は五年の長きにわたった。

一八六八年（明治元年）に帰国。山尾はまっすぐ横須賀の造船修理ドック建造に奔走し、七一年には現在の東京大学工学部を創立した。

明治政府工業のトップ、工部卿《こうぶきょう》となった山尾の夢は、岩崎弥太郎率いる三菱造船所に形を変えて実現していくのである。

緊急帰国の真相

時計の針を少し戻す。

伊藤博文と井上馨は、一八六四年七月十三日、他の三人を残してあわててロンドンより帰国。密航留学を半年で切り上げたかっこうである。

長州藩が外国を敵に回し、緊迫していたからだ。

後に博文が語っている。

「これは打ち捨て置くと、どうしても国を滅ぼす。帰って攘夷論をひっくりかえそうと井上も同意した」

また、井上馨もこう述べている。

「我々が外国へ来て、海軍の学術を研究しても、自分の国が滅びたらどこでその海軍の学術を応用できようか。この際帰国して、政府の役人らにも会い、攘夷の方針を転じて尊王開国の方針をとらせようではないかというと、伊藤も同意したので、あとの三人を残して伊藤と私が帰ることになった」

卑《いや》しい身分で藩の戦争を止めようというのだから、威勢のいいことである。しかし、これもよく読めば不思議なことに気が付く。二人そろって帰国の発案は自分だと言い、相手はそれに同意しただけだと述べているのだ。

なぜ、違う証言になったのか？

この発言は明治になってからのものだから、帰国は自分が言い出したことだと、自慢したかったのかもしれないが、それにしても、すんなりと胸に降りてこない。二人は藩のことを思って、帰国を決断したと口をそろえていることが、どうにも芝居がかっているのだ。

なぜそういう食い違いが出てきたかというと、口裏合わせが杜撰《ずさん》だったからにすぎない。

「自藩の危機を救うために、帰国したことにしよう」

細工がそれだけだったために、齟齬《そご》を生じたのである。

さて、もう一度密航の前夜に戻ってみる。

その時期、藩は浮沈をかけた戦仕度《いくさじたく》の最中である。もし、博文たちにとって自藩がそれほど心配なら、国元に踏みとどまって仲間と一緒に戦列に加われば済むはずだ。にもかかわらず、二人は戦《いくさ》に背を向け、イギリスに逃亡したのである。

ならば、いまさら里心が芽生えたわけでもあるまい。

開国派諜報部員になり切っている博文にとっては、邪《よこしま》に考えれば、むしろ長州が外国との戦に負けた方が、好都合ではないか。ぼろぼろになって一切が無になれば千載一遇のチャンス到来、英国の後押しで、帰国後いいポジションにありつけるはずである。本来なら、ロンドンで人脈でも広げながら、じっくりと事態の収束を待つゆとりを持つべきである。

だが帰国して、戦争を止めたいと切《せつ》に思ったというのだ。

こういう立場におかれた場合、普通の心理はこうだ。

まず、帰国して自分たちの身は安泰かと考える。すでに密航の噂は広がっているだろうから、敵は、藩を牛耳っている攘夷派グループだけではない。幕府の公儀隠密に見つかれば、密航は切腹、打ち首の対象である。しつこく網を張っている密偵の鼻を明かすのは容易ではない。

頼りの開国派ボス、桂小五郎は、圧倒的な攘夷勢力に追い立てられて、逃げ隠れしており居場所をつかめる保証すらない。いや、それどころか、博文たちが帰国後捕まったとしても、開国派は自派の温存を図るために、見て見ぬふりで逃れるかもしれないのだ。

危険は想像を絶する。その覚悟はあるのか？

そしてかりに国元の「萩」までようやくたどり着いたとする。しかし、博文と井上になにができるのか。一万人近い藩士たちの怒濤の動きを、下っ端の若造がどうこうしたところで、勝てるはずはない。

戦争中止という僭越《せんえつ》きわまりない藩の説得はおろか、攘夷一色の上層部に接触した時点で、なれなれしいと即刻斬られかねない。現実味に欠けている。

ならば命を揺るがすほどの帰国に、値打ちはあるのかと考える。

二人は、武士の社会がいかに過酷で非情であるか充分に知っている。帰国は正気の沙汰でない。二二歳の博文、二八歳の井上馨は、夜も眠られないほど不安なはずである。

しかし、二人は帰国を断行した。そして、なぜ二人だけだったのか？

なにが両人の心を突き動かしたのか。

いや、そうではない。帰らざるを得ないところへ、がっちりと組み込まれていたのだ。

この期《ご》におよんで、じたばたなどとてもできない圧倒的な力。

それは幕末の秘密の核心に迫る、鎖の輪だ。闇の組織が彼ら二人に、是が非でも日本に帰ってもらいたいと命じたのである。

二人は、無言で船に乗った。なにが待ち受けているのか、恐ろしかった。これから三カ月と少し。轟々《ごうごう》と鳴る波の音だけが、不気味に四方の闇を満たしていた。

第7章

革命前夜《グラバー・スキーム》

グラバーは伊藤を待っていた

一八六四年六月、留学先から密かに呼び戻された伊藤博文、井上馨の両人は、ただちに横浜にいた長崎代理領事のガウァーとの面会という運びになる。

歴史本によっては、横浜のジャーディン・マセソン商会のガウァーと、長崎のイギリス領事館勤務のガウァーを混同しているものもあって、ややこしいのだが、この時は長崎勤務のガウァーで、たまたま横浜に来ていたのである。

しかし、『伊藤公直話』という注目すべき古い書物がある。

そこには伊藤たちが帰国後、すぐ会ったのは「ガラバ」だと書かれているのだ。

「ガラバ」は、そう、当時のグラバーの一般的な表記だ。編者の聞き違いか、それともほんとうにグラバーが待ち受けていたのかは分からないが、後者の可能性は低くない。

二人は、なぜ憑《つ》かれたように緊急帰国したのか？　望みはなんだったのか？

絵解きはこうだ。

グラバーの強い意思にしっかりつながれていたのである。彼らに帰国を催促できる人物は、密航をお膳立てしたスポンサー、グラバーその人をおいてほかにない。

ならば、その張本人が横浜で待ち受けているというのは自然である。グラバーは、長崎代理領事ガウァーと共に首を長くして待機していた、と見るのが筋だろう。

情勢は緊迫している。列強国は下関《しものせき》で爆発寸前だ。

前年の薩摩藩の危機を思い出して欲しい。グラバーはどうしたか？

五代友厚と寺島宗則の二人を密かに用いたではないか。その結果、英国諜報部の協力者にはめ込んだのである。

手軽な仕事ではなかった。二人は薩摩藩に対する裏切り容疑で、お尋ね者になった。しかし、五代が上手く処理した結果、危険視されるどころか、逆に一目も二目も置かれる存在になったのである。

グラバーは、この成功にこだわった。理想的な展開である。二匹目のドジョウ、それを今度は長州藩に当てはめようというのである。

博文と井上をロンドンから呼び戻し、下関紛争の処理のために送り込む。帰国を待ちうけ、グラバーは宝物を運ぶように二人を英国公使館に届けた。

オールコックは、こう記している。

「昨年、長州藩主は修学のため、五人の若者をイギリスに派遣したらしい。しかしそのうちの二人はわずか数カ月をイギリスですごしただけで、つい先ごろ帰国した。二人は、長州藩が外国船に砲撃を加えたことを知り、藩主の安否を気づかうあまり、この挙に出たもようである」（一八六四年七月十九日付、オールコックからキューパー提督へ）

この文章を読んで、不思議に思うだろう。「イギリスに派遣したらしい」とか「……もいようである」という書き方だ。これでは密航を知らない人間の言い回しである。

ではオールコックは「長州ファイブ」のことを把握していなかったのだろうか？

ありえない。

長州藩は、もっとも過激な攘夷武闘派集団で、イギリスの監視は厳しい。まして「長州ファイブ」の留学は、ジャーディン・マセソン商会という、英国と一体となって活動しているいわば国策商社が扱っているのだ。そして商社への橋渡しの張本人は、誰あろう領事館なのである。

そんな大切なミッションが、オールコックの承諾抜きに実行されるわけはない。

では、どうして「派遣したらしい……」などと、とぼけてみせたのかという疑問がわく。

だから、こうした公電を鵜呑《うの》みにしてはいけないのだ。

答えはこうだ。この書簡はキューパー提督宛である。キューパーはとうぜん外相ラッセルに通じている。オールコックは警戒したのだ。

なぜラッセルを警戒したかというと、英国本国と在日英国公館の複雑な関係だ。温度差と言ってもいい。

それを理解しないと、建前だらけの公文書をそのまま信じる、という誤りに陥り、歴史は虚飾の表面しかなぞれないことになる。

ここで、彼らの置かれた立場を整理しておく。

グラバー、イギリス本国、そして英国領事館。この三者には、はっきりしたズレがある。

まずグラバーだが、彼の態度は明解である。薩長連合を軸とする倒幕だ。民間人だから芝居はいらない。過激だろうがなんだろうが本音が言える。

それに対して英国本国が目指しているのは、もっと穏やかで、あくまでも「自由貿易」と「自由渡航」であって、日本の内政には一切干渉しないという態度だ。これは議会の決定であり、根っからの人道平和主義者、ラッセル外相の気持ちとほぼ一致する。

先の薩英戦争でも前任者ニール代理公使の鹿児島砲撃が大問題になった。頭を痛めたラッセル外相は、二度と再びそのようなことがないように、砲撃をきつく封印していたのである。

ところが領事館のオールコックは、もっと熱い。

革命はともかく、長州を一度叩かなければ、自由も平等も来ないと思っている。正確に言えば、叩くのは長州藩の攘夷派なのだが、一度、目にもの見せなければ、邪魔くさい存在でまとわりつく。

しかし本国からは釘を刺されている以上、公然と動けない。少なくとも民主主義国家というのは、たとえ建前であっても動くには口実が必要なのである。

その点、約一年半前のイギリス公使館焼き討ち事件は、オールコックの立場を後押しするものだった。過激なテロに対する自衛力行使は、胸を張って正当性を主張できるからだ。

焼き討ち事件が、イギリスの謀略かどうかは別として、その事件にかかわった張本人である博文と井上を、在日英国公館がロンドンに送り込んでいるのだ。そんなことが本国にバレれば、下手をするとオールコックは解任という憂き目にあい、薔薇《ばら》色の人生は風前の灯《ともしび》だ。

ややこしくならないためにも「長州ファイブ」について、なにも知らないという態度を貫《つらぬ》いて見せているのである。密航などあくまでも知らないことである。

「二人は、自分たちが直接見聞したイギリスの軍事力と富について報告することにより、藩主を説得して排外的な政策をやめさせることができる、と確信しているので、一日も早く藩主に会いたいと切望している。二人の身の安全を保証し、下関の目的地近くまで送り

届けるように」（同前）

キューパー提督への命令文だ。先の薩英戦争のときは、ニール英国代理公使が五代、寺島のために推定一五〇〇両という現金を気前よく渡したが、今度の金額は分からない。ただ、二人の下級武士のために、わざわざ軍艦を動かして、長州沖まで送り届けるという豪勢なことをしようというのだ。その費用はいかばかりか。一〇〇〇両や、二〇〇〇両ではきかないはずだ。

この作戦はじっくりと練られている。博文と井上が帰国したのは、六月十日ころだが、オールコックのキューパー提督宛命令文は七月十九日。その間ひと月ちょっと、二人は英国側の庇護《ひご》の下にあった。

出発前に英国は根回しを済ませている。アメリカ、フランス、オランダの三カ国に対して、正式に博文と井上の両人の起用をはかり、賛同を得ていたのだ。

博文たちは、軍艦バロッサ号に乗船した。船にはアーネスト・サトウと通訳のエンスリー、さらに中沢見作《なかざわみさく》が乗り込んだ。中沢は表向きイギリス領事館付きの日本語教師だが、もちろん諜報部員だ。

英国の諜報部は、その威力において群を抜いている。手当てがよかったせいか、他の外国公館と比べ、日本人部員も充実していた。

彼らの活躍には目を見張るものがあった。ときには塩売りに化け、旅の百姓になり、ときには放下師《ほうかし》（流しの歌手）を装い、くまなく情報をかき集める。

イギリス側にはタイゾウ、デンキチなどという偽名で記録されているが、二名の日本人情報部員が突然幕府側の手に落ち、救出できなかったという事件も起こっている。

池田屋事件と禁門の変をへて

横浜出港は七月二十一日。もう一隻の軍艦、コーモランド号が横に並んだ。

船足はゆったりとしていた。六日後、下関海峡、本州と九州の間にある姫島《ひめじま》に到着。この航海には、もちろん付近の海域調査も含まれている。サトウの日記には、伊藤、井上両人から上関《かみのせき》の島の砲台に気をつけろと警告されたことなどが述べられているが、航海中もサトウは長州側の戦力などを綿密に聞き出している。

艦内での作業は他にもあった。

英語、米語、フランス語、オランダ語、四カ国語で書かれた覚書の翻訳である。サトウ、博文、井上、中沢の四人が共同でとりかかった。

そこには攘夷の無意味さが強調され、開国のもたらす利益が書かれている。アメとムチ。それを直接長州藩主、毛利敬親に渡そうというのである。

諜報部員、中沢は懐疑的だった。そんなことをすれば、おおむね二人は殺されるだろうという彼の予見は外れていない。

というのも、藩はそのころ、やり場のない怒りに震えていたのだ。

なぜこれほど長州が追い詰められていたのか？　ここは維新史の重要な部分なので、一度整理する。


政争の中心は朝廷の膝元、京都にあり、長州は上機嫌で浮かれていた。一八六一年頃の話だ。長州藩はうまく朝廷に取り入り、諸権力を掌握しはじめていたのである。

すなわち京都は、長州藩と攘夷派公家《くげ》の天下になりつつあったのだ。勢いに乗った攘夷派公家の三条実美《さんじょうさねとみ》たちは、自分たち朝廷の諸経費一切を、全国の諸大名から直接徴収しようと試みる。つまり、税金の一部をストレートに取ろうとしたのである。

そこで大波が立った。幕府にとってはとんでもない話である。これが実現すると、天皇の君臨を認めることになるからである。

反発したのが、公武合体派の薩摩藩だ。

薩摩藩と会津《あいづ》藩が、長州藩追い落としに走ったのである。神輿《みこし》として担《かつ》いだのは、親幕派の孝明天皇である。

三条対孝明。かねてからあった陰湿な朝廷の内ゲバが、斬り合いという形となった。

その結果、薩摩が押す孝明天皇が勝った。一八六三年、長州藩につながる三条実美以下、七人の公家を京都から追放したのである。

これが「八月十八日の変」と呼ばれる事件だ。

それは、ほぼ一年後、「池田屋事件」を呼び起こす。長州藩急進派が京都を奪還すべく池田屋に集結。そこに京都の治安をあずかる新撰組が斬り込んだ。

新撰組が襲った理由は、長州急進派の陰謀阻止である。長州が孝明天皇拉致殺害を企《くわだ》てていたというのだ。しかし、それは新撰組のデッチあげだという説もある。

新撰組は自分たちの名前を上げるために、どうということもない長州藩士の集まりに斬り込むという、ショーを繰り広げて見せたのだというのだ。

とにかく、十数名が斬殺され、二十数名が捕縛された池田屋事件は、長州の胸に燃えるような復讐心を植えつけたのだが、それが京都「禁門の変」へと発展してゆく。

長州藩急進派は、朝廷の主導権を奪還すべく兵を挙げる。だが、すでに外国貿易で得た重火器を保持する薩摩軍を中心とした会津、水戸、彦根《ひこね》などの連合軍の敵ではなかった。

戦いは凄まじかった。京都の町は三万戸の家が焼け、徹底した長州狩りによって、逃げまどう落武者は片っ端から殺害されていったのだ。

それからほぼ一五日後、朝廷は幕府に対して、第一次長州征討を命令し、追いうちをかける。

痛恨の極みである。こんなくやしいことはない。ひたすら朝廷を思い、忠誠を誓ってきたはずなのに、なぜ朝敵になってしまうのか？

冤罪《えんざい》を晴らす。そのために武力で入京するという、強硬論で藩は固まりつつあった。

家老福原越後《ふくはらえちご》は、すでに兵を率いて国元を離れ、さらに国司信濃《くにししなの》、益田右衛門介《ますだうえもんのすけ》の両家老も、第二陣として出発の準備を進めていたのである。

四カ国連合艦隊が下関沖に姿を現わしたのはまさにその最中、朝廷の長州征伐命令が下った、わずか二日後である。

博文と井上にとって、タイミングは最悪だった。池田屋で長州勢が蹴散《けち》らされた二〇日後、捲土重来《けんどちょうらい》とばかりに徹底抗戦、夷敵《いてき》は討つべしという機運が盛り上がるまさにその時、藩主に面会を求めようというのである。

二人は藩を捨て、英国に与《くみ》した人間だ。しかも下級武士。和睦《わぼく》にもっともふさわしくない連中だ。そんな青二才が外国側の使者となって、雲上人《うんじょうびと》の藩主に武装解除、全面降伏を突きつけようというのだから、命はないだろうという中沢の見立ては、当然といえば当然である。

博文、井上両人が姫島に上陸。後戻りはない。サトウたちとの再会は約一〇日後、場所は笠戸島《かさどじま》。ただし生きていればの話だ。二人の帰りを待つ間、軍艦は姫島周辺を探っている。

その期間が過ぎ、博文と井上が戻ってきた。

応対したのはバロッサ号のダウエル艦長だ。

両人は、こう報告した。

「藩主、毛利敬親に会って、四通の覚書を渡した。しかし、藩主の攘夷行動は天皇の命令であり、四カ国への返事には、天皇と将軍の許可が必要である」

――二人は、本当に藩主に会ったのか？――

ダウエルは疑った。

藩主と会ったなら、今は藩の正式な使者である。ならばそれを証明する、それなりの書状くらいは持ってきているはずだが、両人は手ぶらで帰艦している。

ダウエルは訝《いぶか》った。

「手ぶらは日本の習慣なのか？」

と突っ込んだ。博文たちは答えに窮《きゅう》するが、かろうじて毛利は最終的な段階で書面を出すことになっていると切り抜ける。

このやりとりはサトウの報告書で読むことができるが、その文面からは二人が藩主に接触できなかったことがうかがえる。ただだをこねるような言い訳にも、サトウは同情的だった。長州の殺気立った情況は充分につかんでおり、また二人の心根も理解していたのである。

彼らなりに精いっぱいのことはした。これからもするつもりだ、というけなげな気持ちが、びんびんと伝わってきていたのだ。博文、井上の表情は切羽《せっぱ》詰まっており、一日でも開戦を遅らせることができるなら、なんでもやってみる、という思いがにじみ出ている。

この日記から、博文と井上は、完全な英国の諜報部員になり切っていない、ということが読み取れる。諜報部員であれば、サトウは英国外交官の規定として、おくびにも出せなかったはずであり、もっと違う書き方をしているはずだ。すなわち、まだ連絡員ていどで、両人は試されているのである。

そしてサトウは書き綴っている。

「はるばるヨーロッパから帰って、藩主の説得に失敗したことに対して、深い同情を禁じえなかった」

一応これで合格ということだろう。報告を終えた二人は、それ相応の任務を与えられ、八月六日の深夜二時に下船。月明かりに照らされながら、小舟で国元に向け消えてゆくのだ。

四カ国連合艦隊の砲撃に間に合っていた「書状」

これ以上の話し合いは無駄である。残る選択はただ一つ。天皇、将軍、大名、武士、はては庶民に至るまで、攘夷など夢物語だということを、力によって徹底的に思い知らせる外に方策はない。

オールコックは、話し合いに終止符を打った。

八月二十八日（旧暦七月二十七日）、一七隻という四カ国連合の大艦隊が、横浜を動きだす。

九月二日、姫島に到着。兵士が島に上陸すると村長はパニックを起こすが、島民はいたって親切だったとサトウは日記に書いている。

長州藩は、もはや風前の灯だった。

どう転んでも和議以外に生き残る道はない。大艦隊を目撃した長州藩上層部は、ようやく博文たちの声に耳を傾けはじめる。こうして藩主はあわただしく書状をしたためるのである。

——今後は一切、外国船の通行を妨《さまた》げない——

完全な白旗だ。その書状を博文に持たせたが、時はすでに遅かった。四カ国連合の大砲がいっせいに凶暴な唸《うな》りを上げた。

……ということになっている。

しかし、ここでも奇異なことが起こっている。実際には、その書状は間に合っていたのだ。

詳しく述べると、博文と長州海軍局総督松島剛蔵《まつしまごうぞう》は、藩主の手紙を持って、三田尻《みたじり》から舟を漕《こ》ぎ出した。しかし、すでに艦隊は下関の方へ移動しており、やむなく断念して引き返す。この知らせを聞いた藩庁は、あわてて井上と前田孫右衛門《まえだまごえもん》を下関に派遣して、和平交渉にあたらせることにした。

九月五日、下関に到着した井上と前田の両名は、英語のできる戸田亀之助《とだかめのすけ》を停泊中のキューパー提督のもとに送った。二時間の攻撃延期願いである。

その間、陸にとどまった井上たちは味方砲撃隊の説得に当たった。長州側から発砲すれば、交渉はそこで終わってしまうからだ。

それから、井上と前田がユーリアス号の元に舟を漕ぎ出す。そしてようやくサトウのところまで着いたのである。

二人は書状を渡し、実際にサトウと話している。しかし、サトウの回答は無情にも次のようなものだった。

「平和的な取り決めの時期は、すでに過ぎ去った」

間に合ったが、無視したのである。これはおかしい。すなわち、この段階で、和平はいくらでも可能だったが、それを跳ね返したのである。

こうなると、博文と井上の動きはなんだったのか？ 奇っ怪である。薩英戦争さなかの、五代と寺島を彷彿《ほうふつ》とさせるものがある。

だいいち、不手際の度があまりにも過ぎるのだ。

最初に、博文たちのママごとのような藩主説得工作らしきものがあった。あれから連合艦隊がいったん引き下がり、再び下関に投錨《とうびょう》するまでには、約一カ月の猶予がある。

博文と井上は、その間なにをしていたのか？ まったく動きは見えない。ひたすら艦隊の現われるのを待っているような形跡さえ見える。そしていざ、出現すると、ばたばたと走り回っている。その走り方も、見当違いの方向だ。

書状を持った博文が舟を漕ぎ出すと、艦隊はすでに移動していた、などというのは馬鹿げている。下関に行けば分かるが、海峡は非常に狭く、艦隊は陸地の目と鼻の先に停泊しているのだ。

ならば、博文は艦隊がどこに向かうか把握しているはずであり、漕ぎ出したら移動していたなどというのは、本気でつかまえようとしていたのかと疑われてもしかたがない言い訳だ。

井上の動きもぱっとしない。まっすぐ艦隊に向かわず、わざわざ自藩の砲撃隊を諫《いさ》めてから、おもむろに舟を漕ぎ出しているのだ。止める気なら、自衛兵の説得など他の者にまかせ、死に物狂いで向かうべきではなかったか。

公平にみても、故意に和平の書状を渡したくなかった、遅らせたかったとしか思えない。

その結果、届けた書簡は、サトウに葬《ほうむ》られるのである。

サトウにしても、これでは最初から戦闘ありきで、なんのための和平工作だったのか、ちっとも分からないではないか。

しかし、それが英国側の真意だったとしたらどうだろう。目的は、はじめから和平ではなく儀式だった。和平に努力したが、敵に聞き入れられず、万策尽きて開戦したという儀式。口実が欲しかった。その茶番のために、博文と井上は血まなこになって走り回った。

英国側とねんごろな博文と井上は、一芝居うったのである。そう考えるとロンドンからの呼び戻しから、形ばかりの和平工作までの筋がすっきりと通る。

これは欧米の伝統的手法だ。相手に誠心誠意、平和を求めたが蹴られた、という既成事実を完璧に演出する。これならば英国本国も下関攻撃を納得する。同時に博文と井上はこれで押しも押されもしない、立派な英国諜報部員に格上げになる。

英字新聞には「下関砲撃」と「メーソンの集会案内」が

四カ国艦隊は下関の砲台を次々にぶっ飛ばし、一五〇〇名の海兵隊、工作隊が下関に上陸、戦闘は二日間で終わった。

この様子は、英国でも大きく報じられた。

写真を撮ったのは、あのベアトだ。動乱あるところに必ずカメラマン、ベアトがいる。第4章でも述べたが、彼はフリーメーソンだ。

引っ張りだこだった。ヨーロッパの新聞、アメリカの新聞を問わず彼の写真が売られている。横浜で発行されている英字新聞の「ジャパン・ヘラルド」も得意先だった。

創業者、アルバート・ハンサードと共にその共同編集者になっていたのはジョン・レディー・ブラックだが、彼もまたフリーメーソンだ。

グラバーと同じスコットランド生まれ。日本に上陸したのは、一八六三年の十二月。「ジャパン・ヘラルド」は英語で書かれていたが、日本人にも熱心な読者がいた。築地《つきじ》で塾を開いていた福沢諭吉もその一人である。

横浜の英字新聞に掲載された集会の告知

Nippon Lodge,

NO. 1344, E.C.

AN EMERGENCY MEETING of the above Lodge will be held at the Lodge Rooms, Yedo,

TO-MORROW,

27th Instant, at 6·30 P. M.

BUSINESS,

Installation W. M. and Officers.

BANQUET—at 8.0 P. M.

Yokohama, 26th May, 1874.

O'tentosama Lodge,

No. 1263, E. C.

THE next Regular Meeting of the above lodge will take place

On Wednesday Evening next,

June 3rd, at 8.30 P. M., precisely.

Visiting brethren are cordially invited to attend.

W. A. CRANE,

Secretary.

Yokohama, 26th May, 1874. td.

1874年5月26日付の「ジャパン・ガゼット」広告欄。「ニッポン・ロッジ」の緊急集会と「オテントウサマ・ロッジ」の定期集会案内が載っている。明治の日本、フリーメーソンの活動は活発だった。

ブラックは一八六七年十月、同じ横浜で「ジャパン・ガゼット」という日刊新聞を発行。たまたま私が入手したのは、一八七四年五月二十六日の「ジャパン・ガゼット」だが、その広告欄には、フリーメーソンの文字が見える。

連絡事項だ。

「Nippon・Lodge」(ニッポン・ロッジ) No・1344が「エド」という名前の部屋で、夜六時半から緊急集会をロッジ・マスターの命により、召集。

もうひとつ、違うロッジ名もある。

「Otentosama Lodge」(オテントウサマ・ロッジ) No・1263、その定期集会案内が載っている。

そのブラックが書いた『ヤング・ジャパン』という本の中で「横浜における、最初のメーソン支部(ロッジ)の設立」(原文のままだが、カッコ内は筆者)という、小見出し付きの記事がある。

「話す値打ちのある社会の出来事のうちで、フリーメーソンの地方支部(ロッジ)の設立を省略すれば、きっと叱られるだろう」という書き出しで、はじまっている。

「東洋全域にわたり、この『神秘な連帯』は非常に広く認められていた。そして、ヨーロッパからもっとも遠いこの地において、一団体が、かなり多数の仲間をくわえて、設立されていた。一八六四年に第二十連隊が到着し、この連隊にはアイルランドの大本部（グランドロッジ）の下で活躍している連隊付きの支部（ロッジ）『スフィンクス』があった。これがメーソンの結合の機会を作った。だが横浜がその支部（ロッジ）の所在地と名称を提供することになるはず、と考えられていた」（『ヤング・ジャパン』平凡社。原文のままだが、カッコ内は筆者）

翻訳のせいなのだろう、かなり分かりづらい日本語だが、ようは横浜に駐留している英国軍は「スフィンクス」という軍隊内ロッジを持っていた、ということである。

彼は「横浜ロッジ」の誕生もためらいなく書いている。場所は本町72番地。イングランド・グランドロッジから認証されたのは、一八六六年六月二十六日。

ただし、これは正式に認証されたという意味であって、とうぜん非公式での活動の歴史は長く、「横浜ロッジ」の申請書は、ブラックの自宅で書かれている。

「居留地におけるフリーメーソンの発展は、非常に早かった。初年度（一八六六年）の末には、同支部（横浜ロッジ）は東洋で最大の支部（ロッジ）になる見通しであった。最初の集会はジョージ・バーネット商会が、貸してくれた大きな部屋で開かれた。そこは事務所の上にあって、いつもは絹用の部屋として使われていた。しかし十一月二十一日、支部は自分のために特別に設計された、素晴らしいホールを持つに至った。それは仲間のＪ・

D・キャロル氏が建てた立派な倉庫の上にあった。設備は立派なホールと大食堂、それに組合（組織）運営に必要な、いくつかの小部屋であった。こうした建物の中で、これまでの横浜にはなかった最も幸せな夜会が開かれた」（同前。原文のままだが、カッコ内は筆者）

フリーメーソンは急速に拡大し、横浜ロッジは東洋一の人数を誇るだろうと、ブラックは思いのたけを述べている。

ロッジ内での話題はなにがあったろうか？

フランス革命、アメリカ独立戦争という大舞台で、フリーメーソンが果たした役割は大きかった。この認識はメンバー一人一人に共通するものであって、その歴史軸から、日本の革命に対して奮い立っていたとしても、なんら不思議ではない。

彼らのできることはたくさんあった。スパイの確保と養成、資金集め、そして情報攪乱《かくらん》などさまざまな工作。加勢のしかたはいろいろある。「至高の存在」「全能の目」に誓った革命は、フランス、アメリカと続き、そして日本でも先頭に立てるのではないか……。

人は情報に群がる。マスコミが極端に貧弱な時代、人は情報と人脈を求めてロッジを目指す。

ロッジは外交官、軍、商人、そしてスパイたちを固く結ぶ、にぎやかな社交場でもあったのである。

成功した「グラバー・スキーム」

さて、下関に話を戻そう。

戦闘が終了した九月八日、見習いスパイ、博文が艦に戻っていた。和平のために家老を案内するという。

現われた家老は宍戸刑馬《ししどぎょうま》と名乗った。目にはアーネスト・サトウを値踏みするような色がある。サトウは端正な表情でちらりと見返し、傍《かたわら》にある名簿を引き寄せる。英国側は、主だった藩士の名簿を握っており、サトウは早速、それで裏をとったのだが該当する名前はない。

それもそのはず、宍戸は高杉晋作の偽名だったのである。

ともあれ、全権正使と名乗る高杉晋作が、二名の副使を伴って現われたのだ。通訳として、井上馨と伊藤博文がしっかりと脇を固めている。

下級武士の博文は、藩を動かすために幼馴染《おさななじみ》で上級武士である晋作に頼ったのである。

晋作は軽く見られたくないのか、笑顔をまったく見せなかった。だがそれとなく誘導する博文の言葉もあって、間もなくがらりと柔らかくなり、後で毛利敬親の和平親書を届けることを約束して下船する。

あっさりと攘夷を捨てた高杉。さっそく急進派が反目にまわり、高杉たちは命を狙われることになる。目立つ三人は、潜伏した。身を隠しながら、密かに上層部に接触しては和平案をまとめるために詮議《せんぎ》し、詮議しては再び潜伏する、という綱渡りを続ける。その間、博文はすり合わせのために、英国側と何度も会談を持つ。

さすがの博文たちも疲れきり、おおむね話がついたのは、精《せい》も根《こん》も尽き果てた九月も終わりに近かった。

グラバー・スキームは再び成功を勝ち取ったのだ。イギリスから呼び戻した博文たちをあてがった結果、彼らは敵味方のパイプ役をみごとにこなし、五代同様、藩での存在感を確かなものにしたのである。

あいつらはイギリスの手先だ、さだめし金の絡《から》んだ話だろうという、口さがない噂が藩内を駆け巡るが、博文は今や藩にとっても重要な英国担当窓口である。

イギリス接待役を仰《おお》せつかった博文は、艦から降りてきた将校たちに、西洋式の料理を懸命に真似て振舞い、下関が自由港になる夢を語った。

サトウは若いが、切れ者である。論客であり、忍耐強い。

この機会を逃さなかった。如才《じょさい》なく長州藩に食い込んでゆく。顔を売り、人脈を構築してゆく。この時の人脈がこれから先、どれだけ役に立つのか、サトウはまだ予測していなかったかもしれないが、このコネクションがものを言って、刻々と変化する幕末、京都の騒乱の情報が切り取られ、サトウのもとにもたらされるのである。

戦後の処理は素早かった。

――長州藩は潰《つぶ》さず、倒幕派に組み込む――

腰のすわったグラバー・スキームは続く。サトウ、博文、井上は足並みをそろえて、長州藩のガードを固める。

――今回の事件の、すべての責任は幕府にある。ここまで長州が追い込まれたのも、朝廷と幕府の政策不一致によるものだ――

四カ国に、そう盛んにアピールし、賠償金軽減をものにしたのだ。

下関砲撃は、薩英戦争の薩摩に続き、長州の攘夷派を破壊し、開国派の躍進という流れを全国に運んでゆく。

突然、オールコックに帰国命令が出た。

本人は、あれほど注意深く進めたはずの下関軍事行動なのだが、いたく本国を刺激していたのだ。事実上の解任だった。

グラバー邸の「隠し部屋」に龍馬

長崎に居を構えるグラバーの元に、志士たちがぞくぞくと吸い寄せられてゆく。

グラバーの吸引力は、彼の底知れない勢いである。古地図を見れば一目瞭然だ。グラバー関連の敷地は約一万五〇〇〇坪、いつのまにか南山手《みなみやまて》にある居留地面積の四割近くを占めるにいたっていたのだ。

大富豪になった男は、気がつけば日本一の国際都市、長崎の丘を占拠し、外国の武器取引を一手に握り、バックには世界最強の英国軍が控えていたのである。

その長崎グラバー邸の天井裏には、日本人諜報部員たちを匿《かくま》う「隠し部屋」が存在した。

いや、あれは「隠し部屋」ではない。商売人の家ならどこにでも見られる屋根裏倉庫だという意見もあるが、その感覚は全然外れている。

実際に行ってみれば分かるが、梯子《はしご》は急勾配である。しかも天井の高さたるや、尋常ではない。もし倉庫なら、商品をかついで急勾配の梯子を登ることになり、とても危険で無理な話だ。もし倉庫が欲しいなら、なにもあえて高いところに作る必要はなく、一万五〇〇〇坪の敷地に、スペースはふんだんにあまっているのだ。

明らかに天井裏の空間は「隠し部屋」だ。

噂通り、そこに倒幕の志士たちを集めていたのである。

「グラバー史談速記」（毛利文庫）という、晩年のインタビューをまとめた文の中で、グ

志士たちが過ごしたグラバー邸の「隠し部屋」

天井裏にあるこの部屋には、梯子をかけなければ入れない。

ラバーはよくマジックを使ったと話している。

その一つが、グラバー邸に入った武士が消えるというマジックだ。

分かっているだけで、坂本龍馬、桂小五郎、五代友厚、高杉晋作、伊藤博文。

グラバーの元で、薩摩藩の訪英ミッションが練られる。五代、寺島を含めた英国視察団と留学生の一九名だ。

出発が間近にせまった一八六五年四月十六日、一組の志士が密かにグラバーを訪れる。博文ともう一人は高杉晋作だ。晋作は改まった口調で、あっと驚くことを口にする。

「どうしても、イギリスに行きたい。連れていっていただきたい」

まっすぐな気持ちだ。藩の許可を得て、一〇〇〇両という大金を行李《こうり》に入れて運んできていると言う。髷《まげ》を落とし、どこで入手したのか洋服を身につけ、道化師のようで少しこっけいだが、そこにはまっすぐな決意が垣間見える。

しかし、グラバーは首を縦に振らなかった。

下関の情勢だ。長州はまだ、晋作率《ひき》いる奇兵隊が、保守派を一掃し終えたとは言いがたいのだ。

この時期、高杉晋作が抜けたらどうなるか？　保守派が再び力を盛り返す可能性がある。油断はならない。晋作には是が否でも、保守派の息の根を止め、藩論を倒幕一本でまとめ、一刻も早く下関開港を実現してもらいたいのである。

グラバーの日本語は、すでにかなりの水準に達していた。たどたどしくも意思の疎通は問題ない。オーバーなアクションで穏やかに諭《さと》せば、晋作はその説得に涙を飲む。

この時、グラバーが晋作を送り出していたら、保守派が息を吹き返し、薩長同盟にはいたらず、したがって明治維新はかなり遅れたものになったかもしれなかった。

グラバーは立ち去らぬ晋作と博文を、長崎のガウァー代理領事に面会させる。その後晋作は、よほど気に入ったのか長崎領事館に、なんと六日間も潜伏するのである。

それればかりではない。ガウァーはガウァーで、長州藩に肩入れする手紙を自分の上司に書き送っているのだ。

もうお察しのとおり、ガウァーはグラバーと歩調を合わせる諜報筋の外交官だ。剛直な倒幕工作員の一員である。

――倒幕を本国に理解させる――

これが在日英国諜報部の、対本国方針である。

西欧紳士たちの目には、晋作たちは刀を振り回して政府に逆らっている単なる「反体制テロリスト」と映っている。世界に冠たる女王陛下の高官が、そんな暴漢と接触するだけでもはばかられるのに、領事館に六日も泊めるというのは、どう考えても常識を逸脱している行為。現にこの時もガウァーは、そのことで上から叱責されているのだ。

そんな初歩的なことを予想できなかったガウァーではない。確信犯である。これはグラバーたちが考案した、本国との溝《みぞ》を埋めるショック療法、晋作は単なるテロリストではない、というデモンストレーションだ。倒幕派は領事館に六日間も泊められるほど、良識のある人間なのだという訴えかけである。

匿《かくま》った晋作は、次のような肚積《はらづも》りで来たのだと、ガウァーは上司にぶつけている。

「下関開港をふくむ、新しい通商関係樹立のために、長州藩とイギリス政府が、幕府の干渉を受けることなしに直接交渉をおこなう。そのために、長州藩はロンドンに使節団を派

遣し、女王陛下に謁見《えっけん》したい」(一八六五年四月十七日付、ガウァーからウインチェスター代理公使宛書簡)

女王陛下に謁見したいとは大それた発言だ。ウインチェスター代理公使というのは、下関攻撃でみそをつけたオールコック公使が降板し、次のパークス公使が登場するまでのつなぎの責任者である。

この文は立派すぎる。晋作が考えたとは思えない。頭はいいが、少し前までは、「ジョーイ!」を叫んで刀を振り回していた田舎侍である。失敗したら腹を切る。万事がそうであるから、英国の事情も、外交のイロハも分かるはずがない。

当時の武士の思想レベルは低かった。「民主主義」「平等」「自由」「理性」などという単語自体、存在しなかった。単語がなければ、意味が分からない。だから晋作の頭にイギリスとの通商関係樹立、そのための女王陛下との謁見、という外交戦略があったとはとうてい考えられない。

晋作はイギリスに行ってみたかった。それだけの思いで長崎に現われた。それをとらえたグラバーと英国諜報部は、ひと工夫して、きれいごとを言ってくるボケた英国本国を揺さぶる算段を練ったのである。

その後、高杉晋作、博文はグラバーの意見を聞き入れ国元に帰るが、案の定、保守派が根強い底力を見せ、刺客を放つ。再び、晋作たちは潜伏生活を余儀なくされるのである。

ロンドンでなされた、日本の「革命宣言」

グラバーのシナリオにそって、開国派家老、小松帯刀《こまつたてわき》は、留学計画に藩命という大そうなお墨付きを与えた。一九名の大所帯、留学はれっきとした藩の仕事になった。

費用の資金は手形に頼った。手形の名義はロンドンのジャーディン・マセソン商会。ここでも、保証の裏書きをぱっぱとサインしたのはグラバーである。

すなわち「長州ファイブ」に続いて「薩摩ナインティーン」も、グラバーがスポンサーになったのだ。

留学は、攘夷という思想の残滓《ざんし》を完全に消し去る効果がある。自信があった。ロンドンの空気に洗われれば、攘夷思想などは一瞬にして押し流されてしまうはずだ。五代はそのために、まだ立派な侍になりたい、などと口走っている連中もわざわざメンバーに放り込んだのである。

ところがこの留学には、思わずぎょっとする深遠な陰謀が隠されていたのだ。ここまでやるのかと、心底背筋が凍るような謀《はかりごと》である。

工作の矛先《ほこさき》は英国政府だ。天下の大英帝国を釣り込もうというのだ。

それまでのイギリス政府、特にラッセル外相はまだ幕府を信じている。天皇はお飾りで、幕府こそが日本を代表する実力を持った政府機関であるという見方だ。

その認識を壊す。

留学生のロンドンでの世話係は、グラバーの兄だった。なにからなにまで行き届いていた。到着早々、ただちに五代、寺島を連れ出し、実直なオリファント下院議員に接触。

オリファントというのは親日家の政治家だ。フリーメーソンであったかどうかは分からないが、二度の来日経験があり、二度目は水戸過激派に襲撃され、瀕死の重傷を負わされているがそれでもなお、日本に愛情を注いだ人物である。

グラバーとサトウはそんな政治家、オリファントを抱き込んだのである。

現在、ロンドン大英博物館に残っているオリファントがレイヤード外務次官宛に書いた手紙。それにはただならぬ内容が書かれている。

「優れた知性を持った、日本の紳士たちが自分を訪れ、手紙を手渡した……」

五代たちから、英文の手紙をもらったというのである。

「……港を開きたいという大名がいた場合、それを妨害しないという約束を我々は将軍から取り付けることはできないだろうか……このような政策が望ましい理由は沢山ある……」

政治家独特の迂遠《うえん》な言い回しだが、オリファントは、英国政府はもっと薩摩に協力すべきだと迫っているのだ。グラバーが仕掛けた直接交渉である。

成果はあった。その後、ラッセル外相が、オールコックの後任のパークス公使に宛てた書簡を見れば、一目瞭然である。

「薩摩と長州は、日本に駐在する代表と最善の友好的な関係を結ぶことを切望しており、わが国に青年を留学させ、またイギリス政府と緊密な連絡をとるために、当地に藩の役員を派遣し……」(一八六五年八月二十三日付、ラッセル外相よりパークスへの訓令)

この訓令の叩き台となった下書きが残っている。思わずぽろりと本心が出たのだろう、外相らしからぬ正体を見せている。

「……極東艦隊司令長官キング提督が貴下の使用にゆだねる艦隊をひきいて、大坂の外港である兵庫に進出すべきである……」(同、訓令草稿)

驚きである。下書きとはいえ、中立を貫く外交政策をかなぐり捨て、条約で定められた兵庫港開港をしぶる幕府に、軍艦を兵庫沖に進め、威嚇を命じる文なのだ。

寺島は、少なくとも一八六六年の三月二十日前後と四月二十六日の二度、ラッセル外相の後任クラレンド外相と会っている。

そこで訴えたのは、とんでもないことである。大名会議の招集と、幕府による外国貿易独占の打破だ。

すなわち幕府を倒し、大名たちの合議制の国家を作ることを一身にうたったのである。

誰がなんと言おうと、これは正真正銘、「革命宣言」だ。

ロンドンで革命をぶち上げ、それに対して英国政府は、よし分かったと深く賛同したのである。

クラレンド外相は、五代、寺島をかばいだてし、パークスに忠告を与えている。

「今私が貴下に伝えている情報の出所に関して、いかなる手がかりも与えてはいけない。……この国に滞在している薩摩のエージェント（五代、寺島）が帰国後迫害をうけるようなことがあってはならない」（カッコ内は筆者）

エージェントの存在を秘密にしろと厳しく命じている。驚愕すべきは、ここで五代たちを、はっきりと「エージェント」と呼んでいることだ。

外交筋が、こういう時にエージェントという用語を使用する場合、シークレット・エージェント、つまりスパイ工作員以外のなにものでもない。

「当地にいる大名の家来にまで監視がつづけられている限り、迫害を受ける機会は無視できない……」

エージェント五代、寺島を再びガードしろと命じ、続いて日本人としては決して見落としてはいけない、別の文書が添えられている。

「日本において、体制の変化がおきるとすれば、それは日本人だけから端を発しているように見えなければならない」(一八六六年四月二十六日付、ハモンド外務次官よりパークスへ)

この命令は重要である。すなわち明治維新の工作は、誇り高き日本人に気づかれぬよう、あくまでも秘密裏に行え、と徹底的に釘を刺しているのだ。

本国からのこの訓令は、以前から在日公館に幾度となく繰り返されている事実がある。

とすると明治維新の舞台裏で、英国はかなりの工作を行っているということだ。

これからさらに英国の動きが「理性的」に「抑制」しながら盛り上がってゆくのだが、裏から見れば、さながら武士の魂を埋葬し、東洋の島国を転覆させようとする怪物である。

五代がオリファントに提出した最初の英文の手紙だが、留学前の彼らに英作文など不可能だ。では、だれが書いたのか?

とうぜんグラバー、サトウの諜報部ラインが練ったものである。

「亀山《かめやま》社中」は武器輸入のダミー会社

小松帯刀が長崎に到着した。一緒に連れてきたのは、大坂の薩摩藩邸に匿っていた、かって神戸海軍操練所に所属していた龍馬をはじめとする面々である。

彼らの住まいは、亀山の一角に定められる。いよいよ、かの亀山社中の登場である。

商社設立はグラバーの懸案事項だった。特に五代を英国に放してからというもの、彼に代わる有能なエージェントを捜していたのである。

四カ国下関砲撃以来、それまで行っていた長州藩との密貿易は、封じこまれたままである。のっそりと立ちはだかっているのは、英国政府と幕府。いわゆる経済封鎖だ。

長州は喉《のど》から手が出るほど武器が欲しい。一万人の藩士を武装させたい一心である。それには、ぎりぎり七五〇〇挺の銃がいる。それに軍船だ。グラバーも売りたい。桂小五郎と博文が懇願しようとも、英国政府が首を縦に振らない以上、今回ばかりは天下御免とはいかない。いくらなんでも、下関戦争の直後である。フランス、オランダ、アメリカとの取り決めもあり、さらに幕府との条約もあって、さすがの英国も目をつぶれないのである。

もっと上手い抜け道を考えろ、と諜報部から言われている。そこで、グラバーはダミー会社を作ればいいと考える。密貿易の手段として、手ごろなダミー会社を使う。商売人なら考え付くことである。

そして浮上したのが、「亀山社中」だ。

社員を集めなければならない。本来なら五代を使うところだが、今はロンドンに留学中だ。もはや薩摩の経済顧問になっているグラバーは、心安い小松帯刀に人材集めを依頼する。

聡明な小松は、すぐさまあぶれている神戸海軍操練所の面々を誘い込む。外国に馴染んでいる面々なら適役だ。

あとは責任者に誰をすえるかだ。

消去法で考えれば、ただちに当事者の長州藩が除外される。ならば薩摩藩はどうか？

これもよくない。現在、薩摩と英国はしっくりいっているし、表向きは幕府に協力しているポーズを取っている。長州密貿易などで、ミソをつけるわけにはいかない。

残るは、土佐藩である。

坂本龍馬が残った。土佐の人間でありながら、勝海舟とのつながりで幕府とも通じている。トラブルは龍馬の剛気《ごうき》な裁量で食い止めてくれるはずであり、なにかあっても災《わざわ》いはグラバーまで及ばないという見立てだ。

実務は長崎の豪商、小曾根英四郎《こぞねえいしろう》が取り仕切った。

亀山社中は、英四郎の自宅に置いた。英四郎の自宅は、ちょうどグラバー邸を降りたところにある。

こうして、あらかじめグラバーが確保してあった約七〇〇〇挺の銃が、亀山社中の名目で長州藩の桂、博文に引き渡されたのである。

続いて、大型蒸汽船ユニオン号については画期的な方法が取られる。リース形式だ。名義は薩摩藩。運用は長州藩。そして乗務員は亀山社中。三者が三様に割り振った契約を、うまく交わしたのである。

グラバーは龍馬に貿易を教え込んだ。

龍馬のはじけるような笑い。世を忍んで生きてきた風貌には、渋みをつけているものの、人を惹《ひ》きつける天性のものがある。亀山社中という商社を任《まか》された龍馬は、リーダーとしての素質を開花させていったのである。

「英国策論」という宣戦布告

一八六六年の三月十六日、強烈な論文が炸裂した。

「ジャパン・タイムス」

横浜で発行している英字新聞だ。

無題である。後に「イングリッシュ・ポリシー」とか「英国策論」と呼ばれる論文だ。無題、無記名で書かれたからと言って、この論文をうっかり見過ごしてはならない。

幕末史上、大事件のひとつなのである。

文は、これまでのイギリスと幕府とのやりとりを振り返りながら幕藩体制を批判する長文だが、内容は強烈だ。

「外国を欺《あざむ》き続けてきた将軍は、その座を降りろ」と迫り、「日本は天皇と大名連合体が支配しなければならない」とはげしく攻撃を浴びせる。

度肝を抜かれるのは、次の警告だ。

すなわち約束した兵庫開港期日がこじれれば、「イギリスは強制と流血の手段に訴える」と恫喝《どうかつ》している点である。

英国による国家転覆を目ざした宣戦布告だ。しかも開港期日に着目して欲しい。二年後の一八六八年元旦なのである。

この年になにが起こったのか？　そう、武家社会を埋葬した明治維新である。

この、期限付き「英国策論」が全国に知れ渡ったから、あの年に革命が起こったというのは、これからの経過をたどれば納得してもらえるはずだ。

さらにロンドンでもすごいことが起こった。寺島が、直接クラレンド外相に会い、「英国策論」の説く「大名の合議制」を正面から訴えたのだ。二つは同じ内容である。

すなわちイギリスと日本で同時に、『革命』の狼煙《のろし》を上げたのだ。

これで、仕掛け人は誰か分かるだろう。

グラバーとサトウの諜報ラインだ。

弱冠二二歳、青白き英国諜報部員、アーネスト・メーソン・サトウが、大胆にも「ジャパン・タイムス」で革命論をぶち上げる。サトウが論文を書いて日本国内を煽《あお》り、グラバーが五代、寺島をイギリスに送って、英国政府を動かす。英国諜報部が覚悟をもって磨き上げたシナリオである。

上司のパークス公使はそれをどう見ていたのか？　いくら匿名でも、「イングリッシュ・ポリシー」がサトウの仕業であることくらいは、お見通しである。しかし、パークスは、サトウの行為に対して見て見ぬ振りを貫く。味なはからいというか、上級外交官パークスと、下級外交官の見事な連携プレイだ。

公使館の顔としては条約どおり、あくまでも幕府支持のポーズを崩さず、下は倒幕を煽る。

「英国策論」は、ただちに日本語の翻訳本となって、全国に広がり、諸大名の目にふれる。英国が武力で介入する！　これはものを言った。幕府に付き添っている大名は浮き足立ち、模様眺めの連中は掻《か》き乱され、倒幕派は勢いづく。

充分な重みを持った英国の方針である訳本の巻末には「薩摩藩某訳」と記してあり、薩摩藩はこれみよがしに英国に与《くみ》していることを吹聴した。

この日本語訳にもサトウが深くかかわっている。当時、どこを探してもサトウ本人以外に、これだけの翻訳をこなせる人間は存在しない。

サトウの薩摩に対する傾倒ぶりには、ただならぬものがある。ペンネームを見れば分かる。「薩道《サトウ》」だ。そして薩摩の軍事経済顧問を任じているグラバー。幕府に挑《いど》みかかる二人の息はぴったり合っている。

さらに注目すべきは、この訳本の発見場所である。訳本の初版本の一冊は、公家の岩倉《いわくら》具視《ともみ》が保管していたのだ。徳川慶喜に最後のとどめを刺したのは、ご存知のとおり、岩倉と西郷隆盛、大久保利通の薩摩ラインである。その岩倉が後生《ごしょう》大事にかかえていた、サトウの「英国策論」は、この頃すでに岩倉をもつないでいたのだ。

サトウ、西郷、大久保、岩倉がひと塊《かたまり》という構図である。

「英国策論」で武力革命をはっきりと警告したのは、一八六八年。薩長が、その年に照準をぴたりと合わせて殺到したのは、決して偶然ではないのである。

日本人初のメーソンがパリで会った相手

一八六五年の終わり。正確には十二月四日、月曜日。冬枯れのパリはすでにとっぷりと日が落ちていた。

石畳を急ぐ馬車があった。その馬車は「カラント・ホテル」に向けて、車輪をきしませながら街灯のわきを曲がった。乗っていたのは西周《にしあまね》と津田真道《つだまみち》。ホテルで待っているのも、やはり二人の日本人である。

西と津田は幕臣だ。

四年前の六月から、オランダのライデン大学に通っている留学生、その二人がなにを思ったのかパリに現われたのである。

ライデン大学は、創設一五七五年のオランダ最初の大学だ。古くから極東の日本には興味があり、ベアトが活写した幕末の写真は、ふんだんに保存されている。

すなわちライデン大学は、情報学をさまざまな実践を通して修得していた特異な大学なのである。

西と津田が通いはじめて、ちょうど一年が過ぎたころ、二人は突然、突拍子もない行動に出る。秘密結社、フリーメーソンに加盟するのである。

所属はラ・ヴェルテュー・ロッジNo・7。そのロッジは、現在でも立派に使用されており、場所はライデン大学から歩いて五、六分、スティンスキューウ6番地にある。

「一八六四年十月二十日。第一階位として入会。日本国、出生地津和野、三五歳、日本国

西周、日本人初のフリーメーソンとなる

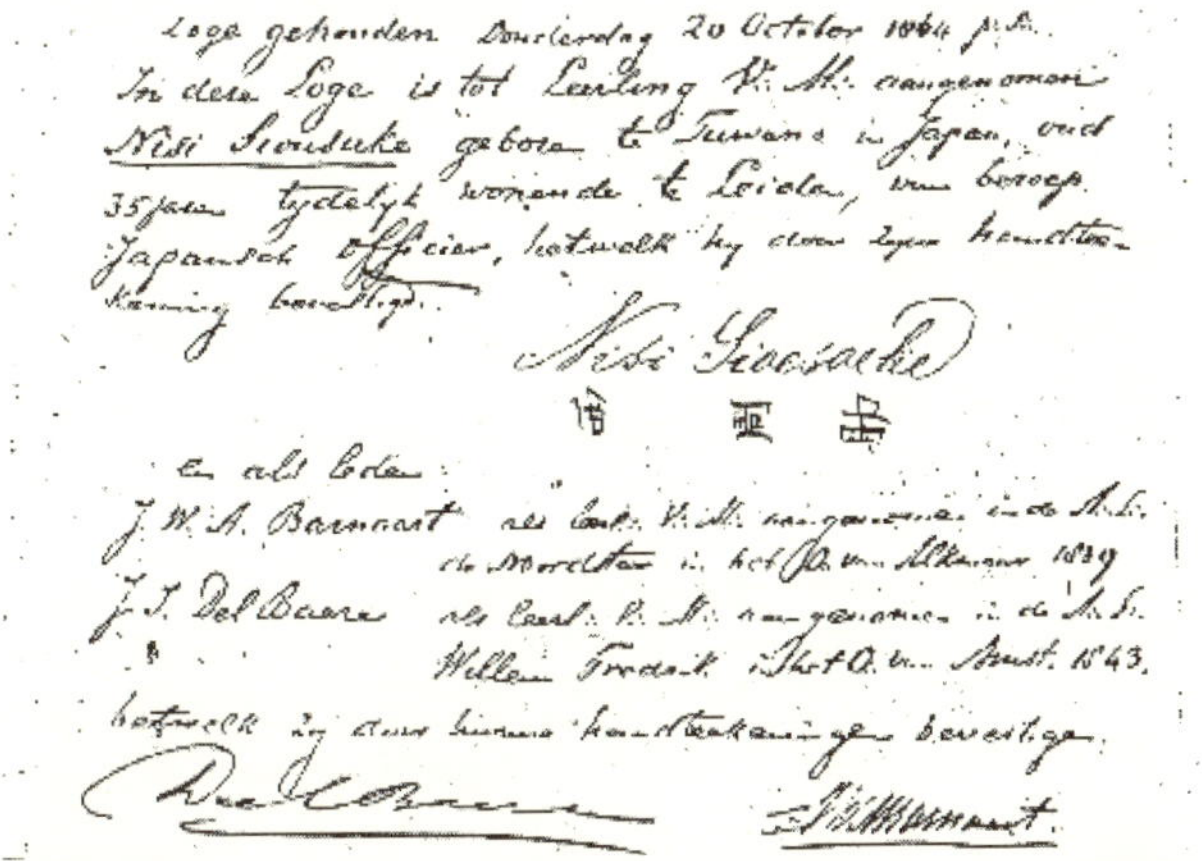

Loge gehouden Donderdag 20 October 1864 p.d.
In deze Loge is tot Leerling V.M. aangenomen
Nisi Siousuke geboren te Tsuwano in Japan, oud
35 jaren tijdelijk wonende te Leiden, van beroep
Japansch officier, hetwelk hij door zijn handteekening bevestigt.

Nisi Siousacke
西周助

en als Borgen:
J.W.A. Barnaart als Leerl. V.M. aangenomen in de M.L. de Noordster in het Or. van Alkmaar 1839
J.T. Del Baere als Leerl. V.M. aangenomen in de M.L. Willem Frederik in het O. van Amst. 1843,
hetwelk zij door hunne handteekeningen bevestigen.

Del Baere　J.W.A. Barnaart

幕臣・西周（周助）がオランダでフリーメーソンに入会した記録。本人の署名が見える。写真下は西と津田真道が所属した「ラ・ヴェルテュー・ロッジ」。

官吏、ライデン在住、西周。ここに証明する」

ロッジには、今でも彼らのペン書きの入会申込書が残っている。推薦者は、西と津田の暮らしを見ているフェセリング教授だ。したがってフェセリング教授がメンバーなのは、言うまでもない。

津田の入会は、西に遅れること一カ月。いつも一緒に行動していた二人に、なぜ一カ月のズレが生じたのか、事情は分からない。

おそらく西が最初に行って様子を窺《うかが》ってから、津田に内容を打ち明け、誘ったのだろう。

この西周こそが、記録に残っている日本初のフリーメーソンメンバーなのである。

フリーメーソンは、三つの階位からなっている。第一階位、第二階位、第三階位だ。

西と津田の記録は、入会の申込書だけで、それ以降のロッジ・ミーティングに出席した記録は見つからない。

だからと言って、西と津田が、それっきり顔を出さなかったと考えるのはおかしい。西が一度顔を出して嫌ったのなら、津田を止めるはずである。しかし、津田も入会している。だから、二人は潜《もぐ》ったと見て間違いはない。

ミーティングの出席記録など、強制ではない。出席簿に書き込む書き込まないは、本人の自由なのだ。

現在でも書かないメンバーはいる。個人的な理由は、いろいろあるだろうが、おおむね万が一を考え、証拠を残したくないからだ。当時ならなおそうだろう。幕府の密偵は常に海外を巡回しており、西と津田の場合も、それを気にかけていたということは充分に考えられる。

メーソンへの入会から帰国までの一年あまり、第三階位に進む時間的余裕はある。いや案外、第一階位止まりだったかもしれない。しかしだからといって、どうということはない。

当時のオランダでは、第一階位になると、フリーメーソンとしてのすべての権利と特典が与えられることになっており、その辺は、第三階位にならないと権利も特典もない、というアメリカ系とはまったく違っているのだ。

西と津田は立派なメーソンだった。すなわち「至高の存在」、「至高の神」、「自由」、「平等」、「友愛」、「救済」などメーソンの真髄を理解していたのである。そのことは、後の彼らの活躍で充分に伝わってくる。

二〇年、三〇年と、ただおろそかにメーソン歴を重ね、友愛や救済というメーソン思想も分からず、他人の足を引っ張ることばかりに気が回るメンバーがいる一方、ほんの一年でも、深く習得してしまう人間もいる。それは、その人の資質である。

幕末、日本にはまだ「自由」という言葉がなかった時代。その「自由」という言葉は西の造語だ。それ以外にも、「哲学」「現象」「客観」「主観」など、哲学者西周が創作したと思われる言語は数え切れない。フランス革命に深く関わり、『哲学書簡』、『哲学辞典』を著わしたフリーメーソン、ヴォルテール同様、西もまた「至高の神」を敬《うやま》った。

その西たちがオランダを抜け、冬のパリに会いに行った人物……。

炙《あぶ》り出された謎の人間は、だれあろう五代と寺島である。

これは夢ではない。日本では激しくしのぎを削っている幕府と薩摩という両組織が、パリで密かに結びついたのである。しかも一度や二度ではない。十二月四日から十五日までの約一〇日間、両者はほとんど毎日べったりと過ごしているのである。

まともに考えれば気味の悪い光景だ。いったい、なにを話し合っていたのか。どういうつながりなのか。そして、だれがオランダとロンドンに住む両者をつないだのか。

第8章

パリの密会

五代と西はパリでなにを話し合ったのか

127ページで述べたが、神戸大学の蓮沼啓介教授が「神戸法学雑誌」第三二巻第二号に載せた「パリのめぐり会い」と題するレポートがある。

それによれば、フリーメーソン・メンバー、西周と津田真道の二人がパリに急いだのは、オランダでの長い留学を終えての帰国途上だった。一八六五年十二月四日、西たちは、ベルギーのブリュッセルを発《た》ち、その日の夜、パリに入りわき目も振らずにホテルに直行している。五代友厚、寺島宗則の待つカラント・ホテル。このことから、出会いはあらかじめ計画されていたもので、偶然でないことが分かる。

ではいったい、誰が手引きしたのか？

西と津田の世話をしていたフェセリング教授という可能性は高い。彼らの留学先であるオランダのライデン大学というのは、情報学が発達していて、各国のかなり正確な情報をつかんでいる。もちろん日本の幕府との付き合いは百年以上ある。幕府ルートでフェセリングが日本の内情を把握していたとしたら、幕府は五代たち、すなわち薩摩の密留学をつかんでいたことになる。

外国奉行柴田日向守《しばたひゅうがのかみ》の日記がひっかかる。柴田は密航等の捜査をからめヨーロッパを巡回していた人物、彼の日記にはイングランド銀行を訪れたときのことが書かれている。

イギリスの中央銀行で、当時世界屈指の造幣技術を誇っていた銀行である。そこで日本人の署名を発見したとある。おそらく腰を抜かすほど驚いたに違いない。

署名された銀行券は本物ではなく、銀行訪問者が記念のためにサインを記す模造券だ。

そこにあったサインとは次の二組。

一八六四年一月二十二日、伊藤博文《いとうひろぶみ》はじめ「長州ファイブ」全員。

一八六五年七月三日、関研蔵《せきけんぞう》（五代の変名）ほか薩摩藩士二名。

ところが柴田が訪れたのは、一八六五年十二月十九日だから、五代がパリで西と別れた直後である。彼の目で五代たちを捉えた時、すでに西、津田は帰国の途、海の上で、タッチの差で遅かったということになる。すなわち柴田経由で、五代の存在が西の耳に入ったというわけではないのだ。

それ以前にすでに両者は、知り合っていたのである。

そうなると仲介者は柴田以外にいるはずだ。可能性としては、グラバーが高い。

たとえばグラバーの存在は実業家として、また情報提供者としてライデン大学でも有名だった。いまでも若きグラバーやグラバー邸の写真が、大学に保管されているくらいである。

ライデン大学関係者が、西たちの留学を長崎のグラバーに知らせる。驚いたグラバーは、日本を発つ五代に耳打ちしたという見立てだ。

もっと簡単な方法は、フリーメーソンのロッジだ。横浜や長崎のロッジにひょっこりと顔を出せば、そこはスパイ、船乗り、商社員たちの溜《たま》り場、面倒はなにもない。ただし、それにはグラバーが正真正銘のフリーメーソンだったらという話が前提となるのだが。


当時、シャルル・ド・モンブランという怪しげなフランス人がいた。一八六一年に一度、日本に来たことがある貴族だ。

モンブランはベルギーのとある城の息子として生まれているが、フランス貴族の血を引いていたため、フランスに長いこと住んでいた。

れっきとした伯爵だ。モンブランはどこでどう知ったのか、ロンドンのホテルに五代たちを突如訪ねている。

モンブランはしたたかだった。あっというまに五代に金の匂いを嗅《か》ぎつけ、喰らいつく。それからというもの、主役として躍り出る。五代が書き記した「廻国日記《かいこくにっき》」によれば、一八六五年の十月七日、ベルギーの首都ブリュッセルに二人で仲よく入っている。

モンブランはとにかく顔が広かった。外国政務大臣など政府の要人と仰々《ぎようぎよう》しく会わされた五代は、とうとう薩摩藩の貿易窓口としてモンブランを指定する、という乱暴きわまりない契約書を独断で交わしてしまうことになる。これは後々、グラバーの怒りをかうことになるのだが、この時の五代はモンブランに魂を抜かれたような軸のなさだ。

それはそれとして、五代のブリュッセル滞在は六日間、最後の日にはベルギー国王の子息との面会という運びになり、五代はそのことでモンブランに深く感謝の念をあらわしている。

一度ロンドンに帰った五代は、思ってもみない動きを見せる。二〇日もしないうちに再び大陸に戻ってくるのだ。忙《せわ》しない移動である。

十月二十七日、オランダのアムステルダムに二泊。アムステルダムは、西周たちのいるライデン大学とは、汽車で小一時間という気になる距離だが、西のことは日記に現われない。

五代は周辺の小都市をなんとなくぶらつき、吸い寄せられるようにまたベルギーの首都ブリュッセルに向かっている。

到着は十一月五日。滞在はまた六日間である。

ブリュッセルという街はどことなく怪しい。五代だけではない。西と津田もパリに来る直前、ブリュッセルに立ち寄っているのだ。

ブリュッセルになにがあるのか？　五代、西、両者の密会はその直後だ。

五代とは別行動だった寺島もまた、西がパリに現われるころ、わざわざロンドンから駆けつけ、彼らと合流している。

忙しく英国と大陸を行き来する五代。イギリス政府に革命の後押しを説いて回る寺島。そして幕臣とはいえ、立派なフリーメーソンの西と津田。彼ら四人はパリという一点に吸い寄せられ、密会する。

花の都パリ。四名は一〇日間にわたってべったりと過ごす。パリのあちこちに足を伸ばし、夜はオペラまで見学している。その間、長々と語り合ったことはいったいなんだったのか?

共通点はひとつだ。

勤王や佐幕などどうでもいい。日本に「議会政治」を取り入れることである。そのために手を結ぶ。「至高の神」、「自由」、「平等」、「友愛」……未知の思想に触れフリーメーソンとなった西の決意は、固かった。

――幕府に身を置きながら、幕藩体制は崩す――

帰国後、徳川慶喜の政治顧問に納まった西は、その年、さっそく京都で武士を否定する主張をぶち上げている。

「世禄を減らし、門閥《もんばつ》をなくし、兵制を整える」

すなわち武士は解体し、身分によらない軍隊を作るべきだと主張したのである。徴兵制だ。この考えは震えるほどすごい。他の倒幕派は、幕府は倒すが武家社会は温存するという「幕藩体制」から「朝藩体制」への移行であるのに対し、西のそれは武家社会そのものをぶっ壊すという気魄《きはく》ある宣言だ。

「武士の解体」。西のまわりは武士だらけである。命がけの発言だった。こんなむき出しの主張は、バックがいなければ、おっかなくてできないはずだ。そう、西は孤立しているというわけではなかった。フリーメーソンという大スポンサーの後押しがあったのである。

奇しくも、イギリスのパークス公使もその時期、同じことを述べている。

「徴兵制をしいて、農民からも兵隊を取れば、間違いなく武家制度は壊れる」

両者は武家社会が癌《がん》だと考えていた。身分差別のない徴兵制こそ、武家社会を壊すものだと信じているのだ。政治を熟知している者の考えである。

西は一貫していた。

一八六七年には徳川慶喜の側近として「議会草案」を提出。これは上院下院による「議会制」をとりながら、慶喜が「大君《たいくん》」としてその上に君臨するような形だ。

天皇の位置はというと「大君」と並んでいるものの、発言権はない。すなわち西は、この時すでに現代に通じる象徴天皇制を唱えていたのである。慶喜がそれに飛びつくのも無理はない。

この西ドクトリンと言うべき構想が下地としてあったからこそ、慶喜は後藤象二郎《ごとうしょうじろう》、龍馬たちが進めた「大政奉還」を受け入れたのである。

それほど西の存在は大きかった。

西は秘密結社のメンバーであることをひたすら隠蔽《いんぺい》しつつ日本の哲学者として、すばらしい功績を残し、一八七三年には福沢諭吉、森有礼、津田真道らと共に「明六社」を設立、最後は貴族院議員になる。

五代友厚とフリーメーソンの関係

西、五代たちが「議会制度」の実現を誓い、最後に確認しあったものは今後の連絡方法だった。

暗雲立ち込める日本、地下で両者のパイプの通りをよくしておく。両者は固く握手を交わした。幕府が瓦解する、まさにその直前の数カ月、五代の姿は表舞台からぷつりと消えるのだが、それは西との接触、工作が激しくなってきたからにほかならない。

一〇日間にもおよぶ幕臣と薩摩藩士の秘密の会合を終え、西と津田は十二月十五日マルセイユへ向けて出発、そこから帰国船に乗る。

五代は、その後四日の間、同じホテルに居続けることになるが、気になるのは五代とフリーメーソンとのつながりだ。

残念ながら、まだ証拠はない。

だが状況は、限りなくグレーだ。まず目を引くのは十月七日から六日間にわたる五代のブリュッセル行きである。動きには意味がある。

五代の日記を見てみよう。簡素に書かれている。それでも妙に不明瞭な行がある。

十月十一日だ。その日、「午前より病院に行く」とだけあり、それ以降は空白。おかしいのは、その日の支払いである。金銭「出入書」には「案内人への謝礼として払う」と書いてある点だ。

病院代ではなく、案内人に対する謝礼のみ。これは妙だ。連日びっしりとアテンドしているのは、伯爵モンブランである。ならば案内人はモンブランであるはずで、彼に対する謝礼は唐突すぎる。

ひょっとしたら、病院というのはなにかの偽装ではなかったのかという思いは残る。

次の不自然さは、十月二十七日、二度目のブリュッセル行きである。二〇日間あまりで再度足を踏み入れる距離にしては、ロンドン、ブリュッセルというのはあまりにも離れていないだろうか？

日記を読めば分かるが、ブリュッセルに入ったからといって、これといって大したことはしていない。蠟燭《ろうそく》工場を見学したり、製紙工場や貨幣機関所を訪れたりしているだけで、そんなものはロンドンの方が確かな施設があり、わざわざ海を渡って見るような場所なのか、と首を傾《かし》げたくなるところばかりだ。

しかし、じっと日記を見つめていると、今度の旅も気になる日があった。

十一月八日である。前回と違ってこっちは本物の空白だ。

曜日は水曜日。

視線はひと月前、十月十一日の奇妙な病院行きに戻った。これも水曜日。しかも同じ第二水曜日である。

はっと思った。フリーメーソンの定例集会日……フリーメーソンの慣例として、定例集会は月に一回だ。それも、このように第○・○曜日というように曜日で設定するのが普通である。

とすると、こう考えられないだろうか？

まずモンブラン。彼がフリーメーソンだと見る歴史家は多い。貴族という身分、有力者

五代友厚と西《にし》周《あまね》たち、ヨーロッパでの足跡

日時（新暦）	（旧暦）	事実経過
1864年10月20日	元治元年9月20日	西周、オランダでフリーメーソンに入会。 一カ月後、津田真道も入会
1865年10月7日	慶応元年8月18日	五代、モンブラン伯爵とブリュッセルへ。 滞在6日間
10月11日	8月22日	五代の日記に「午前より病院へ行く」
10月15日	8月26日	五代、モンブランと「北義国商社条約書」を締結。ベルギー国王の太子に面会
10月27日	9月8日	五代、アムステルダムへ
11月5日	9月17日	五代、再びブリュッセルに入る。6日間滞在
11月8日	9月20日	五代の日記は「水曜日」とだけ記され、 あとは空白のまま
12月1日	10月14日	西と津田、オランダを出発
12月4日	10月17日	西と津田、パリに入り、五代、寺島と対面。五代の日記には「和蘭（オランダ）へ来りし幕生両人当舎へ来る」
12月5日	10月18日	五代の日記に「幕生西、津田両人面会」。 以後、6、10、11、12日と頻繁に会う
12月15日	10月28日	西と津田がパリを離れる。 「幕生弐名出立を送る」と五代の日記に
12月17日	10月30日	五代の日記に初めて「西暦」が使われる
12月18日	11月1日	五代、「地理学会」に出席と日記に記す
12月19日	11月2日	五代がパリを離れロンドンに戻る

への顔の広さ、それらのことから、おそらくモンブラン＝メーソン説は正しい指摘に見える。すると五代は、そのモンブランに連れられ、ブリュッセルのとあるロッジに二回続けて出席した……。

そう思った瞬間だった。今度は西たちが帰国の途についた後の、五代の日程が心を捕らえた。同じホテルに四日ばかりねばっているのである。きっとなにかあるに違いない。

すぐに判明した。ある会合に出席していたのだ。

日記にはこう書かれている。

「夜ニ入て欧羅巴中地理学会の衆会に行、数拾人一同食事を成す」（原文のまま）

「地理学会」の会合に出席した、とある。十二月十八日のことだ。

出席者は数十名。五代が、今回の旅行の締めくくりとして、ぎりぎりまで待って出席したのがこの「地理学会」である。となると、パリでの重要な目的の一つだったに間違いない。

——五代が地理学会？——

これまで地理学などとは無縁な男である。そんな五代が、何を思ったのか「地理学会」を何日も待ちわびている。五代ともあろう男が、会合を取り違えるわけもない。どうも釈然としない。意図は別にある。

しかし、それがフリーメーソンの集会だったら筋が通るのだ。

流れはこうだ。十月十一日、モンブランに連れられてブリュッセルのロッジに入る。その時は面接と入会申込書の提出だけだ。

そして翌月の定例会、すなわち十一月八日に入会の儀式を受けたのではあるまいか？

そのために五代はわざわざブリュッセルに戻ってきたのである。

晴れてメーソンとなった五代は、パリの会合に顔を出す。

参加人数、数十名。モンブランも一緒である。それは表向き「地理学会」と名がついているものの、多くはフリーメーソンで占められている。日本でも、よく「歌会」、「茶会」などと偽っては集まり、その実、謀議の場であることは少なくなかった。それと同じだ。

五代を伴ったモンブランは、この日「日本の一般的考察」と題して講演をぶっているのが判明している。これがずばり倒幕の演説だったことも明らかになっている。

なぜ、モンブランは日本の政治にこれほどまでに熱くなれたのか？

その答えは、フランスのフリーメーソン運動の中にあるのは間違いのないことなので、少し述べる。

一七七三年、フランスではフリーメーソンが英米系とグラントリアン（大東社）の二つに大分裂を起こしている。現在もそうだが、当時も人数において圧倒的にグラントリアンが勝《まさ》っていた。

このグラントリアンというのは、政治的なスローガンを掲げることをいとわないフリーメーソン組織で、その辺は政治活動を名目上禁止している英米系とはまったく違う。

フランス革命、ナチスに対するレジスタンス運動など、ロッジ・ミーティングで議論が沸騰し、ロッジぐるみで突っ走った歴史がある。グラントリアンは比較的に政治好きが集まる組織であって、モンブランが夢中になって日本革命をぶつのはなんでもないことなのだ。

モンブランには策士、あるいは詐欺師という、ありがたくない評価が下されているが、案外無類の夢想家でもあったようだ。もちろん五代を巻き込んだ裏にはビジネス、手っ取り早く言えば金も絡んでいるのは確かだがが。

秘密結社の「魅力」と「掟」

なんども言うが、五代がフリーメーソンだったという確証はない。ただフランス系の「グラントリアン」に加入したという可能性は濃厚だと思っているだけだが、もし彼がそうだったとすれば、秘密結社に惹《ひ》かれた理由はなんだったのか？

自由や平等という西欧的な価値観への憧れもあったはずだが、フリーメーソンが持つ神秘性によるものも大きかったのは想像がつく。

今から一五〇年前のフリーメーソンは、ロッジごとに特色があった。怪しげな錬金術を唱えるところもあったし、カルトや魔術に走るところもあった。

もちろん今のフリーメーソンの多くは、そんな過去を否定する。しかしそれは、長い歴史を持つ組織にありがちなことだ。共産党や宗教政党の支部組織が、古《いにしえ》に冒険主義に走り、陰謀めいた事件や暴力事件を引き起こしたことは事実だし、現代の組織が、それを全否定しているのもまた事実で、組織とは、常に過渡期の不都合な部分を隠蔽しがちなのである。

昔のフリーメーソンには、勝手放題の連中が混じっていたというのは本当のことである。

「フリーメーソンは、欧米の政治を動かしている。入会すれば悪いようにはしない」

「メンバーになれば、錬金術の極意が明かされ、大金持ちになる」

ハッタリはいくらでもきいた。それに触発される当時の日本の武士は少なくなかった。

入会すると、その儀式の異様さに度肝を抜かれ、掟《おきて》に縛られる。メンバーを兄弟と呼び、兄弟を裏切ってはならないという掟だ。裏切りは処刑。もちろん現代では形式的なことだが、昔は現実味のあるものだった。当時の武家社会でも同じことだ。藩の掟に背くものは切腹だし、亀山社中でさえ処刑という規約があって、実際に詰腹《つめばら》を切らされた人間もいる。

処刑という掟はフリーメーソンの十八番《おはこ》ではないのだが、呪縛力はある。

まんまとそれにはまった五代は、だからこそ帰国後、苦しむのである。

薩摩藩の貿易窓口は自分一人だ、としつこく付きまとうモンブランと、それに対して激怒するグラバーと薩摩藩。だがどうにもならない。あれほどクールだった五代が、悩み、苦しみ、板ばさみになってもなお、ぐうの音《ね》も出ずモンブランを切れなかった異常さは、なにかの掟が居座《いすわ》っていたとしたら納得できるものがある。

五代と寺島がパリからロンドンに帰って、正月を迎える。突然、留学生一同の身に変化が起こった。おそらく五代たちが話し合ったのだろう、生活費の額が変更されたのだ。

すなわち、格式や身分にかかわりなく、同額「英金百封度《ポンド》ヅヽ」が支給されたのである。平等思想が身に付いたのだ。五代たちは明らかに変わったのである。

なぜ龍馬が「薩長同盟」を仲介できたのか

ちょうどそのころ、日本では薩長同盟が結ばれていた。ご存知のとおり長州の桂小五郎と薩摩側で交わされた約束である。

場所は京都薩摩藩邸。後見人は坂本龍馬だ。

だが、これまでの流れをみて分かるとおり、一年以上も前から、グラバーを中心に薩長は協力関係にあり、新鮮味はない。しかも「薩長同盟」とは呼ぶものの、お互い文書を交わしたわけではなく、すべてが口頭での約束事である。

そうは言っても、その意義は大きい。

家老桂久武《かつらひさたけ》、大久保利通、西郷隆盛という薩摩上層部が、一同に集まっての詮議《せんぎ》であり、それなりに重みがある。ただ、対する長州藩の出席者は桂小五郎ただ一人だったというのがなんとも奇妙だ。

この会議はスムーズにいかなかった。桂は京都に入って一〇日以上も過ごすが、いっこうに政治の話がはじまらない。事態は立ちすくんだままだ。苛立《いらだ》つ桂。あきらめかけたところ、颯爽《さっそう》と龍馬が現われ、西郷たちを説得し「薩長同盟」という運びになる。

この説にはいろいろあって、本当は龍馬は遅れて来たため、肝心の話し合いには加わらなかったという意見もある。それには、龍馬のような下級武士をなぜこの場に入れなければばならないのか、というしごく単純な疑問も含んでいる。実際にそういう見方もあるが、しかし、薩長連合の会議に龍馬が関与していたというのは確実だろう。

その裏付けは、桂がしたためた手紙である。日付は一月二十三日（旧暦）付の龍馬への手紙だ。

桂は、西郷たちとの話し合いの結果、約束したものを箇条書きにまとめ、内容に相違があれば正して欲しいと龍馬に願っている。

桂は必死だ。桂が死に物狂いになるのはしごく当然で、薩長同盟というのは、対等ではないからだ。幕府に長州が攻めたてられたときに薩摩は助けに回る、という基本は一方的な長州救済型の同盟なのだ。

しかし気になるのは、やはり龍馬の存在だ。

表向きだろうがなんだろうが、龍馬は脱藩した下級武士であることを見過ごしてはならない。本来なら、座敷にさえ上がらせてもらえない郷士《ごうし》、すなわち足軽ていどの身分である。その龍馬が、七七万石という大藩の薩摩と三七万石のこれまた有力藩である長州の仲立ちだというのだから、驚きの大抜擢である。龍馬にいったいどれほどの力があったのか？

それに対し、龍馬は臆面もなく筆を取って両藩の合意文書に朱を入れ、裏書きの署名で答えている。

表に御記し成され候六条は、小（小松帯刀）、西（西郷隆盛）、両氏および老兄（桂小五郎）、龍（龍馬）等も御同席にて談論せし所にて、すこしも相違無く候。後来といえども決して変わり候事これ無くは、神明の知る所に御座候。

二月五日（カッコ内は筆者）

しっかりと見届けたぞ、と胸を張っているのだ。

なぜ桂は龍馬にすがり、また龍馬は龍馬で、このような大それた役回りになんら気後れをみせなかったのか？

その前に不思議なのは、綺羅星《きらぼし》のごとく集まった薩摩の重鎮たちである。

銀行で言えば実質的な頭取、副頭取、専務といった面々だ。それに対して桂はものすごく格下、よく言って、せいぜい平の取締役である。いや部長級かもしれない。しかも、融資をお願いする方だ。薩摩藩からすれば会合そのものが無礼である。これでは藩としての体面は保てないし、後世の笑いぐさである。格式や面子を重んじる武家社会にあって、なぜ薩摩はプライドを捨てたのか？

龍馬という足軽クラスが斡旋《あっせん》したからではあるまい。ではどうして、のこのこと薩摩のお偉方が顔をそろえたのか？　薩摩が言うことを聞く、一番の人物が命じたからだとしか考えられない。薩摩に最も影響力がある人物。

この時期、薩摩を動かせるのは、英国民間諜報部員グラバーをおいて他にいない。

その筋の呼びかけだからこそ、桂久武、小松帯刀、大久保利通、西郷隆盛という錚々《そうそう》たる武士がそろったのである。彼らはしぶしぶであったと思う。できれば、こんな間尺《ましやく》に合わない救済同盟などごめんである。

グラバーに強く言われたが、かわしたかった。桂小五郎を十数日間、酒と肴《さかな》で接待漬けにして、なんとか帰ってもらいたかった、というのが本音であろう。だからつれなく放っておかれた。しかし、ギリギリになって、駆けつけた龍馬が一喝した。それはとりもなおさずグラバーの一喝だった。

グラバーを怒らせたら、武器輸入は途絶え、英国との関係が崩れる。藩にとっては悪夢だ。薩摩は承諾せざるを得なかった。しかし「分かり申した」と口頭にとどめた。明文化するまでは約束していなかったのだ。

詮議を終え、その場を離れた桂は後になって不安になった。なんとか残る証拠が欲しい。そこで龍馬を追いかけるように手紙を書き、保証を頼んだのである。

龍馬は得意になって筆を走らせる。

「……神明の知る所に御座候」

この「神明の知る所」の「神明」とは英国、いや最大の黒幕グラバーのことを指しているに違いない、と思うのは考えすぎであろうか。

龍馬がグラバーを後ろ盾にしていた証拠の一つに、とある書類が残っている。

高知市民図書館に残る、龍馬の保証書だ。

時期は龍馬が殺害される半年ほど前、英文で交わされた保証契約がそれである。

龍馬は、買主の大洲《おおず》藩士、玉井俊次郎《たまいとしじろう》あてに、二万ドル弱の保証の印を押しているのである。

ご存知のとおり、龍馬はあちこちで借金を重ねている。海援隊自体も借金だらけだ。保証人としてもっともふさわしくない人物なのだ。にもかかわらず、相手は龍馬の二万ドルもの保証を受け入れているのである。

そのことから龍馬は単体として見られていなかったことが分かる。グラバーと一体だと思われていた。だから相手は厚く信頼したのだ。

これが示すように、ある時期龍馬が、グラバーという民間英国諜報員の代理人として認められていたのは動かしがたい事実である。その筋では知れきったことだった。だからこそ薩長同盟の後見人になれたのである。

薩長同盟という大仕掛けの裏には英国がちらついている。大国の力がかからなければ薩摩の大御所など腰を上げるものではなかった。そして龍馬は、英国の名代としてグラバーの手によって送られたと考えられるのだ。

これで「薩長同盟」の間にさ迷い込んだ一人の下級武士、龍馬の謎が解けるはずである。

英国は幕府と薩長、それぞれを操った

一八六六年二月九日に、五代たちが英国より帰国。

彼を待ち望んでいたグラバーの政治的な動きが活発になる。

グラバーは鹿児島に船で乗りつけ、五代、小松と共に根回しを開始。グラバーの、めりはりある立ち回りによって、ついに薩摩藩はパークス英国公使の鹿児島招待を決意し、パークスもまた薩摩行きを決断するのである。

これは衝撃的な出来事だった。イギリス政府代表が、厳正中立という仮面を捨てて、革命勢力のボスに会いに行くのである。今にたとえるなら、アメリカ代表がイラクの反体制

組織の大ボスの招待にあずかり、その支配地域でのパーティに、のこのこと泊まりがけで出張《でば》ってゆくのと等しい。

やはり英国は薩摩と手を結んでいる！

噂は全国に広まってゆく。パークスは薩摩に向かう途中、下関に寄る。高杉晋作と博文が駆けつけ、帰りにもう一度寄って、長州藩主毛利敬親との面会を願い出ている。

幕府にとっては、ゆゆしき問題である。第二次長州戦争がまさに勃発しようとしているタイミングなのだ。英国はこの時期、なにゆえ長州、薩摩を訪れるのか？　しかし飛ぶ鳥落とす勢いのイギリスには逆らえず、歯軋《はぎし》りするばかりである。

下関に立ち寄り、鹿児島に向かう。英国側には、龍馬にやらせた「薩長同盟」の再確認という意識もある。

三隻の英艦。先頭で波を蹴散らすのは旗艦プリンセス・ロイヤル。まさに英国王女。その艦には、してやったりと笑いをかみ殺すグラバーの姿がある。

鹿児島滞在は五日間という長さだ。西郷隆盛の書簡によれば、政治色の濃い会談が交わされたと記されているが、パークスの公文書は、いっさい口をつぐんだままだ。

その一端が薩摩側から漏れている。パークスは最後に、薩摩と英国との連絡係を江戸藩邸に置くよう要請しているのだ。

「合鏡《あわせかがみ》を渡して欲しい。これを持参する人であれば信頼しよう」(『薩摩海軍史』)

「合鏡」。スパイ確認方法としてはこれまた古典的なやり方だが、選ばれたのは案の定、イギリス帰りの寺島宗則だ。寺島は、ご存知のとおりロンドンで倒幕工作に走り回り、パリでフリーメーソンの西、津田と密会し、幕臣ともパイプを保っている人間だ。寺島を江戸に配せば、英国、幕府、薩摩の三組織の往来はスムーズだ。適役である。

このころからパークスは幕府を見限っているようだが、アーネスト・メーソン・サトウの日記には幕臣、勝海舟《かつかいしゅう》が頻繁に登場する。

この辺が英国外交のうまいところだ。表面的には、中立であり全方位外交だとあざむき、あらゆるところから情報を入手してゆく。もしかりに英国が反幕府一色の看板だったら、幕臣、勝は出入りできない。パークスが幕府を上手《うま》くとりなしているのである。英国のエージェントとして動く勝海舟。表と裏、虚々実々の駆け引き。闇に工作員を放ち、隅々の情報に手を伸ばすためにも、表向き中立という姿勢は崩さない。

これは英米の伝統的な方法であって、現代でも諜報部員が絡む場合、中南米などでも一般に取られている。

この時の、英国の諜報能力はそうとうなもので、たとえば肥後《ひご》藩主が将軍にあてた重要密書なども入手していること一つをとっても、かなりの上層部に潜《もぐ》り込んでいることが分かるだろう。

幕府は英国の術中にはまった。

薩長を訪問してはいるものの、パークスは幕府に友好的に振る舞っている。半信半疑だが、ぎりぎりまで進んでゆく。そしてやはり英国は倒幕側に加担しているのだ、と気が付いたときには後の祭り、すでに手遅れになっているのだ。

準備を整えるグラバー・スキーム。幕府の肉眼では見えないところで、長州に武器をスムーズに流しこむ。それに合わせるように、英国は長州側の砲台再武装を黙認し、長州の軍備強化に加担する。

「幕府側に立つわたしの情報提供者も、大名たちの側に立つそれも、次のような意見を持っている」（一八六六年十月三十一日、パークスよりスタンレー外相への報告）

この手紙でパークスは、すでにあらゆるところにスパイ網を構築していることを白状しているのだが、ここに書かれている「次のような意見」とは情勢分析で、「幕藩体制」から「大名合議制」の流れには、どう転んでも反対意見は出ないだろうというものだ。

手紙は続く。

「大名会議には、現在大名の総数、二六〇のうち、二、三〇の有力な大名が考えられている」

パークスは、新政府へむけての具体的なシナリオをはっきりと描いているのだ。

「それにともなって公館を横浜から江戸に移すつもりだ。そうすれば、情報提供者ともっと頻繁に会うことができる」

公文書だが、ここでも諜報部員について言及している。

グラバーも負けじと、交際の手を広げる。はじめは藩ごとに、しだいに垣根を取り外し、近づいてくる隠密をあの海の見えるグラバー邸に招くのである。

ビール、ウイスキー、ワイン、バーベキュー、珍しい飲み物食べ物を所狭しとテーブルに並べる。大勢の英国軍人を集め、自腹を切っての大盤振舞い、侍と英国軍人との親睦パーティである。銃で的を射つ鉄砲賭博に興じ、遊びに飽きると街に繰り出し、酒と芸者で騒ぎまくる。

ころあいを見計らって、レクチャーも忘れない。イギリスについて、武器について、貿易について、平等について、自由について、文明について、その講演内容は多岐にわたった。すごい話の連続に、腰の二本差しがアホらしくなる。朝から晩まで剣の修行に励んでも、女子供の持つ鉄砲にすらかなわない。いったい侍の誇りとはなんだったのか？　価値観がひっくり返り、世の中がひっくり返る。

こうしてグラバーは一人、また一人と侍を英国側に釣り上げてゆくのである。海外送り出しにも余念がなかった。

一八六六年十月三日、薩摩藩士新納刑部《にいろぎょうぶ》の息子と、加賀《かが》藩士二名をロンドン留学に送り出し、翌日には土佐藩の大物、後藤象二郎を伴って上海《シャンハイ》に発つ。後藤は四名の部下と三名の宇和島《うわじま》藩士、それにジョン万次郎《まんじろう》を従えるという大名旅行だが、目的は船の買い付けだった。

年の終わり、パークスはサトウに地方の情報収集を命じた。一八六六年十二月十日のことだが、艦を出すようキング提督に依頼。プリンセス・ロイヤルで港、港を巡るのだが、単なる情報収集だけではない。英国ここにありという完全なるデモンストレーションもかねている。

そうしなければならなかったのだ。この年の八月、将軍家茂《いえもち》が病死して、徳川慶喜という新しい将軍がその座についたため、世間に落ち着きがなかった。さらに追い討ちをかけるような、十一月二十日の横浜の大火。その火事で、外国人居留地の大半が焼け出されたことも大きかった。いったい日本はどうなっているのか？　頭に丁髷《ちょんまげ》を乗せてざわつく連中に、汽笛を鳴らし大英帝国のパワーを焼きつけておくのである。

――英国は健在なり――

なにかが起これば、節目節目に勢力を誇示する。まめに偉大なる英国の姿をさらして、よからぬ噂を叩き潰す必要がある。そのための全国港巡りである。

兵庫、鹿児島、宇和島、下関の各地に立ち寄り、現地で情報を拾っては睨《にら》みつけ、ちらばっているスパイに英国の強い意志を示す。長崎港に着くと、キング提督とともにサトウはグラバー邸に身を休めた。

将軍・徳川慶喜との「謁見」に臨む英国

一八六七年の春。

場所は幕府軍が長州再征の大本営を構える大坂、外国高官が徳川慶喜の「謁見《えっけん》」を賜《たま》わろうというのである。

しかし「謁見」とは名ばかりだ。本当はイギリスに押されて、しぶしぶ行った儀式だった。

英国には、不満が鬱積《うっせき》していた。

英国の強い要望で、幕府はたしかにパスポートを所持した日本人に外国渡航を認めた。だが、一年がたとうというのに、まだ一通のパスポートも発行されていないという事実。

前年の十一月十六日には、外国米の輸入販売を許可しておきながら、これまた名ばかりで、実際には幕府と癒着した穀物商人だけに限定しているという現実。

そして、かねてよりの兵庫開港という大きな要求に対しても、幕府はのらりくらりするだけで、なんら手を付けていなかった。

我慢の限界だと、怒りも露《あら》わに英国が腰を上げたのである。

それともうひとつ、幕府が目論む長州遠征を牽制《けんせい》する意味あいもあった。

その場をおさめようとした幕府側は、それでもなお形にこだわり「謁見」などと偉そうに称したまでである。

日本中の情勢を掌握したパークスは、「謁見」相手の慶喜に、大坂行きを一方的に通告した。

慌《あわ》てふためく幕府の都合も聞かずに、横浜を出発。

メンバーはパークス夫妻、コロック書記官、ミットフォード二等書記官、ウィリス医師、アーネスト・サトウ、アストン通訳生、ウィルキンソン通訳生。護衛として九人の騎馬兵と四六名の歩兵隊がつく。それに二六人もの日本人使用人が加わって、総勢約一〇〇名という大所帯になり、輸送には四隻の軍艦があてられた。

三月十三日の朝、大坂湾に到着。先回りしていたベロラス号が二一発の礼砲で一行を重々しく迎える。この砲音は、大坂の街をにぎにぎしく振るわせ、いやがうえにも庶民の耳目を集める。

翌日の上陸について、幕府側と打ち合わせがあった。押し問答の末、幕府の護衛が整列させられるはめになる。一〇〇人が束《たば》になっても、到底かなう相手ではない。「謁見」の形式についても、押しまくられ、幕府は心ならずもヨーロッパ式を吞《の》まされる。

その日を待つ間の三月十八日だった。ついに兵庫開国に関する吉報がパークスの元に届いた。

「英国との取り決めによって定められた日付、一八六八年一月一日をもって、兵庫ともうひとつ、西海岸の港を開き、江戸と大坂の街を開放する」

長い間の懸案事項だったが、はじめて書面による確約を得たのである。これも軍艦で乗り込んだからこそ結実したのだが、機嫌よく「謁見」に臨んでもらうための幕府からのお土産である。

だが安心はできない。旅券や米の自由化同様、捨ておかれては意味がないのだ。条約を遵守《じゅんしゅ》させるには強制力が必要である。守らなければ、攻撃する。そろそろそういうことを教える時期にきている、とパークスは思い始めている。

ところが、いざ兵庫開港という知らせが入ると、おかしなことが起こった。

薩摩藩、大久保利通と西郷隆盛である。ご存知の通り、彼らは武力討幕を掲げる急進派の頭目だが、開港など冗談じゃないという立場をとったのだ。

理由はこうだ。

兵庫開港要求は、幕府を追い詰めるための格好の材料だった。兵庫港が閉ざされ、幕府が貿易を独占しているからこそ、諸大名の不満がつのり、それが倒幕への力になってゆくのである。「兵庫未開港」こそ、倒幕派のシンボルだったのだ。彼らにとってみれば、皮肉なことに、開港は討幕の機運を削《そ》ぐことに他ならない。

大久保たちの妨害工作は熾烈《しれつ》だった。その甲斐あって、ついに四月二十三日、朝廷による兵庫開港不許可の通知が慶喜に下ったのである。

しかし、パークスに約束した以上、後退は許されない。幕府は再び押し返し、朝廷に願い出る。四月二十八日のことである。

ここでも英国は高等戦術を使っている。二面外交だ。

パークスは、開港しろという態度を取り続けるが、サトウは違う。

サトウが書いた『一外交官の見た明治維新』には、こう述べられている。

「わたしは革命の機会を逃すべきではないと西郷に説いた。ひとたび兵庫が開港されてしまえば、大名たちにとって、革命の機会は失われてしまうのである」

サトウはやる気満々で、当の大久保たちより強硬だ。革命に打って出ろと煽《あお》っている。この文は、工作員としての姿を如実に露出している。サトウは岩倉具視、大久保側に立った過激な武力倒幕論者だ。というより、日本人をけしかけ、まるでサトウの方が武力倒幕勢力を背負った指導者のような振る舞いである。

パークスはゆったりと兵庫開港を幕府に迫り、それに呼応するように、サトウが倒幕勢力にそれを妨害させ、血相を変えて武力革命を鼓舞する。

挟み撃ちにすることによって、幕府はどうしたらいいのか分からなくなり混乱する。悪霊か憑物《つきもの》か？　頼みの英国から毒を吐かれたように前が見えなくなり、行く手をふさがれ、追い詰められ、政権を投げ出す方向へと追いやられる。いったいどうしたらいいのだ？

これは苦しい。他国を潰す時の常套手段だ。

パークスは外交官として仕掛けの色を見せずに正論で押し通し、サトウは工作員として鋭く動く。

ともあれ、パークスと慶喜との面会は四月二十九日に実現した。慶喜にイギリス人教師による学校の設置を提案し、鉄道、電信、炭鉱の開発を進言。一時間半の話し合いは和《なご》やかに終了した。

　ただし、パークスは慶喜に対して終始、幕府側が希望した陛下（Ｍａｊｅｓｔｙ）とは呼ばず、代わりに一段低い、殿下（Ｈｉｇｈｎｅｓｓ）という名称を使った。これは侮辱だとして、幕府は後にイギリス本国に抗議しているが、パークスは最後まで押し通したのである。

「謁見」は慶喜三〇歳、パークス三九歳、サトウ二四歳、グラバー二九歳、龍馬三二歳の時のことだが、事態は幕末への軌道を勢いよく滑り出してゆくのである。

「いろは丸」事件処理を巡る怪

　一八六七年五月二十六日。

　一隻の船が長崎を出て瀬戸内海に入った。

　海援隊が大洲藩から借用していた「いろは丸」だ。夜、一一時ころだった。月が雲間に隠れ、漆黒の闇が広がっている。突然衝撃があった。紀州《きしゅう》藩所属の「明光丸《めいこう》」と衝突したのである。

「いろは丸」に乗っていたのは坂本龍馬、長岡謙吉《ながおかけんきち》など海援隊員である。

この海援隊というのは、うっかりすると亀山社中の名前を変えただけだと思いがちだが、そうではない。

亀山社中の方は、小松帯刀（薩摩藩）がスポンサーに加わっていたくらいで、薩摩藩とグラバーのいわばジョイントベンチャー企業だ。

ところが海援隊は、土佐藩が主力なのだ。したがって海援隊は土佐藩のもので、より龍馬色の濃いものになっていた。

海難事故の談判場所は、長崎に決まった。

再三行われた龍馬と「明光丸」船長、高柳楠之助《たかやなぎくすのすけ》の話し合いは、お互い角付き合わせるだけに終始。そこで土佐藩の参政、後藤象二郎がやおら登場する。

後藤が、表舞台に乗り出してくるのはこのあたりからだが、吉田東洋《よしだとうよう》を叔父に持ち、龍馬が所属していた土佐勤王党を弾圧した張本人である。もとはバリバリの公武合体派だが、長崎に来てグラバーと親しく交わり、上海を見てからというもの、申し分のない開国派に早変わりして龍馬と手を組んでいる。

対する紀州藩側は、相手がそう出るならと、新手の交渉人、勘定奉行茂田一次郎《しげたいちじろう》にバトンを渡す。

後藤は達者だ。日本ではこうした事件を処理した前例がないので、イギリス海軍に裁定を依頼したいと、強引にその場を設ける。とうぜんグラバーの肝《きも》いりである。

「イギリスだと！」

それを嫌った茂田は、なにを勘違いしたのか英国から帰国していた五代に調停を頼んだのである。

飛んで火にいる夏の虫とはこのことだ。密かにほくそえんだ後藤はそれを快諾。期待どおり五代は、非は「明光丸」にありと、軍配を海援隊に上げたのである。

賠償金は八万三五〇〇両という、べらぼうなものだった。

なぜべらぼうかというと、まず賠償金額の算出方法だ。

「いろは丸」の値段は四万二五〇〇両だと言っているが、それ自体怪しい。「いろは丸」は大洲藩がグラバーの影響下にあった五代から買ったもので、価格操作などいくらでも可能である。なおかつ、沈んだ積荷価格を上乗せしている。上乗せはいいが、問題はその積荷値の算出方法だ。

その数字をあわただしくはじき出したのは、土佐藩の豪腕番頭、岩崎弥太郎《いわさきやたろう》（後の三菱財閥オーナー）だ。

龍馬、後藤、五代、岩崎、役者がそろいすぎている。

積載荷物は海の藻屑と化したからには、紀州側に確かめるすべはない。岩崎の言い値、言ったもの勝ちなのである。しかも事故自体、海援隊側にもいくらか落ち度があったらしいのだが、紀州藩は催眠術にかかったように言い値を満額承諾してしまう。

どうして茂田は、一方的に呑まされたのか？

かりにも紀州は徳川の親藩《しんぱん》五五万石、約一万人の兵力を有する大名である。なぜ五代ごとき若造の出した裁定をあっさりと受け入れたのか？

裏事情があったのだ。途中で気づいたのである。

龍馬＝五代＝薩摩＝グラバー＝英国軍という不気味なつながり。茂田は突然闇の中にとり残されたような心境になった。

当時、龍馬たちが意図的に流した物騒《ぶっそう》な戯《ざ》れ歌がある。

「船を沈めたそのつぐないは、金を取らずに国を取る」

——……国を取る——

逆らえば、紀州は英国に攻め込まれるのではないかと恐れをなしたのである。

グラバーと土佐藩が一体になった蜜月時代だ。

龍馬たちが土佐藩の所有船、「夕顔《ゆうがお》」で「船中八策」を練ったのは、その直後だった。

船の中で書いた八つの策なので「船中八策」なのだが、これは「薩土《さつど》盟約」や「大政奉還」建白書の原案になったと言われている。

グラバーと三菱（土佐商会）の蜜月

岩崎弥之助（弥太郎の弟で、三菱の二代目社長）とグラバー。両者の深いつながりを物語っている。

© 長崎歴史文化博物館

では「船中八策」のさらなる原案は、どこにあったのかと問えば、なんといってもグラバーとサトウの頭の中だ。

代表されるものは「英国策論」だが、グラバーはグラバーで、負けじと横浜の日本語新聞『横浜新報』に、援護射撃を送っていた。

「『ジャパン・タイムス』の中に、大君（将軍）一人と条約を結ぶ代わりに、諸大名と新たに結約せんとの説を称挙せる箇条あり。この箇条はすでに翻訳を経て高貴の人の間に流《る》布《ふ》し、その人々も大いにこの説を喜べるのは世人の知るところなるべし」（一八六六年八月二十七日）

革命をうたった「英国策論」に、日本中が大手を広げて歓迎しているのだと、絶賛しているのである。

記録によれば、このころ後藤、西郷はサトウの元を訪れ、憧れをいだくようななまなざしで、議会政治を問うては、耳を傾けていたことが判明している。

議会政治など、誰かに学ばなければ分からないことである。だいたい、「いいえ」という言葉すら存在しなかったのだ。「いいえ」というのは、明治になって、「ノー」に置き換えられる日本語を探し、作ったのである。君主制も共和制も、侍に見分けはつかない。天皇のいる日本にしてみれば、共和制と帝政を繰り返すフランスより、王室の伝統が続く英国の方が、より馴染めるだろうとサトウが語る。同じ島国でもある。英国を見習えば、小さな日本もやがては英国のような大国になれるはずだ。

彼らはむさぼるように考えを取り込んだ。

船中八策をまとめると、だいたい次のようになるが、英国様式がほぼそのまま骨格になっている。

一、政権を朝廷に返す
二、上、下院を設ける
三、人材はいろいろな階層から広く募集する
四、外交を確立する
五、新たに憲法、法律を作る
六、海軍の強化
七、首都防衛の近衛兵の設置
八、通貨の整備

英国が手本、英国が先生、偉大なる英国の教えを乞《こ》うということである。

軍艦で日本全土を巡回し、恫喝

一八六七年、夏、英国の倒幕工作は仕上げに入ってゆく。

起動させたのは、やはり軍艦だ。サラミス号の舵を握ったイギリス極東艦隊司令長官ヘンリー・ケッペルスは、もう一隻の軍艦サーペント号を従えて、東北・北陸沿岸諸国の視察に旅出つ。視察と言えば、物見遊山《ものみゆさん》の雰囲気があるが、この場合はあきらかに軍事目的だ。閉鎖的で、知的な好奇心に欠けていると評価を下した、北方大名たちに対する威圧である。

軍艦は宮城沖を北上し、函館《はこだて》に入る。七月二十七日、パークスとサトウも後を追う。そこから東北の沿岸を丹念に睥睨《へいげい》しながら秋田沖を南下、新潟港に入港した。

港は大騒ぎになる。いったいなにが起こったのか？　転がるようにして駆けつける新潟奉行。招かざる客をそれなりに接待しなければならない心境は察するにあまりあるが、パークスは我関せずと居座って、さらに佐渡《さど》に渡り、佐渡奉行とも面会している。

新潟あたりをうろついたのは東北・北陸諸藩に対するプレッシャーもさることながら、新潟の背後にいる幕府の番犬、会津藩を睨《にら》んでのことでもある。

全国行脚《あんぎゃ》は、三つの効果がある。

地方に軍艦を見せ、下々の庶民に衝撃を与えるのが一つだ。

次に諸藩の上層部と接触し、幕府か倒幕か、どちらに与《くみ》するのかという暗黙の恫喝《どうかつ》である。黒い船体には、にょっきりと突き出た大砲が並んでいる。それで、たいがいの武士は萎《な》えるはずである。実際、後に起こる鳥羽伏見《とばふしみ》の戦い、甲州勝沼《かつぬま》や会津の戦い、そのすべてにおいて、幕府側の士気は地を這《は》うほどに低かった。八万騎ほどの旗本はもちろん、数的には圧倒的優位に立っていた幕府側だが、親藩、譜代大名は次々と倒幕側に寝返り、沈黙する。

それは単に、薩長が菊の御紋《ごもん》、錦《にしき》の御旗《みはた》を掲げたというばかりではなく、この時の英国軍艦による地方圧迫も大きかった。その証拠に、奥羽列藩の同盟に与《くみ》し、新政府軍に対抗した藩は、当初三十数藩を数えたが、時局の推移とともに多くの藩が離脱。残ったのは会津、長岡、南部、二本松など、いずれも内陸で英国艦を目撃できない所か、もしくは海に面していても、英国艦が立ち寄れない小港をかかえる藩である。英国を知らなかったのだ。

諸藩との仕上げは重要だった。英国との連絡担当員を江戸に設置させることである。英国側は、大名にさりげなく連絡員を派遣させる。後は自分たちに取り込んでダブルエージェントに仕立て上げる算段だ。自信はあった。武士の忠誠心を砕くには褒美《ほうび》や将来の保証などだが、どの面でも英国側が勝っている。

八月七日、能登《のと》半島の付け根、七尾《ななお》港に上陸。ここは加賀藩の領地である。

今回の遠征は入念に練られており、大きな目的は、約一万八千名の兵を持つ加賀百万石への牽制も含んでいた。

港内を測量しながら、加賀藩を揺さぶり、閉鎖的な風土に切り込んでゆく。

「七尾の開港は反対か？」

加賀から到着した上級役人に、パークスが聞く。

「領民は……」

役人が負けじと答える。

「外国交際に慣れておらず、開港によって物価が高騰することを恐れている。藩主個人は開港を望んでも、藩主は領民の意見には従わなければならない」

「では聞くが」

舌を巻くパークスのディベートがはじまった。

「隣の新潟港の天候が悪いとき、外国船がここ七尾に避難することに、藩主は反対か？」

「いや、外国との友好関係や人道上からも、それは拒《こば》めない」

「そうか、では緊急に寄港した船舶が長時間荷を積んだままだと、やはり風雨にやられて転覆する恐れがある。それを避けるために、荷物を陸に降ろすことになるが、それは反対しないか？」

「人道上の理由から、それは許される」

「ならば陸揚げした荷には、それを保管する倉庫がいるが、倉庫はだれが建てるのか？」

「……それは英国でも、加賀藩でもどちらでもよい」

「では加賀藩に建ててもらおう。もう一つ」

「……」

「陸揚げした品物の中に、住民が是非欲しいというものがまじっていた場合、その売買を禁止するのは難しいのではないか？」

「いや……」

「加賀藩主は、領民の意見に従うと言ったではないか」

「しかし……」

ぐうの音も出ない。

「それを認めれば……七尾が貿易港になってしまう……」

加賀の領地は、幕府の力の及ばないところで、考えはかなり遅れている。

パークスは、相手の論理は辻褄が合わないと大袈裟に抗議し、外国に対する礼儀や友好意識も欠いていると今にも大砲をぶっ放しそうな勢いで激怒する。甘く見られないために も、物分かりの悪い自分を演出してから、七尾港を出港。そのままグラバーのいる長崎に 羅針盤を合わせる。

残ったサトウは、二等書記官ミットフォードと陸路を大坂に進んだ。

いつも連れ歩く野口富蔵《のぐちとみぞう》を含め数名の従者を伴っている。もちろん加賀藩の護衛兼案内 人の先導付きだ。

途中、金沢に寄る。そこで加賀藩主の接待を受けたサトウは、パークスの非礼を詫《わ》び る。パークスが取調室の恫喝刑事役なら、サトウはカツ丼を出してなだめる役だ。それか らずばりと切り出す。

「今後、なにか生じることがあるかもしれないが、加賀は幕府でもなく討幕軍でもない中 立を守っていただけるか?」

なにがあってもお家大事。藩主前田慶寧《まえだよしやす》の頭には、薩英戦争や下関砲撃でボロボロにさ れた両藩がこびりついている。英国から直接そういわれれば、首を縦に振る以外にない。

藩主から確約を取り付けたサトウは、目的をしっかり果たし、ここでも連絡員を確保し て、陸路大坂を目指す。こうして東北・北陸を押さえ、大坂に腰を落ち着けたサトウは、 再び目鼻立ちの派手な西郷隆盛と連絡を取り合い、頻繁に接触。西郷に、議会制度などをとくと聞かせ、二人で大いに時間を費《つい》やすことになる。

水夫殺害事件の隠れた顚末

一方、バジリスク号でさらに日本海を南下、長崎に到着したパークスは、いまいましくも英国人水夫殺害事件を聞かされる。いわゆる「イカルス号事件」である。事件は到着二週間前の、八月五日（旧暦七月六日）に起こっていた。

海援隊に強い嫌疑がかかった。

根拠になったのは、海援隊の服装にまつわる噂である。さらに調べてみると、犯行時間後の深夜三時という特別な時刻に、海援隊の帆船「横笛《よこぶえ》」が、長崎港を離れていた。しかもその二時間後に、同じく土佐船「南海丸《なんかい》」が動いている。

土佐関係の船が二隻。逃げるように長崎を出港しているのだ。

パークスの推理はこうだ。

犯人は「横笛」に乗って逃走。その後、沖で「南海丸」に乗り継ぎ、そのまま土佐方面へ行方をくらました。下手人が海援隊の着物をつけ、海援隊の「横笛」が動き、土佐の「南海丸」が離れる。そうなれば水夫を斬ったホシは海援隊、もしくは土佐藩士。

長崎奉行所にかけあったが、なにせ証拠がない。らちがあかないとみるやパークスは、一週間で長崎を離れ、電光石火のごとく徳川慶喜が陣取る大坂に突進した。

応対に出た老中板倉勝静《いたくらかつきよ》への抗議は、激しかった。

「長崎奉行が怠慢《たいまん》だから治安が乱れ、狼藉《ろうぜき》が起こったのだ」

板倉はその剣幕に押され、二人の長崎奉行を罷免《ひめん》。それだけではすまなかった。秩序を回復するには、少数の警備では無理だから、もっと人員を増やせという要求も呑む。長崎外国人居留地護衛のために、新たに五百人の警護兵を送ることを確約したのである。

その上でパークスは、こう言い放った。

「犯人探しのために、土佐に乗り込む」

英国公使が直接土佐に行く。由々しき事態である。

パークスはバジリスク号で大坂を出港。途中、思いもかけぬ港に船を停める。徳島藩に立ち寄ったのだ。

ここで大変な歓迎を受けている。歓迎パーティのカラクリは、サトウと徳島藩との太い関係にある。実はサトウ配下の諜報部員に徳島藩士、沼田寅三郎《ぬまたとらさぶろう》がいた。沼田は「英国策論」日本語訳を積極的に手伝ったサトウの片腕で、盛大な歓迎演出をほどこしたのである。

これで二六万石の徳島藩も倒幕の一翼をにない、英国側についたという感触を得たパークスは、ご満悦で高知に向かう。

倒幕は陣取りゲームである。地図上では倒幕派の薩摩、長州、徳島が赤く塗られ、加賀などが中立を示す黄色、土佐はまだどう転ぶかわからない白いままである。

英国艦は念のために戦闘態勢に入りながら高知に入った。さっそく後藤象二郎と談判。風説に基づく犯人探しは限界があるとする後藤に、パークスはいきり立つ。容疑者を運んだと思われる船長への尋問及び船の検証を強硬に要求。その高圧的な態度に、後藤は唖然として声も出ない。

翌日、尋問開始。

その結果、パークスが主張する説は、船の運航時間から不可能だということが判明し、あっさりと崩れる。

高知一帯は騒然としていた。

毛唐ごときに、土足で踏み込まれてたまるものか、とばかりに白襷《たすき》を掛けた部隊が、英国軍艦の停泊地、須崎《すさき》に繰り出していたのである。それを押し留めようとする別の部隊も対峙し、日暮れになるにつれ、ますます空気は不穏になる。煌々《こうこう》と焚《た》かれた篝火《かがりび》は、強大な黒い船体を照らし、手槍を構えた侍が遠巻きに睨みつける。

まだ攘夷思想が根強い。そう感じたパークスはサトウに訓示を与え、自分はさっさと横浜に引き上げるのである。サトウへ出した命令とは、もう少し土佐に居残れというものだった。

この事件が「一切お構いなし」になったのは、それからおよそ一カ月後のことであるが、この事件の背景には実に奇妙な点がいくつもある。

証拠がない中、パークスのインネンは、どう考えてもむちゃくちゃなのである。むちゃくちゃすべき、なんらかの裏があるのだが、それは後で触れることにする。

第9章

龍馬、孤立無援

龍馬が「最後の手紙」に込めた暗号

京都近江屋で惨劇が起きる。時は十二月十日（旧暦十一月十五日）、ついに坂本龍馬、中岡慎太郎、暗殺の場面を迎えるのである。

犯人は不明。日本史上最大の謎のひとつだ。

犯人に近づくには、龍馬はいったい京都でなにをやっていたのか、ということをはっきりさせるのが早道である。

注目すべきものに、龍馬が出した最後の手紙がある。第1章で紹介したが、死ぬ三日前に書かれたと思われる、陸奥宗光《むつむねみつ》あての不思議な手紙だ。

一、さしあげんと申《もうし》た脇ざしハ、
まだ大坂の使がかへり不レ申
故、わかり不レ申。

一、御もたせの短刀は（さしあげんと申た）
私のよりは、よ程よろしく候。（但し中心《なかご》の銘及形）。
是ハまさしくたしかなるものなり。然るに大坂より

刀とぎかへり候時ハ、見せ
申候。

一、小弟の長脇ざし御らん
被レ成度とのこと、ごらんニ
入レ候
十三日　　　　　　　謹言。
　　　　　　　　　　　自然堂《じねんどう》　拝
陸奥老台

差出人の「自然堂」は、龍馬の暗号名だ。
要約すると、こうである。

一、陸奥にあげようとしている「脇差」（小刀）は、大坂から使いが帰らないので、いつになるか分からない。

一、陸奥がだれかに持ってこさせた「短刀」は、私が上げようとしている「脇差」より、いい品物である。刀の中心《なかご》の質や形も、確かだ。
大坂で研《と》いだ刀が返ってきたら、お見せしましょう。

一、私の「長脇差」を見たいとの希望、お見せしましょう。

手紙の内容は、三振りの刀についてのやり取りである。

相手の陸奥宗光は神戸海軍操練所、亀山社中、海援隊とずっと龍馬の傍《かたわ》らにいたような男だ。本当は紀州藩士なのだが、周りでは龍馬と同じ土佐藩士だろうと勘違いしている人間も多かった。

手紙には「四条《しじょう》通り室町《むろまち》上ル西側沢屋《さわや》」とある。陸奥の居場所だが、それが暗号でなければ龍馬のいる「近江屋」からはほど近い。


しかしこの手紙は、どこか奇妙だ。

わざわざ使いを出して、大坂くんだりまで「脇差」を研ぎにやっている。太平の世ならばそれもありえるが、時はまさにクライマックス、一触即発の場面をむかえ、痺《しび》れるような緊張感を孕《はら》んでいるのである。それを考えれば、この時期、のほほんと大坂に刀を研ぎにやるのは奇妙な話だ。

手紙の文面も、妙なあんばいである。

「受け取った短刀は、差し上げようとした脇差よりすばらしい」と誉め、その後「大坂から刀が戻ってきたら、見せよう」と綴《つづ》っている。

なにがおかしいかというと「差し上げようと思い」わざわざ研ぎにやった刀が戻ってきたのなら、普通は「差し上げる」はずである。ところが、「見せるだけ」というふうに、同じ手紙の中で変化している点である。

つづいて「長脇差」も見せるだけである。

この手紙によると、陸奥と龍馬は近くに滞在している。いつでも見せ合えることのできる刀を、高価な紙を消耗し、使いを出してまで手紙で意思を確認するだろうか。

もう一度繰り返すが、状勢は緊迫しているのだ。大勢は決していない。錦《にしき》の御旗《みはた》を掲げた薩摩が三〇〇〇の兵を挙げて、京に迫っており、対する会津藩、新撰組などは死守すべく人員をかき集め、組織の引き締めにやっきになっている。

龍馬も渦中にいて、命が的《まと》になっている。そんな中で受け取った刀はすばらしいとか、刀を研ぎに大坂までやっているとか、悠長に文通している場合ではないはずである。

胡散《うさん》臭い。では、龍馬の手紙に出てくる「刀」というのはなにか？

そう、暗号以外、考えられない。

龍馬は諜報部員だ。諜報部員としての姿は、その行動のあちこちに垣間《かいま》見えるが、決定的な手がかりは、残った手紙が示している。暗号文が存在するばかりではなく、その数の異常さだ。

現存する手紙の数は一二八通。ほんとうはもっとたくさんある。交流の深かった中岡慎太郎、西郷隆盛にもかなりの手紙を出しているはずだが、それらはすべて消滅してしまって、今現在目にすることはできない。

それらも含めると、おそらく三〇〇通はくだらなかった、と言う歴史学者もいる。

手紙は飛脚が運んだ。

飛脚料は江戸―大坂間で、だいたい七両から銀三分である。料金の違いは配達日数。三日で着く特急料金もあれば、のんびりと一〇日くらいかける便まであって、料金体系は細かく分かれていた。

地方ならさらに高くなる。もっとも各藩は、自前の飛脚や隠密《おんみつ》を飛ばすこともあり、必ず費用がかかったとは限らない。しかし、うっかりそんなものを使うと、藩の飛脚は敵のターゲットになっているから、他の隠密に狙われる。いや、飛脚自身も敵の隠密である可能性があり、中身を読まれたり、すり替えられる危険がある。

その点、街の飛脚は高価だが、政治的には無色なのでまだ安心できたのだ。

江戸、大坂、神戸、京都、下関、長崎、龍馬は行く先々で手紙を送っている。脱藩している龍馬に、藩付きの飛脚が一緒に付いて回っているわけはないので、多くは気軽に頼める街の飛脚に頼った。

ならば一通、七両から銀三分。手紙の送料合計を、平均一両としてざっと見積もれば、しめて一三〇両。

現在の価値に直すのは、はなはだ困難だ。前にも述べたが、一両、四〇万円から、たった六、七千円だったという極端な学者もいる。ものすごいインフレが進行していて、換算は不可能という史家もいるくらいだ。それでも米価や手間賃から一〇万円説をとる。すると龍馬の飛脚料は、およそ一三〇〇万円になる。これは最低の概算であり、失われた手紙の量を考えると、二〇〇〇万円は超えていたのではないだろうか。

下級武士にはまったく相応《ふさわ》しくない金額だ。普通、食うや食わずで街の隅《すみ》っこに溜《たま》っているのが脱藩した下級武士の姿だ。郷士《ごうし》や足軽は犬の糞《くそ》と呼ばれていたくらいである。

しかし諜報部員ならおかしくはない。どこかの組織が出す工作資金の中から捻出していたと考えれば、多すぎる手紙の謎は解けるのである。

では姉、乙女《おとめ》に書いた手紙はどうなのか？

今、残っているのは一二通。四国は海を渡るので一通平均四両くらいか。しめて四八両（四八〇万円）。普通そんな大金を、姉への手紙に使うわけはない。

しかし龍馬は出している。さほど重要とも思えない自慢話の手紙を出すために、恍惚となって飛脚を用いていたとするなら、龍馬の金銭感覚はひどすぎる。

しかし龍馬は馬鹿ではない。冴《さ》えている。無料で出す方法を見つけたのである。

姉の乙女が、手紙の中継点だったらどうなのか？

武士の居所はつかめない。土佐勤王党員、あるいは土佐藩士。手紙を渡したい諜報部員はいつも動いている。そして龍馬も動く。携帯電話のない時代、動くものどうしが連絡を確実に取り合うには、動かないという「中継基地」が必要になってくる。

そこが姉、乙女だった。龍馬は、探った情報を乙女のところに送る。その時、姉へのプライベートな手紙を重ねる。受け取った乙女は、自分宛の手紙だけを抜いて、あとは相手に渡す。これなら姉宛の分は無料だ。

こういうシステムになっていたと考えれば、借金だらけの龍馬に、どうでもいい手紙を姉にたくさん出せたというミステリーも氷解するはずだ。

イカルス号事件と龍馬の奇妙な行動

なんども言うが龍馬は凄腕の諜報部員だった。諜報部員の手紙には暗号がちりばめられている。

それでは陸奥に書き送った「刀」とは、いったいなんの暗号だったのか？

その謎に近づくには、もう一度、「イカルス号事件」まで戻るのが分かりやすい。

水兵殺害事件は実際に起こったものだ。長崎の歓楽街で、二名のイギリス人水夫が切り殺される。

下手人探しに、パークスが乗り出す。

パークスは世界に冠たる大国、英国公使である。こう言ってはなんだが、殺されたのは花街で酔いつぶれた下っ端の水兵二名。その犯人探しに、公使自《みずか》ら捜査員となって、長崎奉行を怒鳴りつけ、取って返して大坂の徳川慶喜を突き上げ、それから土佐に乗り込む、という八面六臂《はちめんろっぴ》の大活躍である。

首をひねらざるを得ない。

たわいもない噂にしがみついて、自ら土佐行きを買って出、部下のサトウでさえ目を白黒させるぐらいに、後藤象二郎をこっぴどく叱りつけるのだ。はっきり言って、理不尽なインネンだ。これは明らかになんらかのシナリオがある。ただの出来心ではない。

思い返してみると、以前にも似たようなことがあった。

リチャードソンという商人が薩摩藩の行列と遭遇し、斬り殺された、あの「生麦事件」だ。それをがっちりとらえ、英国は多額な賠償金を求める。幕府を責め、艦隊で鹿児島を焼き払ったのだ。

手応えは抜群だった。薩摩は倒幕の旗手になり、今や英国を同志と呼ぶような間柄である。

長州もしかりだ。下関を砲撃した後、ころりと親英になり、藩論は倒幕でまとまりすぎるほどまとまっている。

自信を深めた。きっかけがあれば攻撃に限る。あくなきこだわり、今度は土佐である。まではいつもなぜ、露払いのように先に幕府を責めるかというと、二つの理由がある。まず幕府にねじ込むことによって、幕府と標的にした藩との関係が見えてくるのだ。幕府の応対と、それに対する藩の行動を見比べることで、藩の力量、考え方、藩内の勢力図が浮き彫りになるのである。すなわち揺さぶりをかけて、見極めるのだ。

誰と誰がどういう考えを持っているか？　誰が味方で、誰が敵なのか？　分かればそいつと手を組むなり、突き放すなりという作戦が見えてくる。

もう一つ。幕府を叱責せずに、地方の大名だけを叩けば、英国と幕府がグルになっていると見られる。だから必ず先に幕府を責める。責めて、責めて、責め抜く。そうすれば反幕感情を持っていた地方の大名は、次第に英国に心を開き、親英に傾いてくる。これが英国が描いた絵図である。

この時、土佐藩内の状況はどうか？

佐幕派、攘夷派の残党、武力討幕派、無血革命派が重なり合っていて、山内容堂《やまのうちようどう》はまだぐらついていたのである。

その情報を得たパークスはこう考えた。直接乗り込み、一戦交えてでも佐幕派、攘夷派を蹴散らす。

土佐には、薩摩や長州のような砲台はなく、大挙して艦隊を出す必要はない。一隻の戦艦をもってすれば充分である。

龍馬の動きを見てみよう。

パークスが大坂に戻った時、相手をしたのは幕府と土佐藩だ。土佐藩の担当者は、佐々《さ》木《さ》三四郎《きさんしろう》（後の参議、枢密顧問官）があたった。

パークスは持参した疑惑を広げるが、長崎で判明しないものを大坂で分かるわけはない。パークスはその場をおさめ、訊問は土佐で行うと通告。

佐々木は、羽目を外す暇もなく一足先に帰ることになったが、そこである人物と会っている。

龍馬である。ついこの間までは長崎にいた龍馬の偶然すぎる出現。どうみても、前もって詳しく情報を得ていた者の行動である。こういう時、講談ではばったりと出くわしたなどと流すが、そうそう都合よく会えるものではない。

交通手段と通信手段が発達していない時代では、もう一度会いたいと思っても、一生かなわないことなどザラである。だからこそ「一期一会」という言葉が生まれるのだ。一度はぐれると、どうなるか分からない。『母を訪ねて三千里』などという話は、現代では通用しないが、古《いにしえ》だからこその名作なのである。

龍馬は、あきらかにパークスと示し合わせて長崎から大坂に入ってきている。曰《いわ》くありげに裏で動いていたから、密かに佐々木と逢えたのだ。龍馬と佐々木は仲良く「三国丸《みくに》」に乗り、土佐まで来る。

パークスの折衝場所は高知ではなく、高知から西南、三〇キロの地点にある須崎《すさき》という港町。そこまでくると龍馬は奇妙な行動を見せる。

「三国丸」を須崎で降り、停泊中の土佐船「夕顔」に身を隠すのだ。

表向きだろうがなんだろうが一応「脱藩」していた龍馬は、事情を知らない国元の侍から命を狙われていた。したがって身を隠した、ということも考えられるが、その根拠はきわめて薄い。当時はすでに赦免されていて、藩が赦免というお墨付きを与えた人間に対して、武士ならば追い討ちをかけることはない。

龍馬は、それでも「夕顔」にじっとして、神経質に姿をさらさない。

理由は、英国の諜報部員だという噂が流れていたからである。英国が土佐に乗り込む。それを手引きしたのは龍馬だ、と思われていた。だから隠れなければならなかったのだ。

タイミングよく大坂に現われた龍馬。その時、徳川慶喜から山内容堂宛の親書を福井藩主、松平春嶽の手から託されている。内容はイカルス号事件を深く心配しているという仰々《ぎょうぎょう》しいもので、早い話が、土佐藩はパークスの存在を重く受けとめろというものだ。そんなものはパークスの根回しがなければ、書けない内容である。その将軍の手紙を龍馬が土佐に運んでいるのだ。

海援隊の隊員が、犯人と疑われているにもかかわらず、パークスの周りをうろつく龍馬。どう見ても英国のエージェントである。

パークスと後藤たちがやりあっている間、龍馬は、英国軍艦と目と鼻の先にある「夕顔」の船内に潜んでいる。それも一時間や二時間ではない。丸二日間だ。まるで傍で、お役に立つべく待機している。

ここでまた、奇異なことが起こっている。

夜陰《やいん》にまぎれて、密かに軍艦を訪れるものがいたのだ。パークスに怒鳴り飛ばされた後藤である。

政治の話は尽きなかった。『議事院』をつくって、イギリス型政治体制を樹立したいと語り合っているのだ。

サトウは日記にこう綴っている。

「後藤と我々の話は幕府の悪口になった……我々は今後も変わることのない友好関係を誓い合い……後藤はかしこい人間である。西郷をのぞくと、これまでに会ったどの日本人よりもすぐれている」

サトウは、友好関係を誓った後藤を絶賛しているのだ。

サトウはなにしにここまで来たのか？　後藤はなにしに来たのか？　龍馬はなにしに来たのか？

こうなると、イカルス号事件などそっちのけで、夜陰にまぎれて、別のものが見えてくる。

日記で「後藤と我々の話」というからには、サトウ側は複数の人間である。その席に、龍馬はいなかったのだろうか？　夜な夜な「夕顔」から這い出して、軍艦に乗り移り、後藤たちと詮議を交えていたと思うのは、単なる邪推ではないだろう。

土佐が「倒幕・開国」に至るまで

藩内は、ざっくりと三つに分かれていた。

後藤と龍馬が押し進めるのは、穏便な無血革命。すなわち幕府が自ら退《しりぞ》き、はい、どうぞ、と権限を天皇に返す「大政奉還」路線だ。これがひとつ。あとは公武合体を引きずる勢力。そして武力討幕を主張する過激派、板垣退助《いたがきたいすけ》たちである。

パークスの滞在は三日間、後をサトウに託して九月六日に須崎を離れている。

英国軍艦に去られたサトウは同じ日、従者の野口と日本人書記小野を連れて、龍馬の潜伏する「夕顔」に移って待つ。

三日後ついにその日が実現した。サトウは土佐のボス山内容堂と面会。後藤を交え、最終的な意見のすり合わせに成功したのだ。

英国の並々ならぬ決意を知って、容堂は腹を括《くく》った。佐幕派を脇に押しやり、板垣を除《の》け、後藤の推す「大政奉還」路線をとったのである。

こうしてみるとイカルス号事件の本筋は事実上の藩主、山内容堂と英国を直接逢わせることにあったことが分かる。

「倒幕に立ち上がれば、英国は土佐に味方します」

後藤が容堂ににじり寄る。

「イギリスを信用できるか？」

容堂が訝《いぶか》しげに聞く。

「おまえがイギリスを動かせるというのなら、一度連れてきてもらいたいものだ。そうしたら、信じよう」

「いずれお連れします」

イカルス号事件は絶好の機会だった。龍馬が自ら犯人は海援隊だ、土佐だと買って出ることによってパークスを土佐へと誘導する。こういう口実があれば、パークスも土佐に行きやすい。

覆《おお》われていたベールを引き剝《は》がすと、パークスを追って大坂に入った龍馬。親書を預かる龍馬。須崎「夕顔」での潜伏。そしてパークスが犯人を出せと大声で後藤を怒鳴った大袈裟過ぎる臭い演技。すべてが反革命派の裏をかくためのものだということさえ見えてくる。

そしてもう一本の軸が浮かび上がっている。「イカルス号事件」で連なった人物だ。パ

徳川慶喜は外堀を埋められていた

1867年11月9日（慶応3年、旧暦10月14日）、徳川慶喜は朝廷に大政奉還を上奏。すでに覚悟はできていた。

写真左 © 国立国会図書館ホームページ

ークス、徳川慶喜、板倉勝静、後藤象二郎、そして龍馬だ。

　京都二条城に陣取る老中板倉に、後藤たちが「大政奉還」建白書を提出した手順は、まさにその人脈ラインを逆に遡《さかのぼ》ってゆくのだが、約二カ月後、十月二十九日（旧暦十月三日）のことである。

　サトウは背筋を伸ばして長崎に引き返す。だが気持ちは釈然としない。パークス、龍馬の穏健派ラインで、サトウの武力討幕路線がすっかり霞んでしまったからだ。これからどう軌道を修正するか、そんなことを考えていた。

　船は「夕顔」だ。佐々木も乗船している。依然として龍馬も乗り合わせており、佐々木の日記には、龍馬と会って親しく話したことが書かれている。

ところが、このときもサトウの方の日記に龍馬は出現しない。いないのである。

顔を合わさなかったのか?

「夕顔」が巨大船であったら、それも考えられるが、たかだか長さ約六五メートル、幅八メートル弱の蒸気船だ。船内は狭い。サトウが「夕顔」に移ったのは須崎港に停泊中のときである。二日間をそこですごし、さらに須崎―長崎間の丸々二日間が船内だ。すなわち計四日。甲板、トイレ、キッチン、まったく見かけないということは常識的にありえない。

作為的に龍馬を消し去ったのだ。何度も言うが、諜報部員をバラせば、英国では機密情報漏洩《ろうえい》罪という万死に値する重罪になり、絶対書けないことなのだ。残すべきものと消し去るものをサトウは心得ている。だから龍馬には触れなかったのである。

イカルス号事件を奇貨として、ともあれ土佐藩は、倒幕開国でまとまったのである。

英国の作戦は巧妙、そして着実だった。

一八六三年「薩英戦争」
一八六四年「下関砲撃」

一八六七年「イカルス号事件」

三つの事件は、三つの大藩を落としたのである。

イカルス号事件は、英国にとってとんだ拾い物だった。

この事件で手繰《たぐ》り寄せられたのは、土佐藩だけではない。大坂では西郷隆盛、長崎では桂小五郎、博文など錚々たるメンバーがサトウと接触、倒幕を援護すると念を押されている。

これがイカルス号事件の成果だった。

すなわち下手人探しを隠れ蓑に、パークス自ら英国の不退転の意思を、土佐藩主ならびに維新のキーマンたちに語る絶好の機会にし、力技で革命を推《お》し進めたのである。

長崎に入ったサトウは、すぐさま桂小五郎、伊藤博文、佐々木三四郎、龍馬と如才《じょさい》なく会談を持つ。

そこで、サトウは恐ろしいほどの台詞《せりふ》で決起を促《うなが》している。

「薩長土の三藩の倒幕態勢は八割がた固まっている、これでなにもできなければ、恥を内外にさらすことになる」

援護というより、これは革命家のアジテーションだ。

同じ長崎に、グラバーはいなかった。

「いろは丸」衝突事件の処理を、五代にしっかりと引き受けさせたことを見届け、ヨーロッパに出向いていたのだ。一八六七年の夏、すでにヨーロッパに到着していた薩摩藩使節団とパリで合流、パリ博覧会に顔を出している。

グラバーは、日本に誕生する新政府を見据えていた。

御一新《ごいっしん》に合わせ、新商売を整える必要があった。目をつけたのは石炭産業である。新政府ができ、産業が活発になれば、あらゆる機械の燃料として石炭は重要になる。彼の日程も炭鉱事業の習得、機械の選定、及び炭坑作業員のリクルートで占められている。

長崎、グラバー邸の留守宅では、ジョセフ・ヒコ（浜田彦蔵《はまだひこぞう》）が自由に歩き回っていた。彼は船員だったが難破漂流、米国船に助けられてアメリカに渡り教育を受ける。帰国後、米国神奈川領事館通訳となるが、ようは米国の諜報筋とつながる人物である。

話を少し戻すと、イカルス号事件でサトウが長崎に入った時、グラバー邸にこのジョセフ・ヒコを訪れている。

サトウにこう告げた。

「薩摩、土佐、芸州《げいしゅう》（広島）、備前《びぜん》（岡山）、阿波《あわ》（徳島）の諸大名が連名で、将軍に提出した文書がある」

これは明らかに「大政奉還」建白書のことだ。しかし実際にはまだ一カ月も先のこと、フライングである。

グラバー邸にいるジョセフ・ヒコが、うっかり口をすべらせたということは、米国とそれにつながる組織の中で「大政奉還」建白書提出は、すでに規定の路線だったのである。過激派のサトウは複雑な思いで、それを聞く。

サトウがグラバー邸に滞在していたおり、訪れてきた伊藤博文は、一人の男をサトウに差し出している。サトウの日記では「弟子にしてくれと紹介された」と表現している。エージェント見習い、すなわち連絡員にしてくれという意味だ。まさか、日記にはスパイなどとは書けないから、弟子と記したのである。

名前は遠藤謹助（後の造幣局長）。そう、博文と英国に留学した、「長州ファイブ」の一人である。一八六七年の九月二十三日が、遠藤謹助の「英国エージェント」となった記念すべき日ということになる。

大政奉還の二〇日前に出た新聞記事

畳み掛けるように、新聞記事が躍った。

「徳川慶喜が将軍を辞職し、かわってミカド（天皇）によって尾張《おわり》侯（徳川義宜《よしのり》）が将軍に指名された」（十月九日）

これも「大政奉還」のことだが、まったくのペテンだ。実際に行われるのは、まだ先のことである。

発信元は、英字新聞「ジャパン・タイムス」だ。この新聞は、国家転覆を激しくアジったサトウの「英国策論」を載せた前科がある。今回は扇動記事ではなく、幕府が倒れたと、真っ赤な嘘を流したのである。これが事前に漏れ、グラバー邸の留守をあずかるジョセフ・ヒコの耳に入っていたのだ。

こんなことをするのは、英国諜報部の仕業以外考えられない。パークスは、土佐で後藤に「大政奉還」を強くうながし、土佐の感触を得て一歩先に横浜に帰り、新聞に載せるよう命じたというのが筋だろう。

将軍が身を引いた！　噂には尾ひれがつき、蜂の巣を突ついたような騒ぎになる。地方の藩が浮き足立ち、将軍が動揺して、下地は出来上がった。

新聞記事から二〇日後、後藤象二郎が本物の「大政奉還」建白書を幕府に突きつけたのである。

絶妙なタイミングだった。英国諜報部と綿密な打ち合わせがなければ、できない離れわざである。

十一月九日、大坂にいた徳川慶喜は、とうの昔に観念していた。それを受け入れ、淋《さび》しげに大政を奉還する。しかし完全に立ち去ったわけではない。

この時、フリーメーソン西周が慶喜の政治顧問として背後に張り付いている。張り付いているどころか、上院下院からなる「議会草案」を慶喜に示して「大政奉還」を受諾するよう促していたのは周知の事実だ。五代、西の「パリのめぐり会い」が効いている。

江戸にそのニュースが伝播《でんぱ》したのは、十一月十二日。慌てた老中、外国事務総裁小笠原《おがさわら》長行《ながみち》は、パークスに面会。「大政奉還」を報告しつつ、それでもなお将軍を含む議会制への移行という西の希望的構想を持って、これからはイギリス型になるだろう、と協力を仰いでいる。

お分かりだろうか。パークスが表面上、ぬかりなく中立の立場をとっているからこそ、決定的瞬間においても、幕府はまだすがってくるのであって、そうなってはじめて、イギリスは日本全体をよく見通せるのである。

幕藩体制の崩壊という決定的場面をひかえ、サトウの諜報活動はめまぐるしく回転する。

稲葉正巳《いなばまさみ》（老中、海軍総裁）、松平乗謨《まつだいらのりかた》（老中、陸軍総裁）が兵を引き連れ風雲急を告げる京都へ向かっている。薩摩も五千名の兵を大坂に結集中であり、長州と土佐も京阪に陣を敷く。

勝海舟がサトウのところへ駆け込んでいる。暴発の恐れを告げるが、サトウの日記は、京都での戦争は不可避だとはっきりと断言している。

「終わりの始まりが開始した……」

サトウはそう表現した。いわば自分が仕掛けた内戦である。引き金の「時」は、確信を持って正確につかんでいるのだ。

十一月二十四日、後藤象二郎から手紙が届く。手紙の配達人は「海外留学組の後藤久治郎とリョウノスケだ」とサトウの日記にある。

ここに注目して欲しい。後藤久治郎は偽名で英国留学の経験者、中井弘蔵《なかいこうぞう》（後の滋賀県知事）のことである。ならばリョウノスケとはだれのことか。

サトウは最初、ローマ字でMUTUと書き、それからそれを消してリョウノスケと書き改めている。

MUTUから連想するのは「陸奥宗光」だ。

「かれら（中井と陸奥）は土佐の建白書（大政奉還）の写しを持ってきた……かれらはイ

ギリス議会の慣行について、あらゆる知識をわたしに求めたが、わたしには知識の持ち合わせがないので今後大坂にゆくとき、ミットフォードに紹介してやるからと言って……」

陸奥が英国のエージェントもしくは連絡員だったというのは、サトウの記録などから比較的簡単に推測できることだし、陸奥――後の農商務大臣、外務大臣――という明治以降の英国とのかかわりを見てもうなずけるものがある。

十一月二十六日、薩摩の吉井幸輔（後の元老院議官、日本鉄道会社社長）の使いが、サトウの元に、知らせを持ってくる。

「万事順調に進んでいる。（サトウが）大坂到着の節はすぐにお越しくだされたく候」

万事順調に進んでいるという言い方から、武力討幕に向けて、あらかじめサトウとの打ち合わせがあって、その通りにうまく事が進んでいるということだ。しかも大坂に着いたら来い、というのだから、吉井はこれからサトウが江戸を発《た》って、大坂に入ることをすでに知っているのだ。

すなわち吉井は幕末の濃い期間に、頻繁に連絡を取り合う、英国エージェントだということが分かる。

サトウは猫の手も借りたいくらい忙しかった。無駄な動きはできなかった。同じ日、土佐と薩摩の両藩から手紙が届いている。江戸に陣取るサトウの元には、勝海舟、吉井幸輔、後藤象二郎、陸奥宗光、伊藤博文、すなわちグラバー邸に集《つど》っていた幕府、薩摩、土佐、長州などすべての勢力から、刻一刻と情報が寄せられてきているのだ。

「荷物が届かない」（十一月二十八日付日記）。荷物というのは、スパイのことを指す。

「二十九日、昨夜ラットラーに乗船……今朝早く蒸気を起こし、荷物を探しに江戸まで出かけたが、見つからなかった。横浜に戻ってみると、すぐ荷物が届いた。我々が江戸へ向うのとほとんど入れ違いに横浜に着いていたらしい」

これほどしつこく江戸まで探し、日記に書きつけるくらいだから、小物ではない。大物なのである。

だが、残念ながら誰なのか、判明しない。しかし空想にひたれば、やはり陸奥ではなかったか？　その大物「スパイ」を拾って、十一月三十日にミットフォードと、戦争の火種くすぶる大坂に乗り出していく。

龍馬暗殺まで、あと一〇日。

パークスは、まだ横浜に構えている。一足遅れて大坂に出向いてゆくのだが、その前に、表向き中立を標榜するパークスが、思わずはしゃいで本音をハモンド外務次官に綴ってしまっている。二十八日付手紙だ。

「半身不随の日本政府にかわり、明快な制度が生まれる可能性が大きいことをお伝えできるのは、じつにうれしい……京都が政府の所在地になる可能性がある……来年の初頭には、住居を大坂に移す必要が生じるかもしれない」

予定通りだ。

龍馬が手紙に書いた「刀」の意味

龍馬の手紙に戻るが、ここまで述べれば手紙の謎があるていど、解けるはずである。

一、陸奥にあげようとしている「脇差」は、大坂から使いが帰らないので、いつになるか分からない。

一、陸奥が使者に持ってこさせた「短刀」は、私が上げようとしている「脇差」より、いい品物だ。刀の中込の質や形もとても確かだ。
大坂で研いだ刀が返ってきたら、お見せしましょう。

一、私の「長脇差」を見たいとの希望、お見せしましょう。

か？

「刀」のやり取りが、不自然であることはすでに述べた。

では、この手紙にある「脇差」「短刀」「長脇差」という「刀」はなにを指しているの

ずばり「情報」である。「刀」の部分を「情報」に置き換えてみるとこうなる。

一、陸奥にあげようとしている「情報」は、大坂から使いが帰らないので、いつになるか分からない。

一、陸奥が使者に持ってこさせた「情報」は、私が上げようとしている「情報」より、いい品物だ。「情報」の中の質や形もとても確かだ。

大坂で研いだ「情報」が返ってきたら、お見せしましょう。

一、私の「情報」を見たいとの希望、お見せしましょう。

差し迫った中、近江屋で龍馬は、必死になって情報を集めていたのだ。

手紙からは、大坂を重要視していることが分かる。その気になる大坂の情報とは誰から

龍馬「最後の手紙」は暗号文

龍馬は死ぬ3日前、陸奥宗光（左）に手紙を送っている。その文面には西郷隆盛（右）のことが暗号で綴られていた。

© 国立国会図書館ホームページ

のものなのか？

暗殺のつい二カ月前、龍馬、サトウ、陸奥の三人は長崎にいた。

長崎で一仕事をすませた龍馬は、約三十日にわたる長崎滞在に終止符を打ち、ライフル銃一千丁を船に積み込んで、十月十五日、下関へ向かう。

下関で陸奥と別れ、その足で博文、桂小五郎と会合を持つ。ほどなく土佐に入る。そこでライフルを降ろしたのち、土佐藩船「空蟬《うつせみ》」に乗りかえ、大坂薩摩藩邸に入ったのは、十一月二日のことである。

一方、龍馬と別れたサトウがエージェントとなった遠藤謹助を密かに乗船させて、横浜を目指したのは、龍馬が長崎を発つ三日前の十月十二日だった。

サトウが横浜から大坂に移動したのは、十二月二日である。この段階でサトウは「武力討幕」を積極的に口にしていない。むしろ「模様眺め」という中立に近い。おそらくパークスに釘を刺されていたのだ。

龍馬が陸奥への手紙に綴った大坂の「情報」とは、一見、大坂にいるサトウからの「情報」のように推測できるが、そうではないと思う。

サトウであれば簡単に連絡がつくはずだ。手紙文は切羽《せっぱ》詰まっていて、首を長くして数日待っているが、まだ連絡が取れないといったふうである。

となると、鹿児島から大坂を目指している西郷隆盛と読み取るのが妥当だ。

情勢は緊迫の度を増している。時局は、刻々と武力討幕に傾いている。この時、無血革命を目指す龍馬の頼るべきキーマンは、薩摩の西郷しかいなかった。

ところが西郷は、武力討幕で腹は固まっているという噂がしきりに流れている。本当だろうか？　心が乱れる。だから龍馬は西郷の大坂到着を待って、真意を確かめたかった。

その重大な西郷の情報に「脇差」という暗号を使った。

ならば「短刀」とはなにか？　おそらく英国、パークスだろう。陸奥はパークスと接触し、英国はあくまでも血を流さない革命を支持するという返事をもらって龍馬に渡した。

ほっと胸を撫《な》でおろす龍馬。だから、龍馬は陸奥が持ってこさせた「短刀」は、私のあげようとしている「西郷の情報」より「いい品物だ」と綴ったのではないか。「中心《なかご》の銘及形」とはなにか？　中心とは刀の柄《つか》に収まっている部分だ。すなわちパークスの手に握られているサトウを指しているのではないか？　パークスとサトウはどうも意見が食い違っているように見えたが、陸奥の報告で両者は一致している。すなわち「中心の銘及形」も「これはまさにたしかなるものなり」と書き綴ったと読み解ける。

最後の「長脇差」は、そのまま長州の動きということになるだろうか。

サトウは、大坂から後藤象二郎（土佐藩）と吉井幸輔（薩摩藩）に手紙を出す。後藤はまだ土佐におり、吉井は京都にいる。

サトウは連日連夜、睡眠を惜しんで仕事に打ち込んでいる。動乱にそなえて、横浜から大坂に詰めるはずの英国第九連隊の兵士、五十名のための兵舎の建設手配、各藩からもたらされる絶え間ない情報の処理と分析。

スパイ一人一人に情報の価値は分からない。総合してはじめて状況が浮かび上がってくる。サトウの大坂オフィスは情報分析基地となっていた。

十二月六日、京都にいる吉井から返事がくる。

多忙をきわめており、手が離せない。土佐から西郷が大坂に入るので、それを待ってはいかがかという内容だ。

「無血革命」に立ちふさがった相手

土佐藩とパークスが合意した無血革命。龍馬はそれを、実直に推し進めようとしていた。それが自分の信じる道であった。

しかし、それを阻《はば》む人物がいた。

岩倉具視だ。人間味に欠けていて冷徹。岩倉は朝廷でなにやら常に蠢《うごめ》いていて、常に黒い噂がつきまとっている男である。この年のはじめに孝明《こうめい》天皇が急死したが、その時も、岩倉による毒殺説が、しきりに流れたくらい危険きわまりない人物だ。

孝明天皇というのは、日本の開国を徹底的に遅らせた張本人である。その偏狭なまでの攘夷思想は、諸外国にとって、まさに厄介な存在以外のなにものでもない。孝明天皇の死に、外国工作員の影がちらついているというのは、決して除外できる噂ではないが、孝明天皇が除かれると、岩倉があっという間にのしてきた。

彼は薩摩の大久保と武闘派路線で一直線につながっている。どちらが持ちかけたかは不明だが、両者は人を殺して幕府を潰す、という過激思想で完全な一致をみていたのだ。

反体制勢力は、大雑把に見ると二派に分裂していた。

後藤、龍馬をはじめとする無血革命派。それに岩倉、大久保の武力革命派だ。

長州の桂小五郎、品川弥二郎《しながわやじろう》、広沢真臣《ひろさわさねおみ》も、過激派に傾いている。西郷の気持ちは揺れている。

龍馬とのせめぎ合いになった。

「大政奉還」などという余計なことをされては、武力蜂起の大義名分がなくなる。ところが龍馬はしぶとく実行した。

それで風向きが変わった。徳川慶喜が穏便に辞職したわけだから、これ以上追撃することもなかろうと、おおかたの大名が矛《ほこ》を収めるかに見えた、その瞬間だった。岩倉、大久保一派は、崖《がけ》っ縁《ぷち》でものすごい切り返しを見せる。

「討幕の密勅」だ。すなわち辞表など認めない。あくまでも慶喜は処刑以外にないという朝廷の命令書である。

これも岩倉たちのでっち上げ、偽装文だというのが今や定説だが、でっち上げでもなんでも、その文は過激だ。

慶喜を賊と呼んで殺害を命じ、さらに京都守護職にあった松平容保《かたもり》(会津藩主)とその弟、京都所司代、松平定敬《さだあき》(桑名《くわな》藩主)に対しても、速やかに処刑することが書かれているのである。

かくして後藤、龍馬の「大政奉還」は紛《まが》い物として踏みつけられ、錦の御旗を高々と上げて皇軍となった薩長が武装蜂起したのである。

絶命の夜

十二月十日（新暦。旧暦では十一月十五日）夜、龍馬は近江屋にいた。

土佐藩士、中岡慎太郎と二階の奥で話し込んでいた。

その時何者かが、二人を斬殺《ざんさつ》。ボディガードの藤吉もやられた。

この事件は、不可思議な点だらけだった。最たるものは、記録らしいものがなに一つないことだ。殺されたのは海援隊の坂本龍馬であり、陸援隊の中岡慎太郎だ。両人は組織の隊長であって、もはや小者ではない。その二人が斬殺されたというのに、その状況を留める書き付けがないのだ。

事件直後、現場に駆けつけたと言われているのは、谷干城《たにたてき》（土佐藩）、毛利恭助《もうりきょうすけ》（土佐藩）、田中光顕《たなかみつあき》（土佐藩、陸援隊）、白峰駿馬《しらみねしゅんめ》（海援隊）、川村盈進《かわむらえいしん》（土佐藩医）、そして吉井幸輔（薩摩藩）。

他には龍馬の使いから戻ったという本屋の倅《せがれ》、峯吉《みねきち》がいた。

調べてゆくと、公《おおやけ》に伝わっている証言の多くはそれ自体、めちゃくちゃである。他の証言としては事件後、三〇年、五〇年とへて、現場に駆けつけた人達によってぼそぼそと語られたものが拾えるくらいで、それにしても辻褄の合わないものばかりである。

このことは重要だ。まさに、そこにこそ龍馬事件の本質があると言える。

土佐藩邸は通りを挟んで近江屋の目と鼻の先だ。すぐ隣で、鮮血飛び散る大立ち回りがあった。しかし土佐藩の記録もない。医者、川村の証言もない。そしてなんども言うが、海援隊も陸援隊も駆けつけているが、どちらも記録を残した形跡はないのだ。

龍馬と藤吉は絶命していたが、中岡慎太郎は、どうやら二日間生きていたという。これが本当だとしたら、当時の稚拙《ちせつ》な手当てで、生存していたのだから、はじめはかなりの意識があったのではないだろうか。ということは、もっと慎太郎はしゃべっていたはずである。しかし、霧の中だ。

傷の具合はおろか、刺客の人数すら特定できていないのだ。さらに言えば、近江屋の主人、井口新助《いぐちしんすけ》夫妻が一階の奥にいたというのに、彼らからもまともな証言は聞こえない。およそ一〇名近くが事件後、現場を囲んでいた。その一〇名が一〇名とも固く口を閉ざしている。いったいどうしたことか。

だれが考えても口止めされていた、としか思えないではないか。そう、しゃべることを断ち切られていたならば、すべてのことが納得できるのだ。

では、だれが口を封じたのか？　集まった一〇名近く全員を完璧に抑えられるほど、強力なパワー、力をもった組織だということになる。

明治を迎えても、事件に関する証言はない。このことから、明治新政府になっても怖ろしいほどの権力を持ち続けた連中だということが推測される。

そうなれば岩倉、大久保だ。そうとしか思えない。彼らは龍馬抹殺を決断し、肝《きも》の据わった殺し屋を夜の近江屋に送りつけた。この確信は揺るがない。

その殺し屋とは誰か？

わずかな状況や口伝から、どうやら共通点が見えてくる。

まず、多人数で押し入った形跡がないということだ。そしてもう一つ、龍馬も慎太郎もほとんど反撃する間もなく、斬られている事実だ。剣の心得ある二人が、そろいもそろって満足に打ち返せなかったというのである。

そして最後の疑問は、龍馬のピストルだ。撃っていないのである。

ピストルは寺田屋事件で落とし、持っていなかったのではないか、という見方もあるが、それは違う。その二カ月後、龍馬は新婚旅行先の鹿児島で、ピストルを手に鳥撃ちに興じている。

ピストルを撃ちまくって助かった経験を持つ者は、誰でもその威力を知ることになる。そうなれば、物騒な京都、なにをおいてもピストルを保持するのが心理だ。

肌身離さず龍馬の元にあった。だが撃てなかった。それほど、あざやかに斬られたのである。そしてそれほど、至近距離での暗殺だった。

そこまで近寄れる相手は誰か？　一瞬の隙《すき》を突けるのは誰か？

顔見知りである。警戒心を解く人物。龍馬にとって、あってはならない〝まさか〟が起こったのだ。

不審の斬り合いで浮かび上がるのは、ただ一人をおいて他にはいない。

中岡慎太郎、その人である。話し込んでいた慎太郎なら、龍馬がピストルを抜く暇もなく斬りつけられるはずである。


では中岡慎太郎とは何者か？

鍵は陸援隊にある。

陸援隊は、その名前から龍馬ひきいる海援隊の陸上バージョンだと思いがちだが、ぜんぜん性格が異なる。

海援隊が、営利を目的としているいわば「会社」のようなものであるのに対し、陸援隊は完全な「戦闘軍」だ。新撰組や京都見廻組に対抗する形で結成され、その任務は諜報と戦闘である。

人員も海援隊よりずっと多く、人斬り部隊は約三〇〇名を数えている。新撰組さえ凌駕している人数だ。

その隊長が中岡慎太郎である。

では、慎太郎はどういう思想の持ち主だったのか？

ずばり、判で捺《お》したような武力討幕派である。幕府を倒すために武器を取って立つという視点だ。とうぜん薩摩の大久保、西郷とつながっている。

薩長土による武力討幕という流れは、水面下であらかた決していたと言っていい。バックは英国工作員、サトウである。

大きく舵を切ったのは、龍馬暗殺の半年前だ。土佐と薩摩が手を結んだ「薩土倒幕密約」。この「密約」こそ、武闘派の要《かなめ》だ。「イカルス号事件」の約四〇日前に当たる。

薩摩側の出席者は小松帯刀、西郷隆盛、吉井幸輔だが、土佐側は中岡慎太郎と板垣退助ら。

その密謀の場で中岡慎太郎と板垣は、土佐藩が佐幕派（幕府派）に傾くなら腹を切る、と命をかけて言明したとおり、「薩土倒幕密約」は、土佐藩を過激な共同戦線に引きずり込むための密約だったのである。

それからおおよそ一カ月後、今度は密約でない「薩土盟約」が結ばれる。こちらはなに憚《はばか》ることのない陽《ひ》の当たる薩摩と土佐の協力同盟で、後藤象二郎など土佐藩の重役が出席、龍馬も陪席している。

陰では過激派同盟を結び、表では穏健派同盟を築くというダブルスタンダード。岩倉、大久保の歪《いびつ》な戦略だ。

中岡慎太郎は岩倉具視とねんごろだった。

十一月十三日には岩倉を伴って、薩摩藩邸を訪問し、吉井幸輔と会見している。

この時期に注目して欲しい。後藤、龍馬によって鳴り物入りの「大政奉還」建白書が提出された二週間後である。その時期に、武力討幕の頭目、岩倉具視を伴い、これまた武力討幕の牙城、薩摩藩邸に中岡慎太郎が入ったのだ。どう見ても反大政奉還、後藤、龍馬を裏切る武力蜂起への意思統一としか思えない。

静かな殺気が流れている。慎太郎はこのころから、邪魔な龍馬の動向を監視する役目を負っていた、と見るのが妥当だ。

慎太郎の性格は冷厳だ。彼の陸援隊勧誘文たるや、苛烈そのものである。

「邑《とも》ある者は邑を投げ捨て、家財ある者は家財を投げ捨て、勇ある者は勇を振るい、智謀ある者はその智謀を尽くし、一技一芸ある者はその技芸を尽くし、愚ある者はその愚を尽くし、公明正大、おのおの一死をもって至誠を尽くし、しかるのち政教をたつべく、武備充実、国威張るべく、信義は外国におよぶべきなり」

龍馬にこれほどの過激さはない。慎太郎の方は死をもって誠を尽くせとぶち上げ、そして信義は外国におよぶべきと、きちんと開国を押さえている。

正々堂々たる「武力討幕開国派」だ。

「議論周旋《しゅうせん》も結構だが、しょせん武器をとって立つ覚悟がなければ空論に終わる。薩長の意気をもってすれば近日必ず開戦になる情勢だから、容堂公もそのお覚悟がなければむしろ周旋は中止されるべきである」

陸援隊員、本山只一郎《もとやまただいちろう》にあてた手紙だ。容堂に、武力討幕の覚悟がなければ、幕府との話し合いなど無用だ、と反駁《はんばく》しているのだ。

これはアーネスト・メーソン・サトウの路線とぴたりと一致する。

武力派と穏健派のつばぜり合いが続く。裏表のない、見たままを歩く慎太郎の目に、龍馬の無血革命路線は、もはや幕府に加担する、慶喜延命策と映っていた。

アーネスト・サトウは龍馬の死をどう受け止めたか

サトウは大坂に情報本部を構え、公然と情報をかき集め、かつ矢継ぎ早に指令を発していた。

サトウの日記に、吉井幸輔が登場する。龍馬暗殺の四日後のことである。

武者震いをしながら、まず戦線の報告を先に受ける。

「十二月十四日、吉井幸輔が来た……吉井は次のように語った……薩摩、土佐、宇和島、長州、芸州（広島）の間で連立が成立しており、われわれは主張を貫徹するため、事態をとことんまで推し進める決心でいる……」

吉井の語った「事態をとことん進める」というのは、戦いの幕は切って落とされようとしている、倒幕までやりとげるということだ。

それから、吉井は龍馬暗殺についても声をひそめて言及する。それを受けたサトウは、そのことをこう綴っている。

「わたしが長崎で知った土佐の才谷梅太郎《さいたにうめたろう》（坂本龍馬の生家の姓だが、偽名として使用）が、数日前、京都の下宿先で、まったく姓名不詳の三名の男に殺害された」

吉井は事件現場に駆けつけている。その吉井から詳しい説明がなされているはずである。だから犯人は三名などと断定しているのだが、サトウが記したのは、たったこれだけで、すこぶるそっけない。

サトウが日記で扱った龍馬は、知る限りでは三回、それもほんの数行だ。

最初はイカルス号事件捜査で、サトウが土佐から「夕顔」に乗って長崎に帰ってきた時点である。

「最初平山（外国総奉行）らは、佐々木か才谷（龍馬）かが、長崎丸に同船してゆくことを望んだのだが、ふたりとも忙しくてその暇がないと断ったらしい。土佐に対して政府(幕府)がいかに権威をもっていないかを知るのは、じつに気持ちがよい」

ここでは思い切り佐々木と龍馬の味方だ。

ところが翌日の日記で、トーンはがらりと変わる。

「さらに才谷氏(龍馬)も叱りつけてやった。かれはあきらかにわれわれの言い分を馬鹿にして、われわれの出す質問に声を立てて笑った。しかし、わたしに叱りつけられてから、かれは悪魔のようなおそろしい顔つきをして、黙りこんでしまった」

この描写は驚きだ。英国人が「悪魔のような」と形容する場合、ほんとうに憎悪した相手の場合に限られる。

文に温《ぬく》もりがない。エージェントの龍馬を、サトウは大筋ではかばっているものの、伊藤博文や五代友厚を書く時のような血の通った表現は見られないのだ。

そこには、龍馬は最初から遠い人間だ、といった突き放した感情がにじみ出ている。

「まったく姓名不詳の三名の男に殺害された」

これにしても同情のない、無機質な言い方だ。

これには深い訳がある。サトウという男は、武力討幕工作に深く没頭してきている。しかし、龍馬は無血革命にこだわった。

須崎に停泊中、サトウは訪ねてきた後藤と龍馬を説得した。龍馬は突っぱねる。あくまでも強気で「大政奉還」路線を曲げない。強気の源《みなもと》はなにか？　サトウより権力のある人物が、龍馬の後ろにひかえていたとしか考えられない。そうなればパークスただ一人である。

そこから龍馬は、パークス直々《じきじき》の諜報部員だった可能性が導き出される。自分の上司直属のエージェント。それだけにサトウはやりづらかった。

イカルス号事件でも、龍馬はパークスに影のように付いて回っている。パークスが大坂に行けば大坂に現われ、土佐に来れば、土佐に来る。そのとき徳川慶喜の親書すら携《たずさ》えているのだ。

英国、幕府、そして土佐。なんども言うが、龍馬はジェームズ・ボンドを彷彿とさせる優秀な諜報部員で、それで飯を食っている。そう考えれば、サトウが煙たがり、あくまでも距離を置いたというのはとことんうなずける話である。

おおまかに分けてパークスは幕府を、サトウは反幕色の強い地方の大名を受け持った。二元外交だが、どちらも独自の諜報部員が必要なことに変わりはない。

パークス直属の諜報部員の代表格が勝海舟であり、坂本龍馬であり、フリーメーソンの西周だった。これは勝手な存念、出すぎた邪推ではない。どう考えても、二つの路線が存在していたのだ。

パークスは公使としての立場がある。外交官の特質上、さらには幕府の情報を取り入れるためにも、公平中立を公言しなければならない。薩長が台頭しても、過激な言動は慎み、せいぜい口にしても無血革命までである。

その考えは、後藤、龍馬と通じている。そして龍馬は、最後の最後までパークスのソフトランディングを信じていた。だから龍馬は、サトウの武力討幕に逆らい、与《くみ》しなかったのだ。サトウは蟠《わだかま》った。その様子をサトウは「悪魔のような顔つき」と形容し、憎悪したのではないだろうか。

闇にまぎれた土佐でのやりとりで、サトウの心から平和革命をうたう龍馬がすとんと外れた。

龍馬が錯覚していたのは、パークスの態度だ。パークスは平和路線で徳川慶喜を手玉にとり、龍馬、勝、西たちを動かす一方、部下、サトウを放し飼いにしており、武闘派の謀略を事実上容認していたのである。

無血革命と武力革命の明瞭な区別なく、両方にカードを置く。どちらに転ぶにせよ、倒幕という目的は達成する。大事の前の小事。権力者というのは往々にしてそういうことをするものだ。

龍馬は読み取れなかったが、サトウはパークスを読み切っていた。

孤立していた龍馬

ではもう一人、民間英国諜報部員グラバーは革命をどう見ていたか？　やはり武力と無血の両睨みだった。そしてその二つをつないでいたのは、ただ一人グラバーである。民間人なら、武力であろうが、無血であろうが自由である。

さらに龍馬に対する思いはどうであったか？

そもそもグラバー関係の書類は皆無に近いのだが、晩年彼自身を語ったインタビュー記事が唯一、残っている。その中のある部分、ほんの少しだが龍馬に触れる行がある。

亀山社中隊員、近藤長次郎《こんどうちょうじろう》（土佐藩士）の切腹についての箇所だ。

近藤切腹事件は、亀山社中のまったくの恥部である。

近藤は土佐藩の人間だが、薩摩の家老、小松帯刀経由で、グラバーに単身イギリスに密航することを頼み込んだ。グラバーはそれを快く引き受ける。しかし、それが亀山社中の仲間に露見した。

亀山社中の規定により近藤は断罪、即切腹させられたのである。

グラバーのインタビューは、その事件に及んでいるが、そこからは龍馬へのいい感情は決して伝わってこない。むしろ逆である。

つまり純真な若者を死に追いやった冷徹な責任者として、龍馬への嫌悪感さえ漂っているのだ。

インタビューはグラバーの晩年だから、龍馬はすでに暗殺という同情されるべき結果を招いていたにもかかわらず、グラバーの感情はまだ許すことをやめない。

グラバーもまた、ある時期から龍馬を煙たく感じていたようである。商売を教え込み、自分の下《もと》で使いたかったが、龍馬はするりと抜けて、天下国家の方へ駆け出していった。

ともあれ龍馬はグラバー、サトウ、薩摩、長州、そして同志だと思っていた後藤象二郎にまで、撥《は》ね除《の》けられていたのである。自由に生きたが故に、龍馬は行き詰まった。

暗殺の直前まで、交信し合う陸奥。彼にしても、そのころのサトウの日記に登場しており、英国武闘派の息がかかっている。

しかし龍馬は、武装蜂起を止めようと獅子《しし》奮迅《ふんじん》の働きを見せていた。

――薩摩軍はどう動いているのか？　長州は？　西郷は？　サトウは仮面を脱ぎ捨て、露骨に武力蜂起を促していると聞くが、本当だろうか？　パークスはどうした。平和革命を唱えていたではないか。いったいどうなっている。パークスさえ捕まえられれば、薩長の過激な蜂起は防げる――

京都近江屋に陣取った龍馬は、あえいでいた。

陸奥と連絡を取った。陸奥は神戸塾時代から勝海舟ともつながっており、大物スパイの一人だが、使いの者に虚飾をほどこした聞き心地のよい返事を記す。

「パークスは、仲裁に入るはずだ」

龍馬は喜び、手紙を書いた。

「受け取った短刀はすばらしい」

次は未来を握る西郷だ。三〇〇〇の兵を引き連れ、大坂に入ると聞いている。しかし使いは、まだ帰ってこない。

「さしあげんと申た脇ざしハ、まだ大坂の使がかへり不レ申故、わかり不レ申……大坂より刀とぎかへり候時ハ、見せ申候」

その大坂への使者とは、想像力を膨《ふく》らませれば吉井幸輔ではなかったか。しかし、その吉井とてサトウの手駒《てごま》、武力討幕派のために動いている。

暗殺の約一月前の十一月十三日（旧暦十月七日）、望月清平《もちづききよへい》に出した龍馬の手紙が残っている。

それには、昨夜、龍馬は吉井の伝言を受け取ったと書かれている。吉井は、近江屋は危いから薩摩藩邸に居を移すよう龍馬にすすめたというのである。

しかし龍馬はそれを断る。龍馬の手紙には薩摩藩邸は嫌だと書いてある。命を狙われているると知っている龍馬がなぜ、かたくなに拒否し、もっとも無用心な近江屋に潜伏したのかは、もうお分かりだろう。

武力一色の薩摩藩とは、決定的に対立していたからだ。

龍馬は続いて土佐藩邸にも泊まりたくはないと書いているが、これも理解できるはずだ。手紙の中では「御国表《おくにおもて》の不都合の上」という表現を使っているが「土佐藩の不都合」というのは、土壇場になって龍馬を無視し、薩長が掲げる暴力革命やむなしに傾いたからである。

四面楚歌だった。

対立の序曲は「大政奉還」の建白書を出した時（旧暦一八六七年十月三日）に始まっていた。その刹那、龍馬は邪魔な存在として彼らの前に立ち塞《ふさ》がったのである。

龍馬は、同じ日本人の殺し合いがいやでたまらなかった。目指すは無血革命。彼にとってはかけがえのないものだった。そのためには孤軍奮闘、命にかえても守るべきものだった。誰にも律することのできない大物諜報部員、それが龍馬だった。

「大政奉還」を葬るために、薩摩と岩倉は「討幕の密勅」を偽造し、しゃにむに武力革命をぶち上げる。それは「薩道《サトウ》」を名乗り、薩摩に同化しているサトウも承知の上だ。

英国、薩摩、岩倉、長州の足並みはそろっていた。あまつさえ土佐の後藤象二郎さえもだ。

邪魔者はただ一人、龍馬だった。

漏れていた慶喜の密命

それでもなお、動乱の世を背負った龍馬は、まだパークスを取り違えていた。この危険な状況を払拭し、パークスはきっと武力革命を抑えてくれるだろうと、最後まで思っている。

龍馬はひたむきだった。もつれ込んで、もつれ込んで、とうとう虎の尾を踏むようなことをしてしまったのである。

幕府若年寄、永井玄蕃《ながいげんば》との密会だ。永井は、長崎海軍伝習所の最高責任者で、勝より上のポジションにあった。長崎出島のオランダ商館長、ドンケル・クルチウスが幕府に勧告して海軍伝習所ができあがったのだが、永井はそのトップであった。

そのころ羽振りのよかったグラバー。ここにグラバー、龍馬、勝、永井という幕府の中枢に直結するラインが、すっと見えてくるのだが、その永井と龍馬の二人は暗殺前日にも密かに会っており、慶喜は、次の密命をその永井に下していたことが判明している。

「坂本龍馬は尊皇攘夷派で唯一、幕府に好感を持っている。新撰組と見廻組に、捕らえてはならないと、それぞれの筋に申し伝えよ」

龍馬は、幕府にとっても平和革命の切り札になっていたのである。

したがって新撰組と見廻組は龍馬を、お尋ね者のリストから外していたという噂は真実だと見ていい。

伊東甲子太郎《いとうかしたろう》を覚えているだろうか？

新撰組の幹部だったが、抜けて尊王攘夷派に鞍替えし、御陵衛士《ごりょうえじ》の頭になった男である。その伊東がふらりと、近江屋に立ち寄り、新撰組が龍馬を狙っているから注意せよと警告した件だ。

たまたま居合わせた中岡は、それに同調したが、龍馬は苦々《にがにが》しい形相で伊東を睨んだ。

これは有名な話だが、なぜ龍馬が苦々しく思ったのか？

一般には、個人的に伊東を嫌っていたなどと解釈しているが、そうではない。もうお分かりだと思う。新撰組が、自分を襲撃しないという確かな情報を握っていたからだ。

だから、したり顔で余計なことを口にした伊東を軽蔑したのである。

いや、ひょっとすると、伊藤の言葉に龍馬は、ぎくりとなったかもしれない。

伊東は新撰組のターゲットから自分が外れたことを知っていて、皮肉って逆のことを言ったのではないか、と受け取ったとも思える。

龍馬の立ち回りは見事だった。しかし、そこまでだ。

龍馬は焦った。幕臣幹部との密会。この情報が、サトウ派英国情報網に捕まらないわけはない。決定的になった。龍馬は幕府もろとも葬らなければならない。逆を言えば、抹殺しなければならないほど龍馬には気力があり、存在が光っていたのである。

サトウが、吉井から「万事順調に進んでいる」という伝言を受け取ったのは、十一月二十六日だ。暗殺の二週間前である。

吉井は龍馬に、薩摩藩邸に移るようにとすすめておいて、サトウには「事態は順調に進んでいる」という報告を出している。その線を結べば、吉井による薩摩藩邸への誘いの目的は、龍馬の拉致か殺害と読める。嫌った龍馬は、それを断り、近江屋に息をひそめた。

かくなるうえは刺客を送るほかはない。吉井を通して暗殺命令が下される。中岡慎太郎。そのための討幕武装集団、陸援隊の隊長である。

「徳川はもう死に体じゃ、これ以上兵を進める必要はない。話し合いで事はおさまる」

「いや、徳川はもはや賊軍。徹底的に討つ。薩摩も長州も我が藩もそれで固まっている」

「エゲレスは、望んでおらん」

「サトウは武力を後押ししている」

「パークスは……」

「邪魔立てするか！」

「まて！」

「これ以上は問答無用、ごめん」

龍馬暗殺は実行に移された。


シャモを買いに行っていたという本屋の倅《せがれ》、峯吉が使いから帰ってきた。峯吉は驚いて近江屋を飛び出る。知らせるために陸援隊本部に走ったという。そして血生臭い事件を聞いた陸援隊が駆けつける。事件後のストーリーは、なんとなくこんなかっこうでおさまっている。

しかしこれも、あまりにもお粗末だ。

峯吉が使いから近江屋に帰ってきた時、いったい現場には誰がいたのか？

一般的な解釈では、下手人《げしゅにん》は逃げて、すでにいないはずだから、近江屋の主人井口夫婦ということになる。

では、その井口は、惚《ほう》けていただけなのだろうか？

というのも、土佐藩邸は通りを挟んで向かいにある。普通なら、土佐藩邸に駆け込むだろうから、大勢の侍が現場に駆けつけ、近江屋を取り巻いてもおかしくないはずだ。しかしその気配はない。

それに峯吉の行動だ。

当夜を思い出して欲しい。十二月十日の厳寒の最中。しかも深夜の雨。はたして峯吉が、今にも凍《い》てつくような濡れた着物の裾《すそ》を脚にからませながら、一時間以上もかけて陸援隊に走るだろうか？

なぜ目と鼻の先にある土佐藩邸でなく、あるいは走れば五分の場所にある海援隊の根城ではなかったのか？　事件を一刻も早くみんなに知らせたいなら、気の遠くなるくらい遠いところにある陸援隊本部には向かわないのが自然である。一般的なストーリーには、まずこの謎が立ちはだかる。

次は、もっと重大な疑問だ。

もし峯吉の行動が本当なら、斬られたのは三〇〇人を抱える陸援隊の隊長。陸援隊本部は騒然となるはずだ。その結果、隊員が大挙して近江屋に駆けつけ、翌朝まで、いや隊長の死が確認されるまで、面子にかけても近江屋を守っていたはずだ。

それが武士のならわしというものだが、やはりそんな話はない。

それに対して、当夜はあいにく、人は出払っていて陸援隊本部は田中くらいしかいなかった、という言い訳がある。

しかし、かりに本部にいなかったとしても、陸援隊の性格上、ぜったいに緊急連絡網が敷かれていたはずである。ならば、それを手繰《たぐ》って人はあっという間に集まるはずだ。しかし、陸援隊が走り回ったという雰囲気はまったくない。

先にも記したが、土佐藩にしても同じことだ。ことは龍馬、中岡の大物二人の暗殺事件であり、お家の一大事だ。藩士が警護に駆けつけて、大騒ぎになってしかるべきだが、しかし、近江屋はしんと静まりかえっているのだ。

考えられることはただ一つ。

峯吉は、どこにも出かけていなかった。それ以外、近江屋におけるこの複雑怪奇な空気を説明できない。したがって陸援隊も海援隊も土佐藩も、この惨劇を知らなかった。そう推察すれば、何事もなく京都の夜が過ぎていった理由が見えてくる。

峯吉がばたばたしなかったということは、半《なか》ば拉致されたかっこうである。ならば峯吉に知らされたという陸援隊の田中が途中、薩摩藩邸に立ち寄り、吉井幸輔を呼び出したという話もでっちあげということになる。

当夜、集まったという連中は、事件後に駆けつけたのではなく、事件の前から現場にいたのである。

怪しまれるから、峯吉を持ってきただけの話だ。

推測すれば、目的を持って近江屋に乗り込んだのは、中岡慎太郎、谷干城（土佐藩）、毛利恭介（土佐藩）、田中光顕（土佐藩、陸援隊）、白峰駿馬（海援隊）。

斬りつけたのは中岡だった。

物事に動じない胆《はら》の据わった中岡だったが、さすがに龍馬の心がしみていた。真正直で柔和。しかしこの時、龍馬にあったのは頑《がん》とした厳しさである。てこでも譲らない。

無念だった。しかし、陸援隊隊長としてけじめをつけなければならない。武士としての魂が中岡を突き動かしたが、刹那《せつな》、一瞬の迷いが生じた。

その時だった、龍馬がとっさに応戦。中岡は傷を負って倒れるが、他の者が龍馬を斬り捨てた。

田中が近江屋から薩摩藩邸に走った。結果を待つ吉井幸輔に、テロ完了を知らせに行ったのだ。

「無事終わった」

「薩土密約同盟」を思い出して欲しい。薩摩と土佐の武闘派同盟だ。その先鋒を「陸援隊」が握っていた。薩摩藩と陸援隊のただならぬ関係である。

英国エージェント吉井は、確認作業のために田中と一緒に現場に踏み込む。だから、場違いな薩摩藩士の吉井が、一人だけ近江屋で目撃されているのだ。

アーネスト・サトウは「犯人」の名前も人数も知っていた

その吉井は事件の四日後、大坂に陣取るサトウの元に走り、状況を報告する。

「斬ったのは三名」

サトウは日記に「まったく姓名不詳の三名の男に殺害された」と記したのである。まったく姓名が分からないのに「三名」だと人数を断定して記したところに、サトウの失敗がある。人数が分かっていながら、どこのものか分からないというのは、不自然だ。おそらく毛利と白峰は一階での見張り役。実際に龍馬を斬ったのは、中岡、谷、田中の三名ではなかったか。サトウは下手人の氏名をもれなく吉井から聞いていた、というのが常識だろう。

パークス直属の大物諜報部員、龍馬がついに葬《ほうむ》られた。

それはサトウにとってどんな意味があるのか？　おそらく報告を受けたサトウは内心震えていたのではないか。

中岡は二日間ほど生きていたという。本当だろうか？

しかし、異様なのは巻間伝えられる傷の数だ。

刀傷《かたなきず》は一〇カ所、二〇カ所、いやいや、そんなものじゃない、三〇カ所近くあったという説まである。もし本当だとしたら、龍馬と相打ちは考えられない。

想像をめぐらせるまでもなく、まともな斬り合いなら、絶対にそうはならない。せいぜい三太刀。そして止《とど》めの一太刀、というのが相場だ。

一〇以上の刀傷は通常拷問《ごうもん》か、歌舞伎の「斬られ与三郎《よさぶろう》」でも分かるようにリンチである。

三〇カ所近い刀傷。それはなにを物語っているのか？

ここで、もう一つの可能性が浮かび上がる。

中岡慎太郎、裏切り説である。

実は、中岡に龍馬暗殺命令が出ていたのだが、中岡は長いことそれを渋っていた、というものである。

そこで中岡は完全に疑われた。龍馬と通じているのではないか。時間はない。ならば龍馬もろとも共に闇に葬れという命が下った。

龍馬の切り傷も、数カ所から三〇カ所くらいと定まらない。そこから、瀕死《ひんし》の重傷を負った二人に、幕府の動きを吐かせようと暗殺団は拷問をふるったというものだ。

たしかにそういう設定ならば、二人に無数の傷が残っていたとしても不思議ではない。

ならば下手人は、おそらく谷、田中、白峰ではないか。

どれが実で、どれが虚なのか、二つの仮説は立ち去りがたく、いまだに決着がつかない。

しかし、いずれにせよ、サトウの了解のもとで、岩倉、大久保が陸援隊に命じたという構図は、揺るぎなく胸に留まっている。

暗殺者は家の者に見たこと、あったことのすべてを夢、幻《まぼろし》としてかん口令を敷き、犯人を新撰組に擦《なす》り付けた。

海援隊の白峰は、最初から陸援隊のスパイとして、海援隊に送られていたはずだ。二年後のアメリカ留学は、ほとぼりを冷ますためだという噂がある。白峰は、明治新政府の支援を受けて、日本初の造船所、白峰造船所を作っていることから、新政府と緊密だったことは確かである。

事件後、龍馬を弔《とむら》った海援隊は敵討ちと称して、紀州藩の三浦休太郎《みうらきゅうたろう》が泊まっていた天満屋《てんまや》に切り込む。三浦が「いろは丸」賠償問題を根に持ち、新撰組をそそのかして龍馬を襲わせたというお粗末な話なのだが、この討ち入りは芝居がかっている。

事実、三浦はすんなりと逃げ抜けており、陸奥宗光などは、旅館の下でまごついた顔でうろうろしていたに過ぎなかったという噂もある。陸奥にしてみれば、ばからしい限りだったに違いない。

龍馬が死ぬ、ぎりぎりまで連絡をとっていた陸奥と吉井。彼らは一番、龍馬襲撃事件を話していいはずだが、一切を黙して語らず、全容を墓場に持ち込んだのである。

海援隊に引き換え、陸援隊の方は隊長を殺され、事件現場を仕切ったにもかかわらず、なんら行動を起こしていない。そこに龍馬暗殺事件の真実が垣間見える。下手に騒げば、藪蛇になる恐れがあるから動けなかったのだ。

海援隊は龍馬暗殺より五カ月後、解散を命じられ、暗殺事件そのものが、永遠に封印されたのである。

終章

闇に消えたフリーメーソン

「勝・西郷会談」への介入

歴史は龍馬の死を乗り越えて進んでゆく。

一八六七年十二月二十四日のクリスマスイブ、パークスが大坂に到着した。可能な限りの英国艦隊を兵庫沖に集結、その数一二艦。幕府に圧力を加え、薩長の行き過ぎを監視、すなわち両睨みだ。

グラバーも負けてはいない。

一八六八年一月三日、正月早々ヨーロッパから帰国したグラバーは、長崎に帰らず、パークス同様、硝煙くすぶる関西を目指した。兵庫係留中のワンポア号に宿泊。サトウなどとコンタクトを取りながら情勢を探り、留守中の商売について精査する。

幕府から注文のあったアームストロング砲二三門は、わざと渡さずに長崎に放置、グラバー的なやり方で最後まで倒幕に加担し、薩摩兵を船で大坂まで運んだとも言われている。

慶喜には、もはや何の力もなかった。

ここで妙なことが起こっていた。軍艦奉行にすぎなかった勝が、いつの間にか陸軍総裁若年寄、すなわち徳川幕府の事実上の最高指導者となっていたことである。

なぜ勝は急浮上したのか？　前年の夏、どさくさにまぎれて長男の小鹿《こじか》をアメリカ留学

なぜ「無血開城」の談判が薩摩藩蔵《くら》屋敷で行われたのか

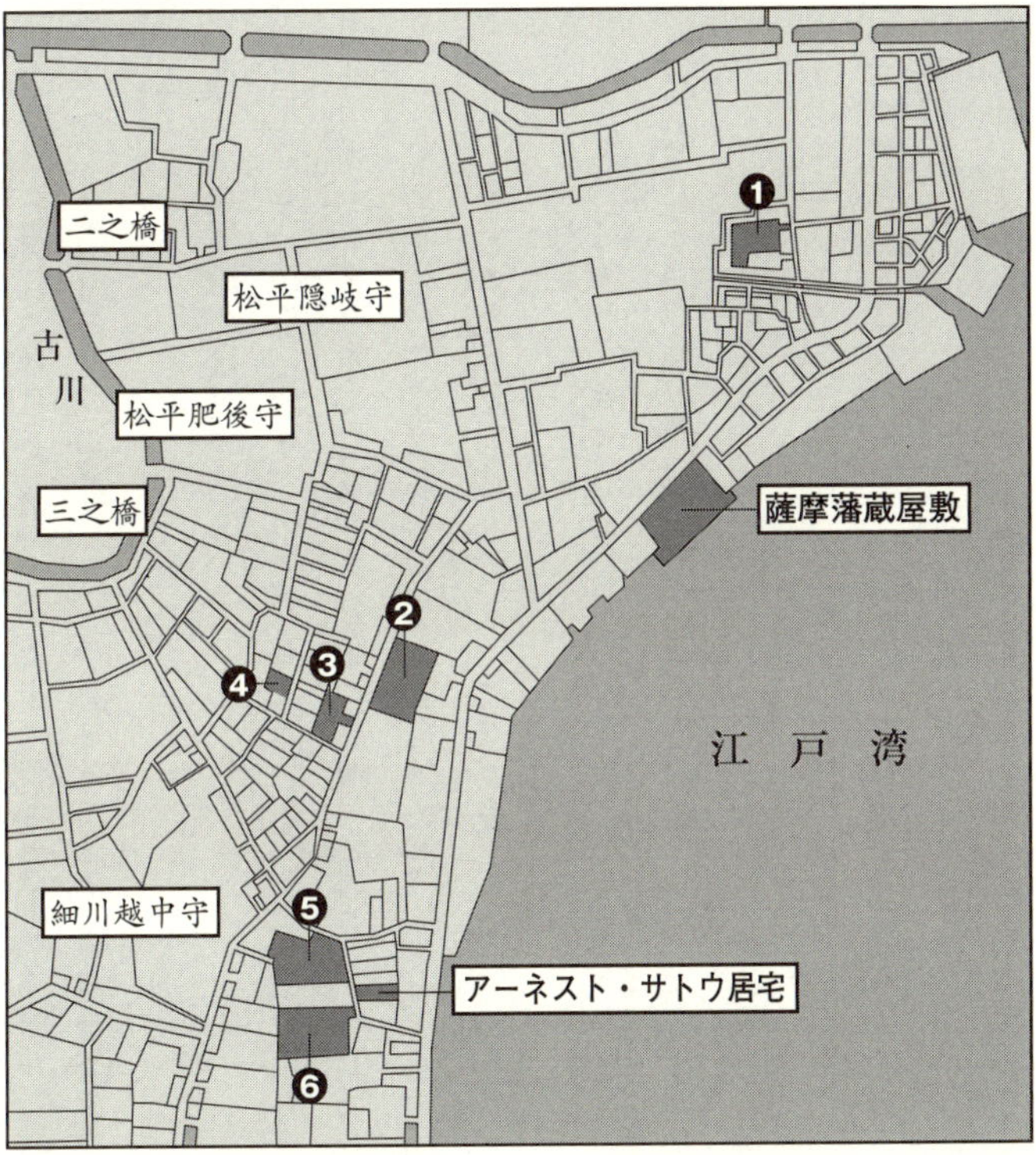

❶オランダ公使館（西応寺）
❷フランス公使館（済海寺）
❸フランス副領事宿舎（実相寺）
❹フランス公館（正泉寺）
❺オランダ公館（長応寺）
❻イギリス公使館（泉岳寺）

開国後、欧米列強国は現在の港区（三田、高輪、芝）の寺などに施設を置いた。アーネスト・サトウの住居もそのエリア内にある。

勝海舟と西郷隆盛による「江戸無血開城」の談判は、それら外国勢の施設に取り囲まれ、また眼前の海には英国艦隊が迫るという立地条件の中で行われた。

にやっている。英国、米国が慶喜を動かし、勝を幕府のトップに据えたのは間違いのないことである。その流れで、四月五日、勝海舟と西郷隆盛の会談が行われたのが高輪の薩摩藩蔵屋敷だ。

名場面、無血開城の談判である。

地図を見ても分かるとおり、屋敷は海に面している。その場所をあえて選んだのにはわけがある。オランダ公館、フランス公館、英国公館など、外国勢力に囲まれているだけではなく、すぐ海上には英国艦隊が目を光らせていたからだ。さらに言えば、徒歩一〇分のところにはサトウの高輪の住まいがあったのである。サトウがいたからその場所になったと言っていい。

ここまで深く倒幕にかかわり、幕府にも薩摩にも強い影響力を発揮しておきながら、英国がこの瞬間にその手綱をいっぺんにゆるめるなどということはとうてい考えられない。パークスとサトウは勝と西郷の会談に介入し、もはやこれ以上の混乱は必要なしと、西郷に圧力をかけ「無血開城」を呑ませた、と見るのが自然だ。

英国は大惨事になる前、すなわち江戸城の開城前に軍配を上げ、公式に新政権を認めていたのである。

一月十日、サトウはパークスと共に大坂城を訪れ、徳川慶喜と会っている。

一月二十七日の鳥羽伏見の戦い。幕府側の士気はまったくあがらなかった。というより、英国にすっかり牙を抜かれていたのだ。ちゃんばらどころではない。その頃すでに新日本がスタートしており、日本を代表する外国事務局御用掛（外務省）の正式メンバーが、晴れ晴れしく任命されていたのである。

注目すべきはその顔ぶれだ。グラバー邸で結ばれたグラバーチルドレン、露骨に諜報部員で占められている。

伊藤博文、井上馨、五代友厚、寺島宗則、陸奥宗光、中井弘蔵の六名。

彼らは誰はばかることなく、参謀本部と化したサトウの下《もと》に足繁く通い、その意見をあおいでいる。

二月八日、公家の東久世《ひがしくぜ》通禧《みちとみ》と外国高官が会い、三月二十六日、パークスが天皇に謁見。勝、西郷の談判はその後である。末端はばらけることがあっても、パークスたちは、両親玉の首根っこをきっちりと押さえていたのである。

そして西周を慶喜の政治顧問から新政府の最高顧問格にスライドさせ、天皇の側近というポジションに据えて、天皇の「軍人勅諭」をしたためる。これは驚愕以外のなにものでもない。味方の親分の秘書から敵の親分への乗り換えなど、ものすごい力が働かなければできない芸当だ。目に見えないフリーメーソン、そして五代たちとのつながりが、西を新しい世に送り出したのである。

津田真道も西同様、慶喜の「大政奉還」に汗をかき、外務権大丞《ごんだいじょう》となり元老院議官に収まってゆく。

彼らは明らかに結ばれていた。留学という共通点以上のなにかだ。

諜報工作活動は厳格な身分の上下があっては不可能だ。そのことを思えば、平等思想を強烈に植えつける血の組織。階級を壊す平等思想、兄弟思想という掟を持つ組織。それがあってはじめて歯車がなめらかになる。

西周と津田真道を除いて、彼らがフリーメーソンだったという確証はない。しかし、横浜外人墓地、長崎外人墓地に行けば、フリーメーソンマークの入った墓石がごろごろある。明治維新は多くのメーソンに囲まれていたのである。

日本の造幣局を指導したキンダー。

神戸の開発に多大な力を発揮したドイツ人商人、フィッシャー。

文学者でありながら外交官でもあり、日本文化を西洋に紹介した英国人、アストン。

英字新聞「ジャパンガゼット」、日本語新聞「日新真事誌」「万国新聞」を創刊し、『ヤング・ジャパン』を書いた英国人、ブラック。

通信技術を指導した英国人電信技師、ストーン。

明治政府から叙勲されたグラバー

晩年、東京・麻布に転居したグラバーは、日本の政財界、とくに三菱と密接な関係を保ちつづけた。写真右は1905年、岩崎家の別邸で開かれた東郷平八郎元帥のレセプション。四列目にグラバー、二列目左が東郷、右端は岩崎弥之助。写真左は1908年、勲二等旭日重光章の叙勲。

フランス領事館、ゲーテ座を設計したフランス人建築家、サルダ。

英国人造船技師、ハンター。

写真家、ベアト。

アメリカ人医師、エルドリッジ。

彼らはみな記録に残っているフリーメーソンたちである。秘密結社にもかかわらず、これだけ公《おおやけ》に判明しているのだ。そう考えれば、他にどれだけ動き回っていたか想像もできないくらいだ。

五代たちは濃厚だと思っている。フリーメーソンでなければ、フリーメーソンを模した秘密結社だったかもしれない。

それは民間諜報部員、グラバーを中心に組まれた結社のメンバーだったのではないか。命がけのことを成し遂げようとする時、がんじがらめに呪縛《じゅばく》する秘密結社はすさまじい威力を発揮する。


長崎の丘に陣取った黒幕、グラバーは最後まで謎だった。

あれほど付き合いのあった龍馬の手紙にも、まったくと言っていいほど出てこない。

岩崎弥太郎にしても同じだ。弥太郎は、こまめな日記を書くことで知られている。が、彼もまたグラバーを書かない。

土佐から出てきた岩崎弥太郎に、手取り足取り商売を教えた師匠がグラバーである。その密着度は、三菱はグラバー商会が衣替えしただけではないかと思うほどである。にもかかわらず日記にグラバーの名はない。

いや、龍馬や岩崎だけではなく五代、博文なども書き残していない。

もっと奇異なのは、サトウの日記だ。接点は半端ではない。グラバーから多大な恩恵を受けていたにもかかわらず、わずかにグラバー邸で夕食をしたという、そのくらいで済ませている。そう、一切の痕跡を消し去ることも、秘密結社と諜報部員の重要な仕事なのである。

「自分は終始思っていた。徳川政府の反逆児の中で、自分がもっとも大きな反逆人であった」

グラバーは『グラバー史談』でこう述懐している。「自分に歴史はない」「自分の名前は出さないように」と念願し、インタビューを締めくくっている。

明治元年正月、肥後《ひご》藩の溝口孤雲《みぞぐちこうん》は、グラバーから徳川慶喜の人命保護を請願した書を預かっている。内政干渉になるので表立って動けなかった英国が、民間人グラバーに託したのだが、もはや流血は望まなかった。それが龍馬や勝や西との約束だった。

グラバー邸で、闇の儀式を受けた武士を想像すれば、龍馬を筆頭に勝海舟、陸奥宗光、伊藤博文、井上馨、桂小五郎、五代友厚、寺島宗則、吉井幸輔たちが浮かんでくる。

倒幕の志士が秘密結社に惹かれた理由は、自由や平等という西欧的な思想もあるが、豊かで目を見張る西欧と直結できる、というその神秘性が大きかった。

「至高の神」との誓い。裏切りの行く末は処刑。連綿として続く殺気ある掟は、メンバーの口を厳しく封印する。

彼らは忠誠を誓い、秘密を保持し、そして幕末を駆けめぐった。

幕末のエリート外交官ミットフォードは『英国外交官の見た幕末維新』（講談社学術文庫）の中で、こう綴っている。

「当時の日本ほど、完全にスパイ活動を行った国はないだろう。……その技術は芸術の域に達していた。日本の官吏は、その位がどうであれ、一人で仕事を進めることはできなかった。お目付け役が影のように彼につきまとっていたからである。誰もが信用されず、我々も同様にお目付けを連れずに一歩も歩けなかったことは驚くに値しない」

日英同盟を仕切った日本人メーソン

明治に入り、いったん大久保たちが英国色を遠のけるが、一八八五年、十二月二十二日

日英同盟とフリーメーソン

1902年、伊藤博文は日英同盟を成立させる。この時、すべてを取り仕切った在英日本公使、林董（左）はフリーメーソン・メンバーだった。

© 国立国会図書館ホームページ

に見事に復活する。

日本国初代内閣のメンバーを見てもらいたい。

総理　伊藤博文（長州）
外務　井上馨（長州）
内務　山県有朋《やまがたありとも》（長州）
大蔵　松方正義《まつかたまさよし》（薩摩）
陸軍　大山巌《おおやまいわお》（薩摩）
海軍　西郷従道《さいごうつぐみち》（薩摩）
司法　山田顕義《やまだあきよし》（長州）
文部　森有礼（薩摩）
農商務　谷干城（土佐）
逓信　榎本武揚《えのもとたけあき》（幕臣）
内閣書記官長　田中光顕（土佐）
法制局長官　山尾庸三（長州）

「長州ファイブ」のうち三人が大臣を占めている。山県、森、山尾、いずれもグラバーの周辺にいた若者だ。龍馬暗殺現場にいた、谷干城と田中光顕が抜擢されているのは数奇な巡り合わせで、龍馬暗殺事件の恩賞だと思うのは空想のし過ぎであろうか。

英国と英国工作員、そしてフリーメーソンとフリーメーソン的秘密結社がなければ、はたして明治維新はかなり遅れていたのではあるまいか。

いったい明治維新とは日本人にとってなんだったのか？　一八六九年（明治二年）にできた日本の国歌「君が代」の元の曲でさえ、英国人のジョン・ウィリアムス・フェントンの作曲なのである。

一九〇〇年（明治三十三年）、伊藤博文は四度目の首相の席に座った。第四次伊藤内閣の発足である。このときの在日英国公使は、あのアーネスト・サトウだ。

伊藤の組閣を見届けて、サトウは日本を離れるのだが、二年後には念願の日英同盟を成立させる。この同盟はロシアの脅威に対する日英の牽制同盟だが、伊藤は自《みずか》らロンドンに乗り込み、イギリスから歓待を受ける中での同盟となる。

そのとき、すべてをロンドンで取り仕切ったのは林董《はやしただす》在英日本公使だ。

なにを隠そう、彼こそが記録に残っている日本人初の、英国でのフリーメーソン・メンバーである。

ロンドンの「エンパイヤー・ロッジ№2108」。これが林が所属したロッジ名だ。一九〇三年五月二十九日には第三階位になり、翌年には、ロッジマスターにのぼり詰めている。

その年に日露戦争が起こり、林は英国で日本国の主張を宣伝、なんとイングランド・グランドロッジの名誉役職、「パスト・シニヤー・グランド・ウォーデン」に選出されている。ひと仕事を成し遂げ、フリーメーソンは再び鳴りをひそめ世にまぎれてゆく。

一九〇三年、グラバーは東京、麻布《あざぶ》に一四〇〇坪の土地を購入、伊藤博文から譲り受けた邸宅を移築している。


「日本において、体制の変化が起きているとすれば、それは日本人だけから端を発しているように見えなければならない」(一八六六年四月二十六日、ハモンド外務次官からパークス在日公使宛公文書)

あとがき

もう三〇年前になる。

ひょんなことで、フリーメーソンと出遭《であ》った。

いつの世も秘密というのは人を魅了するのだが、とりわけ私にはその傾向が強いのか、とり憑《つ》かれるのに、そう時間はかからなかった。

暇があると調べた。なにせ奥が深い。調べれば調べるほど、一筋縄ではいかない相手だ、ということが分かる。

私の趣味は旅行だ。年中出かけていた。いつの間にか、海外に脚を伸ばすと、決まってフリーメーソンの痕跡を求めるようになり、気がつくと趣味は旅行というよりフリーメーソンを探ることになっていた。

海外旅行は八〇回以上になる。脚を伸ばせば必ず、現地のフリーメーソンに立ち寄る。その土地にまつわる歴史、逸話などをうかがい、神秘きわまるロッジ内部を見せていただく。

ある時から、歴史と世界の見通しがよくなった。なぜ中東で戦争が起きるのか？　なぜ名も無き複数のファンド会社が、インサイダー取引の監視を受けているのか？　なぜ数万人の地方言語にすぎなかった英語が、地球を席巻し、いまや国際語とよばれるようになったのか？

物事を知るには、フリーメーソンとキリスト教が助けになった。

とにかく「すごい」組織だった。この団体に関する限り「すごい」という表現以外、今のところなにも思いつかない。

底の下に、また底があり、掘れば掘るほど、たくさんの収穫があった。

それを『石の扉』（新潮文庫）に綴った。

『石の扉』の資料をまとめているうちに、次なる大きな課題が浮かび上がった。

革命と戦争である。

アメリカ独立戦争、フランス革命、世界大戦など、大変革とフリーメーソンとのかかわり合いは、欧米の歴史家たちが、これまで数多く指摘していることだが、はたして我が国はどうなのかということである。

明治維新だ。

謎の多い革命だった。なぜ徳川慶喜は逃げ、戦わなかったのか？　なぜ、侍は丁髷と二本差しを簡単に放棄したのか？　なぜ、議会制度を思いついたのか？　なぜ薩摩や長州で、他の藩ではなかったのか？

錦の御旗を掲げたなどという単純なことでは説明がつかない。

革命など、時が熟したからといってポンと生まれるわけはない。革命を企画し、それをあやつる司令部があったはずだ……。頭の中でいくつもの謎が折り重なった。

その時、タイミングよく、祥伝社からフリーメーソンにまつわる話を連載しませんか、という、お誘いをいただいた。

まさに「神はよき時に、よきものを与える」の理だった。

それは現地取材からはじまった。

京都、鹿児島、長崎、萩……維新の土地。空気が筋書きを整えてゆく。

オランダに留学していた幕臣、西と津田と、薩摩留学生の時期がダブっていることは以前から気づいていた。

この両者は、どこかヨーロッパで、つながっているのではないかと思い続けていた。幕臣と過激倒幕派の秘密のルート。その痕跡があるのではないだろうか？　あるとすればヨーロッパ。その証拠が出れば、すごいことだと思った。

ところがである。その証拠は意外にも足元の日本にあった。担当編集者がなんと国会図書館で見つけたのである。そのニュースに驚き、興奮した。

フリーメーソン西、津田との心ときめく五代の密会日記を、本書に織り込められたことは大変うれしい。

それから丸一〇カ月で、作品は完成した。

取材費など、私のわがままに気前よく応じてくれ、ならびに取材、調査など、尽力していただいた祥伝社編集部に、厚くお礼申し上げます。

そして、快く取材に応じてくれたフリーメーソンの方々、さらには本書を手に取り、最後まで読んでいただいた皆様、ありがとうございました。

加治将一

二〇〇六年一月

龍馬暗殺までの主要年表（日付は旧暦）

年	月日	坂本龍馬関係	月日	関連事項
天保6年（1835）	11月15日	高知城下に生まれる		
嘉永6年（1853）	3月15日 4月 12月1日	剣術修行のため江戸へ出発 北辰一刀流・千葉道場に入門 佐久間象山塾に入門	6月3日	ペリーが浦賀に来航
嘉永7年 安政元年（1854）	6月	土佐に帰国	1月 3月3日	ペリー、再度神奈川沖に来航 日米和親条約調印
安政2年（1855）	12月	父・八平死去	7月	長崎海軍伝習所が開設
安政3年（1856）	8月20日	再び江戸へ出発	7月21日 12月	アメリカ総領事ハリス着任 ロシア使節、下田に来航
安政5年（1858）	9月3日	土佐に帰国	7月	安政の大獄
安政7年 万延元年（1860）			1月 3月3日 3月18日	勝海舟ら咸臨丸で渡米（遣米使節） 桜田門外の変 改元
文久元年（1861）	9月	土佐勤王党に加盟する		
文久2年（1862）	1月14日 2月29日 3月24日 10月ごろ	萩城下に久坂玄瑞を訪ねる 土佐に帰国 沢村惣之丞と脱藩 勝海舟の門下生になる	4月8日 4月23日 8月21日	吉田東洋暗殺 寺田屋事件 生麦事件
文久3年（1863）	2月25日 4月3日 10月 12月	脱藩罪赦免となる 江戸から大坂へ 勝海舟の海軍塾塾頭に 再び脱藩の身分になる	3月 5月10日 6月6日 7月2日	新撰組結成 長州藩が下関で外国船を砲撃 高杉晋作、騎兵隊結成 薩英戦争
文久4年	1月8日	大坂に着く		

元治元年（1864）	2月23日	勝海舟と共に長崎へ（グラバーと対面か）	2月20日	改元
	8月	京都に西郷隆盛を訪ねる（以後、龍馬の消息が消える）	4月26日	京都見廻組が編成される
			5月14日	勝海舟、軍艦奉行に
			7月11日	佐久間象山暗殺
			7月18日	禁門の変
			8月5日	四カ国艦隊が下関を砲撃
			11月10日	勝海舟、軍艦奉行を免職される
元治2年 慶応元年（1865）	5月	鹿児島で西郷、小松帯刀と薩長和解の話し合い	4月7日	改元
	5月中旬	亀山社中設立	11月7日	第二次長州征討が各藩に命じられる
	8月	グラバーから小銃を買い付け、薩摩藩名義で下関に運ぶ		
慶応2年（1866）	1月21日	薩長同盟成立	7月20日	徳川家茂死去
	1月23日	京都寺田屋で襲撃される	12月5日	一橋慶喜が第十五代将軍に
	7月25日	長崎で五代友厚と面会	12月25日	孝明天皇崩御
	8月	長崎・小曾根家を定宿に		
慶応3年（1867）	1月13日	土佐藩参政・後藤象二郎と会見	5月21日	薩土盟約が結ばれる
	4月	亀山社中を土佐海援隊に改変	5月24日	兵庫開港の勅許
	4月23日	いろは丸事件	7月6日	イカルス号事件
	6月	船中八策、成る	7月27日	中岡慎太郎、陸援隊結成
	6月25日	岩倉具視に面会	10月3日	山内容堂の「大政奉還」建白書、板倉勝静に提出
	9月14日	オランダ商人からライフル銃購入契約	10月14日	徳川慶喜、政権奉還を奏上
	10月16日	「新官制議定書」を起草	11月26日	近藤勇の事情聴取
	11月1日	松平春嶽に謁見	12月6日	神戸と新潟の開港、大坂の開市
	11月5日	京都へ戻る	12月9日	王政復古令
	11月15日	近江屋で襲われ、絶命		

参考文献

『19世紀ロシア文学とフリーメーソン』笠間啓治（近代文芸社）
『大ピラミッド新たなる謎』吉村作治（講談社＋α文庫）
『聖騎士団　その光と影』テレンス・ワイズ著・稲葉義明訳（新紀元社）
『日本のフリーメイスン』山屋明（あさま童風社）
『大聖堂の秘密』フルカネリ著・平岡忠訳（国書刊行会）
『フリーメーソンのあゆみ』片桐三郎
『明治維新と外圧』石井孝（吉川弘文館）
『坂本龍馬のすべて』平尾道雄編（新人物往来社）
『歴史群像シリーズ　坂本龍馬』（学習研究社）
『グラバー家の最期』多田茂治（葦書房）
『長崎外国人居留地の研究』菱谷武平（九州大学出版会）
『十字軍騎士団』橋口倫介（講談社学術文庫）
『十字軍』ジョルジュ・タート著・南条郁子、松田廸子訳（創元社）
『モーツァルト』ミシェル・パルティ著・高野優訳（創元社）
『フリーメイスンとモーツァルト』茅田俊一（講談社現代新書）
『ゴシックとは何か』酒井健（講談社現代新書）
『知られざるフリーメーソン』スティーブン・ナイト著・岸本完司訳（中央公論社）
『切り裂きジャック最終結論』スティーブン・ナイト著・太田龍監訳（成甲書房）
『キリストと黒いマリアの謎』清川理一郎（彩流社）
『トーマス・B・グラバー始末』内藤初穂（アテネ書房）
『英国外交官の見た幕末維新』A・B・ミットフォード著・長岡祥三訳（講談社学術文庫）
『龍馬暗殺　捜査報告書』小林久三（光風社出版）

『天使と悪魔』ダン・ブラウン著・越前敏弥訳（角川書店）
『長崎異人街誌』浜崎国男（葦書房）
『長崎国際墓地に眠る人々』レイン・アーンズ、ブライアン・バークガフニ（長崎文献社）
『遠い崖　アーネスト・サトウ日記抄』萩原延壽（朝日新聞社）
『魔笛　文明史の劇場』塩山千仞（春秋社）
『龍馬の手紙』宮地佐一郎（講談社学術文庫）
『氷川清話』勝海舟（角川文庫）
『西周と日本の近代』島根県立大学西周研究会（ぺりかん社）
月刊　松下村塾「吉田松陰と伊藤博文」（山口産業株式会社）
『密航留学生「長州ファイブ」を追って』宮地ゆう（萩ものがたり）
『誉れ高き来訪者　ライデン―日本』
『ヤング・ジャパンI、II、III』J・R・ブラック著・ねず・まさし、小池晴子訳（平凡社）
『定本坂本龍馬伝　青い航跡』松岡司（新人物往来社）
『The Deshima Diaries』（日蘭学会）
『共同研究・坂本龍馬』（新人物往来社）
『図説アーネスト・サトウ』横浜開港資料館（有隣堂）
『絵で見る幕末日本』エメェ・アンベール著・茂森唯士訳（講談社学術文庫）
『五代友厚』真木洋三（文藝春秋）
『大阪をつくった男　五代友厚の生涯』阿部牧郎（文藝春秋）
『白石正一郎　幕末の豪商志士』中原雅夫（三一書房）
『異人館　上下』白石一郎（講談社文庫）
『起業家五代友厚』小寺正三（現代教養文庫）
『幕末日本の風景と人びと　フェリックス・ベアト写真集』横浜開港資料館（明石書店）
『タリズマン　上下』グラハム・ハンコック、ロバート・ボーヴァル著・大地舜訳（竹書房）

『花と霜　グラバー家の人々』ブライアン・バークガフニ著・平幸雪訳（長崎文献社）
東京人　特集「お雇い外国人を知っていますか？　明治ニッポンの家庭教師たち」（都市出版）
神戸法学雑誌「パリのめぐり会い」蓮沼啓介（神戸法学会）

取材協力

東京メソニック
ニューヨーク・メソニック
ロサンゼルス・メソニック
ロサンゼルス・スコティッシュ・ライト
ライデン大学
オランダ・メソニック
スコットランド・メソニック
グラバー園

企画

（株）マインド・ネット

あやつられた龍馬《りょうま》
——明治維新と英国諜報部、
そしてフリーメーソン

平成18年2月15日　初版第1刷発行
平成20年11月15日　　　第14刷発行

著者———加治将一《かじまさかず》

発行者——深澤健一

発行所——祥伝社《しょうでんしゃ》
〒101-8701　東京都千代田区神田神保町3-6-5
電話　03(3265)2081(販売部)
03(3265)1084(編集部)
03(3265)3622(業務部)

印刷———堀内印刷

製本———積信堂

ISBN4-396-61261-3 C0020
JASRAC 出0411100-401
祥伝社のホームページ・http://www.shodensha.co.jp/